精编法学教材

公司法学

刘俊海　著

WUHAN UNIVERSITY PRESS
武汉大学出版社

图书在版编目(CIP)数据

公司法学/刘俊海著. —武汉：武汉大学出版社,2010.12
精编法学教材
 ISBN 978-7-307-08353-0

 Ⅰ.公…　Ⅱ.刘…　Ⅲ.公司法—法的理论—中国—高等学校—教材
Ⅳ.D922.291.911

 中国版本图书馆 CIP 数据核字(2010)第 236583 号

责任编辑:钱　静　　责任校对:刘　欣　　版式设计:马　佳

出版发行:**武汉大学出版社**　　(430072　武昌　珞珈山)
　　　　　(电子邮件:cbs22@whu.edu.cn　网址:www.wdp.com.cn)
印刷:湖北省京山德兴印务有限公司
开本:720×1000　　1/16　　印张:18.75　　字数:334 千字　　插页:1
版次:2010 年 12 月第 1 版　　2012 年 12 月第 2 次印刷
ISBN 978-7-307-08353-0/D·1058　　　定价:30.00 元

编 写 说 明

　　为了编写一套本科生喜爱、好学的法学教材，我们与长期活跃在教学第一线的老师和许多本科生进行了交流。他们普遍反映一门法学专业课学下来，考试是通过了，但一些基础知识却没有完全掌握。而且，法学术语、语句大多较为艰深、晦涩，理解起来也颇为困难。"基础不牢、原理不熟、理解困难"是许多法学本科学子学习法律的困惑。而法学基础原理又是包括司法考试在内的各种法律考试的考核关键和根本。因此，出版一套凸显基础原理、精简学科内容、方便理解记忆的法学教材实为本科生学习之所需。

　　这是一套去粗取精的较"薄"的法学教材。它不是刻意求"薄"，不是为了"薄"而"薄"，而是立基于法学的基础知识和基本原理，用简洁、易懂的语言阐述法学各学科原理之精髓，力求让教材对学生们来说更加"和蔼可亲"、更易于理解和吸收。

　　好的编著者才能造就好的教材。为此，我们邀请了具有丰富教学经验的法学名师和各学科领域深有影响的名家加入了教材的编写行列。他们中有的是"全国高等学校教学名师"，有的是"中国十大中青年法学家"，有的是教育部"霍英东教育基金会"高校青年教师奖的获得者……

　　同时，为了作好这套教材，编写的老师们在编写体例、内容取舍方面费了很多的心思，出版人员在图书的文字质量、版式、封面设计等方面也作了大量细致的工作。当然书中也难免有错漏之处，望读者们多多批评指正。

　　如果我们的法学学子们在研读这套教材之后，能领悟法学原理之真谛、能明晰法学基础之梗概，能体会法律学习之乐趣，那我们定会备感欣慰！

2009 年 5 月

自　序

应武汉大学出版社的热忱邀请，笔者撰写了这本公司法教科书。本书以中国新公司法的制度设计为主线，兼及其他国家的公司法，强调了基本原理、基本制度、基本概念的论述，期望能对法学院系和财经院系的同学们研习公司法起到引路指南的作用。

在此，要对鼓励与支持我撰写此书的所有家人和友人表示感谢。尤其是我的博士生李培华、石家庄经济学院讲师尹红强为本书的编辑和校对作了大量工作，在此表示衷心感谢。武汉大学出版社的责任编辑钱静老师对于该书出版也付出了很多辛勤劳动，在此一并致谢。

该书缺憾在所难免，希望广大读者批评指正。

刘俊海

2010 年 10 月 20 日于中国人民大学

C O N T E N T S

第一章　公司法基础

第一节　公司的定义

公司是市场经济社会的主人翁，美国著名法学家巴特勒教授在 1921 年曾如是感慨："公司是现代社会最伟大的独一无二的发现。即使蒸汽机和电都无法与之媲美。而且，倘若没有有限责任公司，蒸汽机和电的重要性也会大打折扣。"[1]

假定投资者筹划设立公司开展经营活动，必先了解何谓公司。我国《公司法》第 2 条指出，"本法所称公司是指依照本法在中国境内设立的有限责任公司和股份有限公司"。该条规定仅仅是对公司作出了立法分类，并未对公司给出立法定义。本书认为，公司是依法设立的、以营利为目的、依法承担社会责任的法人。

一、公司是法人

（一）公司具有独立的权利能力、行为能力、责任能力和诉讼能力

在现代市场经济社会，民事主体主要包括自然人、法人和其他组织（如合伙企业）三类。公司属于法人的范畴，也是最活跃的法人类型。公司一旦有效成立，即卓然独立于股东。由于公司人格独立于股东人格，因此股东的死亡或变更也不妨碍公司之存续。除非股东决定解散公司或公司并入其他公司，公司可永久存在。

公司的独立法律人格意味着公司具有独立的权利能力、行为能力、责任能力和诉讼能力。就权利能力而言，除非宪法和法律另有规定、公司的存在目的另有限制，自然人根据宪法、实体法和程序法享有的一切权利，公司皆得享

---

[1] Quoted by A. L. Diamond in Orhnia (Ed.), Limited Liability and the Corporation (1982), p. 42.

有。与公民隐私受法律保护相若，公司商业秘密亦受法律保护。但公司不享有专属于自然人的政治权利以及以自然人人格或身体为前提的人身权利。

就责任能力而言，公司如同自然人一样，可独立承担法律责任。公司以其全部财产对其债务承担无限清偿责任。而股东和经营者原则上不对公司债务负清偿责任。因此，"有限责任公司"或"股份有限公司"中的"有限"二字确指"股东责任有限"，而非"公司责任有限"。

（二）公司借助公司机关实施公司行为

公司须仰赖股东会（意思机关）、董事会（执行机关）或监事会（监督机关）等公司机关形成和执行公司的意思表示。公司机关制度是公司法人性的体现。公司机关与公司人格具有同一性。公司机关在公司目的范围之内实施的行为，均自动、当然视为公司行为。董事、监事和高级管理人员在执行公司职务过程中的主观故意或过失即为公司的故意或过失。

（三）公司财产享受《物权法》的保护

物权是公司自治与公司资本制度的基础。公司成为独立法律主体的关键在于，公司具有独立于股权和股东财产所有权的法人所有权。作为所有权人，公司有权在强行性法律规范和公序良俗容忍的范围内，自由地占有、使用、处分公司财产，并从中受益。占有、使用、收益和处分为公司物权的四大积极权能，而排除第三人之干涉乃为公司物权的消极权能。《物权法》第68条第1款明确规定："企业法人对其不动产和动产依照法律、行政法规以及章程享有占有、使用、收益和处分的权利。"

（四）法律有关法人的规定均适用于公司

公司属于企业法人的范畴，因此《民法通则》等基本民商法律有关法人的规定原则上也适用于公司。

（五）公司的法人性并非绝对

公司的法人性与股东有限责任原则均有相对性。为保护公司的债权人免于遭受控制股东"瞒天过海"等阴谋诡计的不法侵害，现代公司法倾向于在例外情况下授权法院责令滥用法人资格、欺诈坑害债权人的股东对公司债务承担清偿责任。此即揭开公司面纱或公司法人资格否认的法理。

二、公司具有营利性

传统公司作为股东个人的营利手段而设立和存在，公司的存在价值仅在于营利。公司是商法人，公司具有营利性。这也为公司法涂上了浓厚的营利性色彩，《美国模范商事公司法》明确将公司称为"商事公司"（Business Corporation）。

公司的营利性作为一个经典概念，指公司的存在目的在于从事商事行为、追求超出资本的利润，并将利润分配于诸股东。公司的营利性体现为三方面：一是公司自身的营利性；二是股东的营利性；三是高管的营利性。

公司的营利性意味着，公司具有商人的全部权利能力和行为能力，有权在法律和公序良俗不禁止的范围内开展各种经营活动，以追逐超出资本的利润。每个公司在法理上具有营利性，但并不意味着每个公司在实践中都能赚钱。公司的营利性决定了公司在达到破产界限、无法实现公司的营利目标时，应进入破产程序（包括清算程序和破产保护程序）。

股东的营利性意味着，股东有权从公司取得投资回报，公司应把股东利益最大化视为公司最高价值取向。

高管的营利性意味着，公司法既要设定公司高管的约束机制，也要设定高管的激励机制，包括薪酬激励和股权激励机制。高管应是职业经理人，是重要的商人阶层。对于高管而言，公平的利益激励不是万能的，但没有公平的利益激励则是万万不能的。

三、公司具有社会性

倘若把营利性看做公司与生俱来、无师自通的自然属性，社会性则是公司后天培育养成的社会品德。从宏观角度看，公司作为独立的经济组织和民事主体，与自然人和其他组织一样均为重要的社会成员，即公司居民。从微观角度看，公司本身除了扮演股东和经营者的营利工具的角色，还寄托和承载着债权人、劳动者、消费者、当地社区、政府、社会公众等利害关系人的切身利益。换言之，现代社会的公司不但是股东的公司、经营者的公司，还是社会的公司，是诸多利益相关者的公司。

公司的社会性及由此推演出的公司社会责任理论，可以说是 20 世纪以来公司法理论发展的重要革命性变革之一。所谓公司社会责任（Corporate Social Responsibility），是指公司不能仅仅以最大限度地为股东们赚钱作为自己的唯一存在目的，应当最大限度地关怀和增进股东利益之外的其他所有社会利益，包括消费者利益、职工利益、债权人利益、中小竞争者利益、当地社区利益、环境利益、社会弱者利益及整个社会公共利益等内容。而随着这一理论研究的深入，一场波澜壮阔的社会责任运动渐次形成。1999 年 1 月 31 日，联合国秘书长安南在《世界经济论坛》上提出了"全球协议"（Global Compact）的新构想，其宗旨是，促使全球协议及其原则成为企业经营战略和经营策略的一部分，推动主要利害关系人之间的合作，并建立有助于联合国目标实现的伙伴关系。换言之，全球协议力图推动有社会责任感的法人公民（Responsible Corporate Citizenship）运动，从而使企业成为迎接经济全球化挑战、解决全球化问题的重要力量。不仅如此，许多跨国公司（如沃尔玛、宜家、耐克、迪斯尼等）制定了自己的公司社会责任守则，并发布了社会责任报告或可持续发展报告。一些非政府组织也从不同角度制定了较具可操作性的公司社会责任标准，如 FLA（公平劳资关系协会）标准、ETI（道德贸易行动）标准、AVE（外贸零售商协会）标准和 CCC（清洁服装运动）标准。跨国公司和非政府组织制定的公司社会责任守则目前已多达 400 余项。

为响应这一潮流和趋势，我国《公司法》开风气之先，其第 5 条明确规定："公司从事经营活动，必须遵守法律、行政法规，遵守社会公德、商业道德，诚实守信，接受政府和社会公众的监督，承担社会责任"，从而将公司社会责任正式写入了公司法。这不仅是我国公司法的一大特色，也是我国立法者对世界公司法的一大贡献。

总之，公司的社会性及公司社会责任理论丰富了公司的内涵，在营利性的基本要素下嵌入了人文主义的基因，其生成、生长值得期待。

四、公司具有资合性

公司的资合性是指公司内外关系的确定以资本、而非股东信用或股东人际关系为基础。股东之间权利的行使以其各自的出资额为衡量标准，公司对外的债务清偿以公司资本为根基。在通常情况下，公司的信用基础取决于公司资本基础。

为维护交易安全，传统公司法创设了资本确定原则、资本维持原则和资本不变原则。我国《公司法》还确认了法定最低注册资本原则。资本确定原则和法定最低注册资本原则着眼于从形式上预先确定公司资本金额，资本不变原则着眼于从形式上预防资本额的减少，资本维持原则着眼于从实质上维持和保护公司的实有资产。公司的实有资产对于公司债权人的重要性高于观念上的注册资本。公司具有资合性，并不意味着所有公司都没有人合性。相反，非上市公司尤其是闭锁型的有限责任公司具有较强的人合性。公司有无人合性、人合性色彩之浓淡，均取决于公司章程、股东协议的约定和股东结构。

五、公司具有自治性

公司虽冠以"公"字，但绝非公法主体，而系私法主体，天然需要弘扬公司自治与股东自治精神。公司自治精神强调，公司在强行性法律规定和公序良俗容忍的范围和限度内，有权为了追求自身的经济利益，以自己的名义实施各种商事行为，从而为自己创设权利、设定义务，国家对此只能予以确认和保护，而不能予以干涉和妨碍。公司自治原则是市场经济的活力之源，也是现代公司法的基础。广义的公司自治还包括股东自治在内。

公司自治原则又可引申出公司财产权利尊重原则和公司行为自由原则。公司财产权利尊重原则意味着，公司依法取得的各种民事权利，代表着公司拥有的资本、劳动、管理与技术等财产资源，依法受到尊重与保护。这些民事权利的享有和行使是企业生存和盈利的前提条件。公司行为自由原则既包括双方行为自由（契约自由），也包括单方行为自由，还包括多方行为自由（如章程自由）。该原则有助于公司依其自主决定的意思形成民事关系。公司行为自由原则有助于公司放心大胆地开展商事流转，缔结商事关系，取得利润的最大化。

我国新《公司法》相信公司和股东的智慧与自治能力，扩张了公司自治空间，充分尊重股东自治、股东自由、股东民主和股东权利。实践已经而且必将继续证明，弘扬公司的自治性理论对于指导未来的公司法改革、提高公司立法质量具有永不磨灭的理论指导作用。

传统公司法教科书往往把社团性看做公司的核心特征。但现代公司法开始不约而同地突破公司的社团性，公开承认一人公司。因此，本书认为社团性不再是公司的本质属性。当然，新《公司法》对社团性理论的突破仍有局限性。笔者建议立法者将一人公司制度引入股份有限公司领域，承认一人股份有限公司。

第二节　公司的分类

交易安全必然呼唤公司类型的法定主义。为增强公司法律关系的预期度与透明度，便于债权人与公司缔结法律关系时有所选择，公司法必须确立公司类型法定原则。具有法律意义的公司类型往往直接源于立法者的授权。投资者无权在立法分类之外再行创新公司类型。但在市场和广大商人的创新力面前，传统的公司类型法定主义必然表现出一定的弹性化。本节兼从法律和学理角度概述公司的主要分类。

一、有限责任公司、股份有限公司、无限公司、两合公司

以公司组织形态和股东责任为准，公司分为有限责任公司、股份有限公司、无限公司、两合公司。此种分类在立法中最为重要。

有限责任公司指特定人数以下的股东以其出资额为限对公司债务负责的公司。我国《公司法》第24条规定，有限责任公司由50个以下的股东出资设立。

股份有限公司指特定人数以上的股东以其所认缴股份为限对公司债务负责的公司。有限责任公司与股份有限公司的关键区别不在于股东人数之多寡，而在于公司资本是否分为等额股份。

无限公司指股东以其所有财产对公司债务承担无限连带清偿责任的公司。我国《公司法》并未规定无限公司。实际上，无限公司与普通合伙企业并无本质区别。

两合公司指无限责任股东以其所有财产对公司债务承担无限连带清偿责任、有限责任股东对公司债务承担有限责任的公司。我国《公司法》未规定两合公司。其实，两合公司就是有限合伙企业。有限合伙企业堪称有限责任公司制度与普通合伙企业的"杂交"品种。

我国《公司法》只承认有限责任公司、股份有限公司，而未规定无限公司、两合公司、股份两合公司。日本、韩国、泰国虽承认无限公司、两合公司，但这两类公司在实践中数量微不足道。

二、人合公司、资合公司与中间公司

以投资者个性和公司资本要素的强弱程度为准，公司分为人合公司、资合公司与中间公司。这是一种学理分类。

人合公司，又称人的公司，指公司商事活动以股东个人信用为基础的公司。人合公司的股东对公司债务承担无限连带责任，交易伙伴重视股东个人的信用和魅力而非公司自身的资本和资产信用。罗马法有谚，"吾友之友非吾友也"。投资者在选择投资伙伴或吸纳新股东时往往苛求彼此的品德、人际关系与资信状况。

资合公司，又称物的公司，指公司商事活动以公司资本和资产信用为基础的公司。我国《公司法》规定的股份有限公司、有限责任公司即属此类。股东均以其认缴出资额为限对公司债务承担有限责任。因此，交易伙伴对债务人公司的资本和资产信用的关注度胜过股东个人信用。

中间公司，又称折中公司或人合兼资合公司，指公司商事活动兼以公司资本和股东信用为基础的公司，即两合公司或有限合伙企业。

如果说普通合伙企业（无限公司）属典型的人合公司，那么上市公司属典型的资合公司，有限合伙企业（两合公司）、有限公司、非上市股份公司则处于两极之间。从普通合伙企业（无限公司）至有限合伙企业（两合公司）、有限公司、非上市股份公司、上市公司，投资者人合色彩依次淡化，公司资合色彩依次增强。虽然资合色彩浓淡有别，有限责任公司与股份有限公司都可纳入资合公司的范畴。

资合公司与人合公司的区别在于，资合公司为资本之联合，人合公司乃为投资者个人之联合。资合公司的信用基础在于公司信用，公司信用又依赖于公司资本资产之强弱。而人合公司的信用基础在于股东的信用。即使公司资产不足以清偿债务，公司债权人亦可直接追索股东的个人责任。因此，人合公司股东的出资形式多种多样，不拘泥于资合公司股东的出资形式。由于人合公司的债权人重视股东个人的债务清偿责任与股东的财产信用状况，人合公司堪称"个体商人的复合体"。①

人合公司、资合公司与中间公司的划分意义在于，立法者在设计公司法规则时，应着眼于强化资合公司与中间公司的资本信用，而不宜苛求人合公司的资本信用；债权人在与人合公司发生交易关系时，应更加关注公司股东的信用度与债务清偿能力。人合公司制度的设计本意是减少人合公司的违约概率，提高债权人的获偿机会。但人合公司的制度设计本身有时反而制造了债权人的不安全感。因为，当人合公司及其股东的信用与债务清偿能力都不可企及时，交易安全就会遭受威胁。无可奈何的债权人要么选择不与人合公司缔结商事关系，要么积极寻求债权担保等自我保护手段。总体说来，除非人合公司股东的信用与偿债能力殷实可靠，债权人宁愿选择信赖资合公司。

由于人合公司的股东投资风险大，债权人对人合公司及其股东信用往往存在合理怀疑，因此除非股东的信用和魅力足以获得债权人信任，人合公司的竞争力与生命力远逊于资合公司。人合公司的人合性色彩较强，公司经营可能存在"人存业举、人亡业息"的现象。而资合公司既容易实现股东群体与经营者群体的适当分离，也容易在股东之间形成理性、科学的利益平衡机制。当然，人合公司也并非一无是处。人合公司会给投资者带来共同参与公司决策、管理和控制的机会，也会给债权人带来公司背后股东担保公司债务的承诺。倘若人合公司的股东博得交易伙伴的信赖，即使公司资本基础薄弱，也有可能获得商业机会。究竟利弊何在，乃股东和债权人的市场选择和契约自由。

---

① 参见［韩］李哲松：《韩国公司法》，吴日焕译，中国政法大学出版社 2000 年版，第 63 页。

三、母公司、子公司、相互投资公司

以公司之间的股权投资关系为准，公司分为母公司、子公司、相互投资公司。母公司（Parent Company），又称控制公司，指对其投资的公司具有控制力（包括表决权和其他控制手段）的公司；而子公司（Subsidiary Company），又称从属公司，指接受母公司投资、并被母公司控制的公司。在母子公司关系之中，母公司居于主导地位、控制地位，子公司则处于从属地位、被控制地位。但在实践中，母公司损害子公司利益的情况亦不在少。在极端情形下，少数子公司竟沦为母公司的"面具"和"拉线木偶"。

对于控制力的界定，可参酌《公司法》第217条对控股股东的定义："其出资额占有限责任公司资本总额50%以上或者其持有的股份占股份有限公司股本总额50%以上的股东；出资额或者持有股份的比例虽然不足50%，但依其出资额或者持有的股份所享有的表决权已足以对股东会、股东大会的决议产生重大影响的股东。"可见，控股地位不仅包括股权比例方面的控制地位，也包括表决权、决策权方面的控制地位。因此，"控股股东"应易为"控制股东"。因为，出资比例大、持股比例高的股东未必就对公司具有控制力。相反，小股东虽然出资和持股比例较小，但凭借其从其他股东获得的表决权代理威力、公司章程赋予的超过其出资比例的表决权（如持股比例为20%的股东可根据章程条款享有51%的表决权），依然可取得对公司决策一言九鼎的霸主地位。除了母子公司，公司家族还出现"姊妹公司"、"兄弟公司"、"连体公司"（相互投资公司）。相互投资公司是指彼此存在股权投资关系、而且各自持有对方公司的股权比例达到一定程度的公司。

母公司、子公司与相互投资公司（相互持股公司）共同组成了公司集团。公司家族的优点在于，容易取得规模效益，提升经营效率，增强风险抵御能力；缺点在于，关联交易不公允和信息披露瑕疵的现象时有产生，公司与股东间的财产边界极易模糊，子公司和相互投资公司的小股东和债权人的利益易受伤害，还会产生公司家族一荣俱荣、一损俱损的悲喜剧。在相互投资公司中，还会出现公司资本虚增、资产名不副实、误导债权人的现象。因此，立法者应针对公司家族现象作出特别规定。

从我国当前经济发展战略看，国家应鼓励国有企业与民营企业积极发展公司集团，打造包括金融控股公司在内的世界级航空母舰。我国当前具有竞争力的公司集团不是太多。建议借鉴德国《康采恩法》的立法例，在《公司法》修改时增设公司集团制度，并对相互投资公司予以相应规制。

公司集团或关联公司不仅是公司法中的重要范畴，也是税法和反垄断法中的重要范畴。但不同法律对公司集团或关联公司的关注角度有所不同。税法关注关联公司的着眼点在于预防公司集团内部上下其手、减少纳税额的偷税漏税行为，保护国家征税主体的税收利益；反垄断法关注关联公司的着眼点在于遏制压抑竞争机制的不正当垄断行为，保护竞争者的合法权益以及公平的市场竞争秩序；公司法的着眼点则在于预防母公司滥用控制权和控制力，保护子公司小股东及其债权人的合法权益。尽管不同法律部门肩负着不同使命，但不同法律部门对于母子公司关系的认定理念、制度和技术均具有相互借鉴价值。

从常态逻辑言之，一般先有母公司之诞生，后有子公司之诞生。母子公司的诞生顺序一般不会紊乱。但在股权移转制度的作用下，既存子公司也可创造自己的母公司出来。这是"后来居上"成语的一个精彩注脚。

四、开放型公司与闭锁型公司

以股东人数多寡以及股权流通性为准，公司分为开放型公司与闭锁型公司。开放型公司（Publicly Held Corporation），指股东人数众多、且股权具有高度流通性的公司，以上市公司为典型代表。闭锁型公司（Closely Held Corporation），指股东人数较少、股权流通性较低的公司。闭锁型公司章程往往规定：未经老股东同意，第三人不能成为公司新股东；老股东由于死亡或转股而离开公司时，老股东享有优先购买权。因此，闭锁型公司往往被称为"法人型合伙"（Incorporated Partnership）。①

《美国模范商事公司法》调整的公司既不是开放型公司，也不是闭锁型公司，而是理想状态中的公司。这种立法思路的优点在于，这种立法模式中的多数规定既适用于开放型公司，也适用于闭锁型公司。不过，美国许多州在以《美国模范商事公司法》为蓝本制定普通公司法的同时，通过特别成文立法为闭锁型公司提供特别规则。美国法学会还制定了《法定闭锁型公司补充示范法》，供各州立法者参考。

开放型公司大致对应于我国的股份有限公司尤其是上市公司，而闭锁型公司大致对应于我国的有限责任公司。公司法只有一部，而公司类型却成千上万。由此产生的问题是，如何在确保公司法调整对象的周延性的前提下，落实区分立法的理念，提高法律调整的针对性，减少法律调整的任意性，避免

---

① 参见［美］R.W.汉密尔顿.《公司法》（第4版），中国人民大学出版社2001年版，第23页。

"小孩穿大鞋"、"大孩穿小鞋"的现象，值得各国立法者深思。

五、上市公司与非上市公司

以其股份是否在证券交易所挂牌上市流通为准，公司分为上市公司与非上市公司。股份挂牌交易的证券交易所既可以是国内证券交易所，也可以是国外证券交易所。

上市公司股东人数众多，股权流通性较高，因此成为透明度和社会化程度最高的公司。与非上市公司相比，上市公司应接受更多的社会监督和政府监管。例如，应允许新闻媒体旁听、采访上市公司股东大会，而对非上市公司股东大会而言，非上市公司有权拒绝新闻媒体旁听、采访其股东大会。

六、一人公司与股权多元化公司

以股东人数为准，公司分为一人公司与股权（股东）多元化公司。一人公司指股东只有一人（含法人）的公司。以其产生的时间为准，一人公司分为设立意义上的一人公司与存续意义上的一人公司；以其股东的持股比例为准，一人公司分为实质上的一人公司与形式上的一人公司。我国《公司法》规定了一人有限责任公司，但未规定一人股份有限公司。

七、内资公司与外资公司

以股东的国籍为准，公司分为内资公司与外资公司。内资公司指本国公民、法人依据本国法律在本国设立的公司；外资公司指外国公民、法人依据本国法律在本国成立的公司，包括外商独资企业、中外合作经营企业与中外合资经营企业。根据我国《民法通则》和外商投资企业法，无论内资公司与外资公司均为中国法人。但在我国三套外商投资企业法与公司法并存的情况下，外资公司应优先适用外商投资企业法；外商投资企业法没有规定的，应补充适用公司法。

八、一般法上的公司与特别法上的公司

按照公司设立的法律依据，公司分为一般法上的公司与特别法上的公司。前者指根据普通公司法设立的公司；后者指根据特别商法设立的公司，如根据《保险法》设立的保险公司。区分此类公司的意义在于，立法者可针对特定产业公司在特别法中推行特殊市场准入政策，以维护社会公共利益。当然，为鼓励公平竞争、打破经济垄断和行政垄断，在辅以其他预防和救济手段的情况

下，应压缩特别法上的公司类型，尽量鼓励投资者根据普通公司法投资创业。

九、总公司与分公司

以公司组织管辖系统为准，公司分为总公司与分公司。所谓总公司，又称本公司，是指依法首先设立的公司本体；分公司是指接受总公司管辖的分支机构。

我国《公司法》第14条规定："公司可以设立分公司。设立分公司，应当向公司登记机关申请登记，领取营业执照。分公司不具有法人资格，其民事责任由公司承担。公司可以设立子公司，子公司具有法人资格，依法独立承担民事责任。"因此，正确区分分公司与子公司具有重要意义。

两者的区别在于：第一，法律人格之有无不同。子公司虽受母公司控制，对于母公司的指示有可能亦步亦趋，但具有独立的法律人格；而分公司虽开展活跃的商事活动，但不具备独立法人资格。第二，行为能力不同。子公司可独立对外与第三人缔结法律关系，并以自己的全部公司财产对自己的债务承担清偿责任，而分公司原则上仅能根据总公司的授权对外缔结法律关系，对于自己开展经营活动产生的债务亦不能以总公司划拨的财产为限承担清偿责任。第三，诉讼主体资格不同。子公司既具有独立的民事诉讼主体资格，又有独立的民事责任能力；而分公司仅具有民事诉讼主体资格，但无独立的民事责任能力。根据《民事诉讼法》第49条第1款之规定，公民、法人和其他组织可作为民事诉讼的当事人。分公司可担当民事诉讼中的原告、被告或第三人，但并不意味着分公司能够独立承担民事责任。第四，纳税义务主体不同。子公司为独立纳税义务主体。子公司即使与母公司一道编制合并财务报表，也应单独履行纳税义务。而分公司并非独立的纳税义务主体，分公司的经营所得须与总公司及其他分公司的经营所得合并之后计算应纳税所得额。第五，控制程度不同。总公司对分公司的人财物产供销具有绝对的决策权和控制力，既可决定分公司负责人的任免，又可决定分公司的经营方向和日常经营活动。母公司虽能维持对子公司人员、财务和业务的高度控制力，但这种控制力必须限定在法律允许的边界之内。尽管分公司与子公司存在着本质区别，二者之间也可依法相互转化。公司可基于自身的发展战略与风险控制也可依法定程序将分公司转化为子公司（包括一人公司），或将子公司转化为分公司。

十、本国公司与外国公司

以公司之国籍为准，公司分为本国公司与外国公司。划分公司国籍的标准在不同国家有所不同，主要存在准据法主义、住所地主义、控制主义与混合主义之争。

所谓准据法主义，是指以公司设立时所依据的法律为标准判断公司国籍。所谓住所地主义，是指以公司在本国是否存在住所为标准判断公司国籍。德国、法国、比利时、意大利等国采此立法例。所谓控制主义，是指以公司的实际控制人（控制股东或公司高管）的国籍为标准判断公司国籍。作为资本输出大国的英美国家采此标准。所谓混合主义，是指以公司设立的准据法、住所或实际控制人的国籍中的两项或多项为标准判断公司国籍。例如，根据《欧盟相互承认公司与法人公约》第1条与第2条之规定，只要公司或法人依据成员国法律设立并在公约适用范围内有法定住所即可获得承认。我国对公司国籍采取准据法主义态度。

随着世界经济一体化步伐的加快，超越某一主权国家国籍的公司也会方兴未艾。例如，根据2001年《欧盟有关欧洲公司章程的规则》而成立的欧洲公司（SE）就是超越某一欧盟成员国的欧盟公司。因为，欧洲公司成立的准据法不是某一特定的欧盟成员国法，而是欧盟统一的立法规则。

十一、国有公司与非国有公司

以公司股权结构以及股东身份为准，公司分为国有公司（公营公司）与非国有公司（民营公司）。国有公司指国家为唯一股东或控制股东的公司。非国有公司指纯粹由国家之外的投资主体设立、或虽有国家参股但国家并非控制股东的公司。

国有公司主要包括三类：国有独资公司；两个以上的国有企业或两个以上的其他国有投资主体投资设立的公司（如国有企业中的中央企业与地方企业共同设立的有限责任公司）；国家与非国有投资主体共同设立、国家持股比例超过50%的公司。非国有公司在外延上涵盖国有公司之外的其他公司。

区分国有公司与非国有公司的意义在于：（1）国家对国有公司中的股权由特设的国有资产监督管理机构代为行使；（2）国家为维护国家安全和社会公共利益，有时对于非国有公司规定较高的市场准入门槛，甚至推行市场禁入制度；（3）国有公司的高级管理人员在《刑法》中被视为国家工作人员。而有关国家工作人员作为犯罪主体的犯罪的刑事责任条款并不适用于非国有公司工作人员。

十二、区域性公司、跨区域公司、全国性公司和跨国公司

以公司开展商事活动（包括投资活动与经营活动）的地域范围为准，公司分为区域性公司、跨区域公司、全国性公司和跨国公司。投资活动包括设立分支机构和子公司的活动。

区域性公司是指主要在一个特定区域开展商事活动的公司。跨区域公司是指主要在一个地区开展商事活动的同时也在其他地区开展商事活动的公司。例如，依托两省市场而成立的地方性商业银行。全国性公司是指在全国范围内开展商事活动的公司。跨国公司是指在一个国家或地区设有总公司或母公司，但其经营活动、分支机构和子公司覆盖全球市场的公司。例如美国的微软公司。

十三、大公司与中小公司

以经营规模为准，公司可区分为大公司与中小公司。其中，规模较大的公司为大公司，经营规模较小的公司为中小公司。为贯彻实施《中小企业促进法》，国家经贸委、国家计委、财政部、国家统计局于 2003 年 2 月 19 日发布的《中小企业标准暂行规定》根据企业职工人数、销售额、资产总额等指标，结合行业特点而制定。

区分大小公司的意义有二：一是有利于立法者在构建公司法规则时能够量体裁衣，增强公司法规则的针对性与灵活性；二是在国家推出鼓励中小企业的优惠政策时明确享受政策优惠的企业范围。上述"暂行规定"就是为了落实《中小企业促进法》的立法政策而推出的。

大公司与小公司各有优劣。小公司具有很多优点。一是创业门槛较低，可解决大量富余劳动力的创业和就业问题；二是企业规模较小，公司决策灵活，转向灵活，避免了公司尾大不掉的弊端；三是股权与经营者的高度结合避免了股权与经营分离滋生的高额代理成本，股东能够以较低成本控制经营者的道德风险。因此，治理健全、运转健康的小公司也很好。

除以上公司分类，还有其他分类。例如，在英国公司法上，除普通的资本有限责任公司外，还有保证有限责任公司（Company Limited by Guarantee）。此类公司也可译为"信用保证有限责任公司"。此类公司在成立时并无公司资本，但股东在公司解散时有义务在其当初承诺的保证责任范围内清偿公司债务。

第三节 公司法的概念、特点和调整对象

一、公司法的概念

"公司法"有广、狭二义。广义的公司法,即实质意义上的公司法泛指调整公司法律关系的法律规范的总称。因此,公司法、证券法、破产法、信托法、商业银行法、保险法、证券投资基金法、民法、会计法、刑法、民事诉讼法和税法等法律中有关公司的法律规范都属于公司法的范畴。狭义的公司法,即形式意义上的公司法仅指以"公司法"命名的法典。我国现行《公司法》颁布于1993年,并于1999年、2004年、2005年修正三次。其中尤以2005年10月27日的修改幅度最大。

公司法既包括静态的法律规则,也包括动态的规则实施状况。前者为应然公司法,可借助书本学习;后者为实然公司法,需从公司实践中把握。公司法的研习者既要学习法条中的公司法,更要关注实践中的公司法。

二、公司法的特点

公司法作为商事组织法、商事主体法,是商法的核心和主要内容,亦为民法的特别法。公司法具有以下特点。

(一)公司法大致上属于私法范畴

现代法律有公法、私法与社会法之别。其中,确认国家公权力的法律为公法,确认民事主体私权利的法律为私法,确认社会权利和社会权力的法律为社会法。

公司法既含有私法性法律规范,也含有公法性法律规范,但以私法性规范为主。由于公司法调整的公司组织关系和公司行为关系多为平等主体之间(股东与公司之间、股东之间、股东与高管人员之间)的法律关系,公司法当然属于私法范畴。作为私法的重要组成部分,公司法要弘扬平等、公平、自愿、诚实信用的契约精神,强调公司和股东自治,强调保护债权人,强调公司自律组织尤其是证券交易所的自治。公司法为了鼓励公司为股东和社会创造财富,不遗余力地协调作为平等民事主体之间的大小股东之间、股东与经营者之间以及公司内部人与外部人之间的利益冲突。这种平等主体之间的横向财产关系当然属于私法关系。

在现代公司法框架中,具有公法因素的强制性规范(包括强制规范和禁

止规范）不占主导地位，更多的法律规范应让位于民事规范、任意规范、倡导规范和保护规范。总体而言，现代公司法应以任意性规范尤其是倡导性规范为主，以强制性规范为辅。

作为私法规范的常见形态，任意性规范又分为倡导性规范和中立性规范。前者指倘若当事人不作另外选择，就应适用的法律规范；后者指当事人如果不明示选择，就不适用的法律规范。相较而言，前一种规范有助于帮助公司法知识和经验有限的当事人找到不是最好、但也不是最坏的行为规范。后一种规范的优点在于充分顾及了当事人的意思自治；缺点在于，公司法知识有限的当事人可能无法作出贤明的选择。倡导性规范必须大力弘扬公平公正的主流价值观，充分反映绝大多数当事人在相同或近似情况下的契约自由诉求，切实发挥法律兴利除弊的社会功能。

（二）公司法渗透着浓郁的公法和社会法因素

公司法虽为私法，但为追求效率和公平兼顾的价值目标，现代公司法开始添加捍卫社会公共利益的公法性规范尤其是强制性规范。这些强制性规范的内容往往涉及公司、股东、高管人员的权利能力和行为能力的划定（包括公司类型法定化），以及中小股东、债权人和公司利益相关者合法利益的维护等。这些强制性规范体现了国家意志对公司生活的干预，因而具有公法色彩。但这些公法规范本身并非公司法的目标，而是公司法达成公司目标的一个手段。

公法规范的使命在于，恢复私法自治、清除私法自治的障碍，而非从根本上否定私法自治。例如，公司设立阶段的行政许可制度、公司运营阶段的行政监管制度、公司行为的行政登记制度，证券监督管理机构对上市公司信息披露行为的监管制度，就是为了预防公司法律关系当事人滥用私法自治的行为，捍卫公司外部人的合法利益和社会公共利益，而非彻底否定公司制度。"私法的公法化"是近来学者关注的一个话题，但应准确理解其内涵。"私法的公法化"仅应理解为现代私法中开始越来越多地吸纳公法规范，但不能理解为全部私法规范都转变为公法规范。此外，公司社会责任理论尤其是和谐社会理论的崛起也会导致人们对"私法社会化"尤其是"公司法社会化"的思考。

（三）公司法以组织法内容为主，兼有行为法因素

倘若把合同法、票据法视为动态的行为法、交易法，公司法可界定为静态的组织法。公司的设立、运营、变更、解散、重组和公司治理结构等方面的内容均属组织法的范畴。但公司法亦有不少行为规范，如股份发行、股权转让等方面的内容即是。组织规范更多地关注组织团体的利益和整体秩序，旨在强化组织及其成员之间的凝聚力，提高组织的运行效率；而行为规范更多地关注交

易主体的个体利益和交易自由，并致力于维护交易安全。组织规范的强制性因素一般浓于行为规范。但从整体看，公司法中的组织规范多于行为规范。

（四）公司法以实体法内容为主，兼有程序法因素

公司法的主要使命在于界定公司法律关系当事人的自由、权利、义务与责任。因此，公司法规范本应限于实体规范，不应染指程序规范尤其是争讼程序规范。但有些争讼规范不但无法适应和推动公司法律关系的健康正常运转，反而压抑、妨碍了公司法实体规范的正常实施。例如，在公司董事长兼法定代表人侵害公司合法利益、而自己拒绝或怠于对公司承担侵权责任的情况下，小股东对此仅有间接利害关系、而无直接利害关系。因而"喜欢多管闲事"的小股东并不具备传统《民事诉讼法》规定的原告主体资格，无权代表公司对董事长提起诉讼。为纠此流弊，我国《公司法》第 152 条借鉴国际先进立法经验，引进了股东代表诉讼制度。程序规范的登堂入室既是对传统民事诉讼制度的深度创新，也是对公司法实体规范的有力保障。整体而言，公司法规范以实体规范为主，而以程序规范为辅。除了争讼解决规范，公司法对股东会、董事会和监事会运作程序的规定也属于程序性规范。

（五）公司法兼顾营利性与社会性

公司法的存在目的之一就是促成公司的营利性，弘扬效率最大化的价值追求。恰恰由于这种营利性的存在，导致公司领域经常会存在道德风险。例如，推行股票期权计划的公司高管有可能为了谋求个人私利最大化而恶意操纵公司利润和公司股价。可见，营利性是一把双刃剑：既可激发公司及其股东和公司高管创造财富的积极性、主动性和创造性，也可被失信之徒滥用于侵占公司和其他利益相关者的合法财富。

传统公司法往往侧重公司的营利性，而忽视公司的社会性；现代公司法则在坚持营利性的同时，弘扬公司的社会性。换言之，公司法不仅有义务造福股东和债权人，而且肩负着关心消费者、劳动者、社区利益、环境利益和社会公共利益的重大责任。公司法的社会化趋势表明了现代社会中公平与效率兼顾、公司法与社会法有机融合的新趋势。既不能以公司的营利性否定公司的社会性；也不能以公司的社会性否定公司的营利性。这种融合趋势使得公司法获得了新的生机活力，而不会、也不可能导致公司法的萎缩或消亡。

（六）公司法在具有相对稳定性的同时，具有较强的变动性

公司法调整的公司关系是具体、复杂而多变的。而天性复杂、具体的公司关系则呼唤变动不居的公司法对其迅速作出动态性的调整。除了公司法规则的变动性，公司法的理念、哲学也具有变动性。与相对稳定的传统民法规则相

比，公司法堪称活性法律部门。随着人类文明的不断演进、人类智慧的日益增加，科技手段尤其是通信技术和互联网技术的日新月异、经济全球化步伐的加快，人类协调公司与利益相关者利益冲突的能力以及平衡效率与公平的能力的增强，公司法的理念与制度设计也要与时俱进。每一国家在特定历史时期的每一次公司法改革，都意味着立法者立法理念的一次创新和突破。

（七）公司法具有技术性

与包含诸多伦理性规范的普通民法不同，公司法包含着不少技术性规范，如股东会与董事会决议的召集期限、决议要件，行使少数股权的持股比例和持股期间等。此外，公司法总是借助技术革命的成果作为规范和推动公司发展的重要手段。例如，传统公司法规定的通知和公告无不依赖于当时的通信手段（书面通知）；通知和公告的期限又受制于现有通信手段的局限性。而永葆青春活力的公司法与方兴未艾的电子商务的击掌必然极大改变了公司的生活面貌。股东大会、董事会会议可用虚拟会议技术在网上展开，股东诸多权利的行使也可借助互联网技术，进而降低公司法的实施成本。以股东大会电子化工程为例，股东出席股东大会的积极性、主动性与创造性将空前提高，困惑传统公司法良久的中小股东的"理性冷漠"、"搭便车"现象将会得到根本扭转，公司管理层的透明度、诚信度和经营效率也将极大改善。

三、公司法的调整对象

公司法的调整对象为公司法律关系。公司法律关系以平等的法律主体（如公司、股东、公司高管人员与债权人）之间的民事关系为主，也含有公司及其相关主体与行政机关之间的行政关系。公司法律关系可作多种分类。

从时间顺序看，公司法律关系囊括各方当事人在公司设立、组织、经营、变更和终止（含解散清算）过程中产生的法律关系。换言之，公司从"摇篮到坟墓"的生命周期中发生的法律关系都应成为公司法的调整对象。

从法律规范的基础看，公司法律关系中既有基于实体法律规范而产生的实体法律关系，也有基于程序法律规范而产生的程序法律关系。

从主体角度看，公司法律关系囊括了公司、股东、董事、监事、经理与其他公司利益相关者（尤其是债权人和潜在投资者）相互之间发生的各类法律关系。由于不同国家的法律、政治、文化、社会传统的差异，公司法律关系的主体也有不同。例如，在英美国家的公司法中，劳动者很少进入公司法的视野，而在德国，劳动者则是公司监事会制度中不可或缺的重要角色。又如，债权人也是公司法律关系中的重要主体，但公司法调整债权人关系时不必重复合同法和债法的一般规定，只需从公司法的特殊视角关注债权人的公平保护，如最低注册资本制度、资本维持制度、瑕疵出资股东和抽逃出资股东对公司债权人的补充赔偿责任等皆其适例。

以公司法律关系是否涉及公司外部第三人为准，公司法律关系分为内部公司法律关系与外部公司法律关系（上述主体与公司外部第三人之间的法律关系）。这种分类的实益在于，在涉及善意第三人与权利人发生利益冲突时，应优先礼让善意第三人。

公司法调整法律关系的目的在于协调利益冲突，追求公司和利益相关者利益最大化。具体说来，其最高目标在于追求利益多赢（包括股东、高管人员以及其他利益相关者的利益多赢），最低目标在于避免利益多输，尤其是遏制控制股东对小股东、经营者对股东、公司内部人对公司外部人的机会主义行为。

我国于1993年12月29日通过了《中华人民共和国公司法》。《公司法》体现了为国企改革和发展服务的理念，并直接借用了《关于建立社会主义市场经济体制若干问题的决定》中提出的"法人财产权"的概念。该法后于1999年、2004年和2005年修正三次，其中以2005年10月27日的修改幅度最大。

1999年和2004年的公司法修改仅是对个别条文的局部修正，为了鼓励投资兴业，维护交易安全，增强我国公司在"入世"后的国际竞争力，妥善处理公司内部人与外部人之间、公司股东与公司高管之间、大小股东之间的利益冲突，立足于我国公司实践，大胆借鉴国际先进立法例、判例与学说，全面修正《公司法》势在必行。2004年12月28日，《公司法修订草案》被提请全国人大常委会审议。经过三次审议，2005年10月27日，全国人大常委会高票通过了新《公司法》。《公司法》的出台和三次修订标志着现代公司法已在中华大地彻底落地生根。

第四节　公司法的作用

公司法的作用主要表现在以下几方面：

一、鼓励投资兴业

公司法通过预先设定公平合理的公司设立条件与简便易行的公司设立程序鼓励投资兴业。美国诸州公司法为吸引州外投资者到本州投资，争先恐后地降低公司注册门槛，触发了向最低点的竞争活动（Race to the Bottom）。为鼓励投资，我国新《公司法》大幅下调了公司的最低注册资本门槛，允许股东和发起人分期缴纳出资，鼓励股东出资形式的多元化，允许所有权、他物权、股权、债权、知识产权等非货币财产作价出资，废除了转投资限制，允许以定向募集方式设立股份有限公司，大幅下调公司上市门槛，允许民营企业与国有企业改革采取一人公司形式，取消了省级人民政府对股份有限公司设立的行政审批。

二、降低交易成本

公司法将股东的资本集合体拟制为具有独立法律人格的公司，不仅扩大了公司的经营规模，而且大幅降低了交易成本。诚如诺贝尔经济学家科斯的企业理论（Theory of Firm）所言，企业的存在价值在于企业内部的行政成本低于企业外部市场中的交易成本。① 假个体性的经营方式既无法解决资本集中的难题，也缺乏足够的竞争能力与风险抵御能力，更无法满足社会化大生产与现代市场交易的规模经济要求。

而公司法将多名、甚至成千上万股东的资本集合体拟制为单一法律人格后，不计其数的个体交易形态被代之以团体化的公司交易形态，缔约成本大幅下降，投资者之间、投资者与交易伙伴之间契约关系的预期性与稳定性显著提高。股东的退出、加入和死亡也不能动摇公司的独立法人地位。因此，公司作为法人化的资本联合体的地位和组织结构比起未经法人化的资本联合体更加牢固。

三、控制投资风险

公司的债权人原则上只能请求公司清偿债务，而不能请求公司背后的股东清偿公司债务。可见，公司在股东与公司债权人之间创设了一道"防火墙"。这一"防火墙"从正面看成就了公司的法律人格，从反面看赋予了股东有限责任待遇。

从历史和逻辑上看，股东取得有限责任待遇与公司取得独立法人资格的时间并不存在必然的因果关系。在公司制度诞生初期，往往先由立法者确认公司的独立法人资格，然后人们才意识到股东有限责任待遇的重要性，最后导致立法者将股东有限责任待遇立法化。而股东有限责任待遇的制度化反过来强化了

---

① Ronald Coase, *The Nature of the Firm*, 4 Economica 386（1937）.

公司的独立权利能力、行为能力和责任能力尤其是公司的法人所有权制度。

四、便利公司融资

公司融资通道一为公司的自我积累，二为公司向外部取得股权资本（发行新股）和债权资本（向银行融资、向投资者发行债券）。公司法通过规定增资、发债的条件与程序、规定公司对外担保的内部决策程序与外部代表程序等一系列制度安排，降低公司融资成本，提高融资规模，维护交易安全，促进公司与其相关交易伙伴的共同繁荣和发展。

五、鼓励公司创新自律

要在宏观上建设创新型国家，就必须在微观层面上打造创新型公司。而要打造创新型公司，就必须弘扬公司自治精神。公司自治是现代公司法的灵魂，是市场经济富有活力的秘笈。公司法鼓励公司自治，鼓励公司的业务创新、产品创新、经营方式创新，允许公司章程在综合考量公司文化和投资者投资性格的基础上，量体裁衣设计个性化条款。当然，公司自治不仅意味着自由和权利，更意味着慎独自律。

六、拉动经济增长

在市场经济条件下，公司是生产资料、劳动力、消费者和经营者得以聚集的最佳、最大场所，是对全社会经济资源予以配置的重要市场主体。从全世界发展趋势来看，公司经济力量越来越强，社会财富越来越向公司集中。公司因此被人们誉为"看不见的经济帝国"、"人类最大的软件"、"市场经济社会的主人公"。

投资、消费和出口的协调拉动是促进经济增长的三驾马车。而要刺激投资，就必须充分发挥公司法的确认、规范、引导和保护作用。公司法积极鼓励公司的便捷设立，构建投资者友好型的法治环境。公司法强调完善公司治理，并确认公司股东通过自力（对公司经营者行使任免权、直接行使重大决策权）或他力（如委托独立董事或监事）手段降低代理成本，提高经营绩效。公司理财制度确保公司能够及时筹措成本合理的股权资本和债权资本。公司重组与公司并购制度鼓励公司做大做强，确保公司及其背后股东之间的资产和股权能够在不同公司间获得合理流动与优化配置。公司解散与清算制度确保经营失败的公司及时退出市场，进而帮助投资者尽量收回投资，帮助债权人尽量公平受偿。因此，作为拉动国民经济增长的制度引擎，公司法有助于鼓励人们创造财富、积累财富、解放和发展生产力。

七、促进社会和谐

公司不仅是经济生活中的活力细胞，也是社会生活的重要居民。公司法不但要求公司为投资者创造投资回报，还要求公司肩负创造就业、缴纳税收、创新科技、传播文化、保护环境、节约资源、稳定社会、构建和谐的重责大任。公司社会责任理论与利益相关者理论表述虽有不同，但其核心内容相同，都体现了对公司社会性属性的关注。我国《公司法》在弘扬股权文化的同时，在第 5 条旗帜鲜明地要求公司承担社会责任。这是我国公司法的一大特色，也是我国立法者对世界公司法的一大贡献。

第五节　公司法的渊源

一、公司法

公司法兼具组织法与行为法的性质，是人民法院和仲裁机构裁判各类公司纠纷案件的主要依据。我国新《公司法》的出台标志着我国公司立法的进一步成熟，也意味着新《公司法》的可操作性与可预期性进一步增强。伴随着新《公司法》的出台，作为配套规则的行政法规（如《公司登记管理条例》）与部门规章（如《公司注册资本登记管理规定》）的修订活动也相继展开。以最高人民法院发布的《关于适用〈中华人民共和国公司法〉若干问题的规定》（一）、（二）为标志，一系列司法解释的出台也将指日可待。与特别公司法相比，《公司法》可称为一般公司法或普通公司法。

二、公司法的特别法

作为公司法的特别法包括但不限于外商投资企业法、全民所有制工业企业法、证券法、证券投资基金法、商业银行法、保险法等。例如，《证券法》有关证券公司的特别规定优先于《公司法》而适用。再如，冠以"公司"之名的全民所有制企业在尚未改造成为公司前，其产权结构和治理结构仍应适用《全民所有制工业企业法》，而不适用《公司法》。当前，我国不少大型国有企业虽然下设了不少分公司、子公司，但其自身依然为非公司制的全民所有制企业法人。因此，在同一公司家族中，存在着对不同企业分别适用《公司法》与《全民所有制工业企业法》的现象。

三、证券法

证券法是公司法的特别法，是广义公司法的有机组成部分。股票的发行、交易及其他相关活动均为证券法的调整对象。全国人大常委会于 2005 年 12 月 29 日对 1998 年《证券法》进行了大幅修改。这次修改强调了规范与发展并举、公平与效率兼顾的指导思想，重视了对投资者权利的保护，完善了证券市场监管体制，健全了上市公司、证券公司和证券服务机构等市场主体的诚信体系建设。《证券法》对投资者保护的重点，并不在于消除股票投资本身所蕴含的投资风险与市场风险，更不在于担保股东获得投资盈利，而在于预防和铲除股票发行与交易中的不公正行为，确保投资者能够在公开、公平、公正和诚实的股票发行与交易市场中作出贤明投资决策。

四、民法

鉴于公司法为商法、民法特别法，应根据特别法优先适用①、一般法补充适用的原理，补充适用相关的民法制度与基本原则。在公司法未作规定时，公司纠纷案件均可补充适用民法中的民事主体尤其是法人制度、法律行为制度、代理制度、民事责任制度、时效制度、物权制度、债权制度等制度。

五、相邻法

作为公司法与其他相邻法交叉调整对象的法律关系也可补充适用相邻法（信托法、反垄断法、反不正当竞争法等）的规定。例如，股权信托关系除了适用公司法，还应适用信托法的有关规定。

六、公司章程

公司章程是充分体现公司自治精神的法律文件。新《公司法》第 11 条规定，设立公司必须依法制定公司章程。公司章程对公司、股东、董事、监事、高级管理人员具有约束力。因此，当公司、股东、董事、监事、高级管理人员围绕公司章程产生纠纷时，除非公司章程与公司立法相互抵触，应以公司章程为准。

公司章程有实质意义与形式意义之别。实质意义上的公司章程，指规范公

---

① 倘若特别法为旧法，普通法为新法，仍以特别法优先。除特别法与普通法之关系，新法应优于旧法。

司的组织和活动，特别是公司、股东、董事等经营者相互之间权利义务关系的根本准则；形式意义上的公司章程则指记载此种规则的书面文件。公司章程对公司法律关系当事人的权利义务关系规定越明确，公司章程作为裁判依据的作用越明显。

七、股东协议

为尊重股东自由，应允许股东之间依法通过股东协议就其相互关系作出约定。当股东协议与公司章程发生冲突时，应以何者为准？鉴于股东协议的缔约方只限于股东，而不包括公司和其他当事人在内，为弘扬契约自由精神，当公司章程确定的权利义务关系与股东协议确定的权利义务关系有所不同时，除非涉及善意第三人的合法权益，应以股东协议为准。

八、自治规章

证券交易所、上市公司协会、董事协会、证券业协会、注册会计师协会、律师协会等非营利组织的自治规章或行为守则，只要不与强行法、公序良俗和公司的本质特征相抵触，亦不失为有关公司纠纷案件的裁判依据。例如，验资机构在对股东的非货币财产出资出具不实验资报告时是否存在过错，就可参酌注册会计师协会的相关执业规则。

九、商事习惯

在法律、公司章程和股东协议均无明文规定的情况下，在公司实践中长期反复遵行、并具有合法性和确定性的商事习惯也可作为裁判依据。商事习惯是在实践中被广大商人反复遵循、反复实践的商业做法。投资活动除了遵循成文法之外，尚遵循着成文法之外的商事习惯。

《瑞士民法典》第 1 条第 2 项规定，"无法从本法得出相应规定时，法官应依据习惯法裁判"。

商事习惯要作为裁判依据必须满足三个条件：（1）内容明确具体，不能模棱两可。法官对此可依据职权主动调查，也可责令有关当事人承担举证责任。（2）在实践中被广大商人普遍确信为实质意义的法律规范而反复遵循与实践，不是偶尔适用。（3）符合主流的商业文化和价值观，不违反法律和行政法规中的强制性规定，不悖于公序良俗原则和诚实信用原则。只有当法官确信某商事习惯确实存在，广大当事人普遍确信该商事习惯为实质意义的法律规范，而且该习惯不与成文法相抵触时，方可援引该商事习惯判案。

在公司法以上诸多渊源中，公司章程、股东协议、行业自律规则和商事习惯可称为商人们的内生法律规则，而其他法律规则可称为外生的法律规则。内生法律规则更接近商法自治精神，更能体现市场机制的本质要求，但缺点是囿于眼界的局限性和利益的对抗性，内生法律规则的孕育和成长不如外生法律规则自觉、快捷。所以，无论是内生法律规则，还是外生法律规则都应予以鼓励，尤其鼓励两类规则之间的良性互动，尤其是二者间的相互激励、相互影响和相互促进。

十、法理与学说

（一）法理

《瑞士民法典》第 1 条第 2 项规定，"无法从本法得出相应规定时，法官应依据习惯法裁判；如无习惯法时，依据自己如作为立法者应制定之法规裁判"。《奥地利民法典》第 7 条规定："无类推的法规时，应深思熟虑，依自然法则判断之。"

所谓法理，又称条理、自然法、通常的法律原理，指从法律精神中演绎出来的一般法律原则。① 从公司法律体系和整体精神中抽象出来的法理也是公司纠纷案件的裁判依据。法官援引法理（包括外国立法例）判案时，以竭尽成文法或习惯法之寻找为前提；倘若公司法或证券法乃至习惯法中存在判案依据，法官便不得舍近求远，援引法理判案。

（二）学说

倘若将法理界定为直接法源，学说则可界定为间接法源。当然，学说的作用在于发现法律，而非创设法律。学说既包括国内外学者间的通说或多数说，也包括国内外学者间的新说和少数说。学说主张者并非立法机构，且学说争鸣在所难免，法院和仲裁机构无论援引旧说、新说，抑或通说、少数说，均无不可。但应在判决书中详细阐明采纳该说的具体理由，避免司法专横。法官选择学说时，应见贤思齐，择善而从，并确信所引学说与本案中的法律关系相互契合。判决书必须自圆其说，详述裁判理由。只有辨法析理，严谨论证，才能取得胜败皆服的法律效果与社会效果，才能从根本上息讼宁人。

十一、判例和司法解释

我国民商法大致上属于大陆法系，具有浓厚的成文法色彩，过去和现在都

---

① 参见王泽鉴：《民法总则》，增订版，中国政法大学出版社 2001 年版，第 60 页。

不承认判例为一种法律渊源。我国法院和法官不具有造法职权，法院判决也非法律创制，不是法律的渊源。最高人民法院的判决以及在《最高人民法院公报》刊登的典型判例仅对各级法院审理案件具有指导作用。当然，这种指导作用愈来愈明显。

借鉴英美法系的传统，承认判例法也是我国法律体系中的渊源，有利于保持我国法律的生命力和灵活性，弥补成文法之不足。有学者认为，将法院的裁判直接确定为法源，赋予规范性拘束力，并非妥当做法。因为，这不仅混淆了立法与司法的分际，而且使法院裁判或见解趋于固定或僵化，难以适应变动的社会经济活动的需要。① 此说言之有理，但难以解释美国法院的判例法为何总体上仍具活力。实际上，将成文法与判例法的优点兼收并蓄也许是最佳选择。

最高人民法院充分运用其司法解释权，通过及时制定司法解释的途径，及时发现与创新统一的裁判规则。

十二、国际条约

《民法通则》第 142 条规定："涉外民事关系的法律适用，依照本章的规定确定。中华人民共和国缔结或者参加的国际条约同中华人民共和国的民事法律有不同规定的，适用国际条约的规定，但中华人民共和国声明保留的条款除外。中华人民共和国法律和中华人民共和国缔结或者参加的国际条约没有规定的，可以适用国际惯例。"因此，中国与外国缔结的国际条约尤其是保护投资者的双边协定也是公司法的主要渊源。

---

① 参见黄茂荣：《法学方法与现代民法》，中国政法大学出版社 2001 年版，第 5～6 页。

第二章 公司设立

第一节 概　　述

一、公司设立行为的概念与性质

公司设立行为有广、狭二义。广义的公司设立行为指依照法定条件和程序创设公司法律人格的各种法律行为与事实行为的总称；狭义的公司设立（或称发起人的公司设立行为）仅指发起人为创设公司法律人格而实施的一连串民事行为。公司设立的过程既涉及事实行为，也涉及法律行为；法律行为中既包括出资人或发起人的民事行为，也包括审批机关和登记机关的行政行为。此处重点讨论公司设立过程中的民事法律行为。

与"公司设立"紧密相连、但又严格区别的概念是"公司成立"。公司成立是公司诞生、取得独立法律人格的状态和事实，是公司设立行为的追求目的和实现结果。而公司设立是创设一个具有法律人格的公司组织的动态的全部过程和行为总和，是公司成立的前提。因此，公司设立行为与公司成立之间为因果关系。当然，公司设立行为未必都能实现预期目的。发起人设立公司的行为有可能成功也可能失败；既可能导致公司的有效成立，也可能导致公司设立的瑕疵甚至无效。

公司设立行为均为民事法律行为，至于为共同行为抑或单独行为要视公司类型和发起人人数而定。被设立的公司为股东多元化公司或发起人为两人以上的，公司设立行为是共同行为；被设立公司为一人公司、发起人为一人的，公司设立行为是单独行为。

二、公司设立的立法态度

依《公司法》第6条的规定，我国对公司的设立采取准则主义为主、许可主义为辅的原则。根据《公司登记管理条例》第22条的规定，公司申请登记的经营范围中属于法律、行政法规或国务院决定规定在登记前须经批准的项目的，应当在申请登记前报经国家有关部门批准，并向公司登记机关提交有关批准文件。换言之，凡是法律法规规定公司登记前置审批程序的，无论是有限责任公司，还是股份有限公司都必须依法办理前置审批程序。这种情形主要发生在市场准入门槛较高的产业（如银行业、证券业、保险业、信托业等）。

就采取公开募集设立方式的股份有限公司而言，除了与其他类型的股份有限公司、有限责任公司一样遵守特殊产业的行政前置审批程序外，还要遵守新《公司法》第93条第2款，即"以募集方式设立股份有限公司公开发行股票的，还应当向公司登记机关报送中国证监会的核准文件"。该条款只适用于公开募集方式设立股份有限公司的场合，而不适用于发起设立以及定向募集设立的场合。《公司登记管理条例》第21条除在第3款重申这一规定外，在第4款又专门保留了一句话，"法律、行政法规或国务院决定规定设立股份有限公司必须报经批准的，还应当提交有关批准文件"。

《公司法》体现的准则主义也是严格的准则主义。例如，新《公司法》第31条规定了原始设立股东对于其他瑕疵出资股东的连带补充清偿责任；该法第95条要求股份有限公司的发起人在公司不能成立时，对设立行为所产生的债务和费用负连带责任。

由于我国外商投资企业法和《公司法》尚未并轨，前者为后者的特别法，因此根据新《公司法》第218条的规定，我国对外商投资公司的设立依然采取许可主义原则。

第二节 公司设立的要件

一、概述

公司的孕育需要一定的条件。新《公司法》第6条第1款指出："设立公司，应当依法向公司登记机关申请设立登记。符合本法规定的设立条件的，由公司登记机关分别登记为有限责任公司或者股份有限公司；不符合本法规定的设立条件的，不得登记为有限责任公司或者股份有限公司。"

为落实前述条款，《公司法》第23条规定：设立有限责任公司，应当具备下列条件：（1）股东符合法定人数；（2）股东出资达到法定资本最低限额；（3）股东共同制定公司章程；（4）有公司名称，建立符合有限责任公司要求的组织机构；（5）有公司住所。《公司法》第77条规定：设立股份有限公司，应当具备下列条件：（1）发起人符合法定人数；（2）发起人认购和募集的股本达到法定资本最低限额；（3）股份发行、筹办事项符合法律规定；（4）发起人制订公司章程，采用募集方式设立的经创立大会通过；（5）有公司名称，建立符合股份有限公司要求的组织机构；（6）有公司住所。以上公司设立的条件可概括为三个方面：主体要件（包括股东或发起人、公司机关、公司名称）、物质要件（包括公司资本、公司住所）与规则要件（包括公司章程）。

二、适量的发起人

符合法定人数的有限责任公司的股东或股份公司的发起人为公司设立之第一要件。股东分为兼任发起人的股东以及不兼任发起人的股东。在股份有限公司领域，投资者以发起方式设立公司时，全体股东均为发起人，而投资者以募集方式设立公司时，仅有部分股东（2人以上200人以下）担任发起人；而在有限责任公司领域，所有股东均扮演发起人角色。与不扮演发起人角色的股东相比，发起人的法律风险更大。

有限责任公司的股东人数为50人以下。《公司法》引进了一人有限责任公司制度。立法者设定50人上限的意图在于维持有限责任公司股东之间的人合性，担心股东人数越多，相互之间的团结合作程度越弱。从长远看，股东人数上限似可删除，立法者可将股东人合性问题留待股东自行识别与解决。

就股份有限公司而言，《公司法》第79条要求有2人以上200人以下为发起人，其中须有半数以上的发起人在中国境内有住所。可见，立法者在引进一人有限责任公司的同时，并未将一人公司引向股份有限公司领域。可见，公司的社团性仅在有限责任公司领域获得了突破，至于在股份有限公司领域仍应维持股东2人以上的法律要求。立法者对发起人之外的股东人数未予限制，立法理念在于，股东人数越多，公司资本越充实，股权流通越活络。

三、不低于法定最低限额的资本

《公司法》第23条要求有限责任公司股东出资达到法定资本最低限额，第77条要求股份有限公司发起人认购和募集的股本达到法定资本最低限额。当然，最低注册资本制度并不担保债权人的绝对安全，也不担保股东有限责任待遇的绝对安全。为鼓励公众投资兴业，《公司法》第26条第2款将有限公司最低注册资本统一确定为3万元；但法律、行政法规对有限责任公司注册资本最低限额有较高规定的，从其规定。第81条将股份有限公司注册资本的最低限额确定为500万元人民币。没有无例外的原则。法律仍可基于保护债权人、捍卫公司利益的理念，在法定例外情况下，对于资金密集型、经营风险密集型的特定产业保留法定最低注册资本。

四、公司章程

章程是公司的设立要件之一。《公司法》第 11 条规定："设立公司必须依法制定公司章程。公司章程对公司、股东、董事、监事、高级管理人员具有约束力。"

《公司法》第 23 条和第 77 条都要求股东或发起人制作公司章程。《公司法》第 23 条要求有限责任公司股东共同制定公司章程；第 25 条第 2 款要求股东在公司章程上签名、盖章，此处的"股东"指"全体股东"。该法第 77 条要求股份有限公司"发起人制定公司章程，采用募集方式设立的经创立大会通过"应当解释为：股份有限公司采用募集设立方式的，由发起人制定公司章程、经创立大会通过；采用发起设立方式的，由全体发起人共同制定公司章程即可。

五、公司名称

(一) 公司名称的选用与功能

就公司名称的选用而言，现代公司法奉行自由选择主义态度。公司名称是一家公司区别于其他公司的主要特征，在交易伙伴尤其是消费者心目中具有身份识别的作用。因此，公司名称不仅是公司的设立要件，更是公司的宝贵财富。

(二) 法律对公司命名的适当干预

为规范公司命名秩序，维护交易安全，《公司登记管理条例》第 11 条要求公司名称符合国家有关规定。这些法律规则主要包括以下内容：

(1) 公司名称唯一原则。倘若允许一家公司使用多个名称，容易导致交易伙伴的重大误解甚或上当受骗。

(2) 有限责任警示原则。《公司法》第 8 条规定："依照本法设立的有限责任公司，必须在公司名称中标明有限责任公司或者有限公司字样。依照本法设立的股份有限公司，必须在公司名称中标明股份有限公司或者股份公司字样。"自反面言之，新《公司法》第 211 条规定：未依法登记为有限责任公司或股份有限公司，而冒用有限责任公司或股份有限公司名义的，或未依法登记为有限责任公司或股份有限公司的分公司，而冒用有限责任公司或股份有限公司的分公司名义的，由公司登记机关责令改正或予以取缔，可并处 10 万元以下的罚款。

(3) 名称组成要素法定主义。根据《企业名称登记管理规定》第7条的规定，企业名称应当由以下部分依次组成：字号（或商号）、行业或经营特点、组织形式。企业名称应当冠以企业所在地的行政区划名称。

(4) 误导名称禁止主义。企业名称必须符合公序良俗的原则，不得含有下列内容和文字：(1) 有损于国家、社会公共利益的；(2) 可能对公众造成欺骗或误解的；(3) 外国国家（地区）名称、国际组织名称；(4) 政党名称、党政军机关名称、群众组织名称、社会团体名称及部队番号；(5) 汉语拼音字母（外文名称中使用的除外）、数字；(6) 其他法律、行政法规规定禁止的。根据《企业名称登记管理规定》第13条的规定，只有下列企业才可申请在企业名称中使用"中国"、"中华"或冠以"国际"字词：(1) 全国性公司；(2) 国务院或其授权的机关批准的大型进出口企业；(3) 国务院或授权的机关批准的大型企业集团；(4) 国家工商行政管理局规定的其他企业。公司名称中含有"集团"字样的，还应当符合法律、法规和部门规章规定的条件。

(三) 公司名称预先核准制度

为便利公司在成立之时免受公司名称抢注带来的被动局面，《公司登记管理条例》规定了公司名称预先核准制度。法律、行政法规或国务院决定规定设立公司必须报经批准，或公司经营范围中属于法律、行政法规或国务院决定规定在登记前须经批准的项目的，应当在报送批准前办理公司名称预先核准，并以公司登记机关核准的公司名称报送批准。

就预先核准程序而言，《公司登记管理条例》第18条规定：设立有限责任公司，应当由全体股东指定的代表或共同委托的代理人向公司登记机关申请名称预先核准；设立股份有限公司，应当由全体发起人指定的代表或共同委托的代理人向公司登记机关申请名称预先核准。申请名称预先核准，应当提交下列文件：(1) 有限责任公司的全体股东或股份有限公司的全体发起人签署的公司名称预先核准申请书；(2) 全体股东或发起人指定代表或共同委托代理人的证明；(3) 国家工商行政管理总局规定要求提交的其他文件。

预先核准的公司名称保留期为6个月。预先核准的公司名称在保留期内，不得用于从事经营活动，不得转让。

(四) 公司的名称权

公司的名称权是公司在其存续阶段对自己的名称享有的依法使用、并排斥他人非法使用的权利。公司名称权是公司依法享有的民事权利，属于人身权尤其是人格权的范畴。公司的名称权具有三个特点：（1）名称权是一种人身权，具有身份识别的功能；（2）名称权具有财产权的因素；（3）名称权具有可让渡性。

六、公司机关

公司作为法人，一切决策、执行与监督活动均仰赖自然人组成的肩负特定职责的组织机构予以落实。因此，符合公司法要求的公司组织机构是各类公司的设立要件之一。

公司的组织机构，又称公司机关，包括公司的股东会、董事会（或执行董事）、监事会（监事）、法定代表人、董事长（执行董事）与经理。其中，股东会是公司的意思表示机关或最高决策机关，董事会（或执行董事）是股东会的执行机构，监事会（监事）是公司的监督机构，法定代表人是公司对外的当然代表人，董事长是董事会的召集人与主持人，经理是对公司日常经营管理活动负总责的公司高级雇员。

七、公司住所

既然法人属于"人"的范畴，当然应当有住所。公司为开展经营活动，更要有场所。法人的住所是法人发生法律关系的中心地域，对于确定债务的履行地、登记的管辖地、诉讼的管辖法院、法律文书的送达处所和涉外民事关系的准据法有着极其重要的意义。

我国现行立法将法人的主要办事机构所在地视为法人住所，不允许以主要办事机构所在地之外的地址为住所。

公司住所不同于公司的经营场所。根据《公司登记管理条例》第12条的规定，"经公司登记机关登记的公司的住所只能有一个。公司的住所应当在其公司登记机关辖区内"。但法人的经营场所作为法人经营活动的地点，既可有一个，也可有多个。

根据《公司登记管理条例》第20条和第21条的规定，申请设立公司时应当向公司登记机关提交公司住所证明。该条例第24条将公司住所证明定义为"能证明公司对其住所享有使用权的文件"。可见，公司住所证明既包括房屋所有权证明，也包括房屋使用权证明，包括房屋租赁合同等。

公司住所不仅是公司的设立要件之一，也是公司章程的绝对必要记载事项。既然是章程必备条款，公司变更住所时亦需股东大会特别决议修改章程。那么，住所变更自股东大会修改章程之时起生效，抑或自公司登记机关完成变更登记事项之时生效? 我国《公司登记管理条例》第 29 条规定: "公司变更住所的, 应当在迁入新住所前申请变更登记, 并提交新住所使用证明。公司变更住所跨公司登记机关辖区的, 应当在迁入新住所前向迁入地公司登记机关申请变更登记; 迁入地公司登记机关受理的, 由原公司登记机关将公司登记档案移送迁入地公司登记机关。" 笔者将该条规定解释为登记对抗主义态度。换言之, 如果公司依法变更了有关公司住所的章程条款, 即产生住所变更的法律效力, 即使尚未在登记机关办理登记也是如此, 只不过在此种情况下不能对抗善意第三人而已。

第三节　公司设立的程序

一、有限责任公司的设立程序

与股份有限公司相比, 设立有限责任公司的门槛较低, 程序更简单。依据《公司法》第 2 章第 1 节和《公司登记管理条例》的规定, 设立有限责任公司一般要履行以下程序:

(一) 订立公司设立协议

实践中, 公司发起人常常订立公司设立协议 (即发起人协议), 旨在明确发起人相互之间在公司设立阶段产生的权利义务关系。但我国公司立法并无此种硬性要求。

(二) 签署公司章程

作为设立公司的重要步骤, 全体发起人应当共同签署公司章程, 即在公司章程上签名、盖章。公司章程既可由发起人亲自起草, 也可委托专业律师代为起草。有些国家的立法 (如《德国有限责任公司法》) 要求发起人对公司章程办理公证手续。我国立法并无此种要求。

(三) 认缴并及时缴纳出资

缴纳出资是股东取得股东资格的对价和前提。因此,《公司法》第 25 条要求有限责任公司章程载明每位股东的出资方式、出资额和出资时间。可见, 股东签署公司章程之时即为确认和允诺其出资义务之时。我国新《公司法》确立了法定资本制项下的分期缴纳出资制度, 要求股东在公司成立之前及时足额地将自己承诺认缴的首期出资履行到位。《公司法》第 26 条规定, 有限责任公司的注册资本为在公司登记机关登记的全体股东认缴的出资额。公司全体股东的首次出资额不得低于注册资本的 20%, 也不得低于法定的注册资本最低限额，其余部分由股东自公司成立之日起 2 年内缴足；其中，投资公司可以在 5 年内缴足。有限责任公司注册资本的最低限额为人民币 3 万元。法律、行政法规对有限责任公司注册资本的最低限额有较高规定的，从其规定。

在公司章程确定以后，股东就应根据《公司法》第 28 条的规定按期、足额、适当地缴纳公司章程中规定的各自所认缴的出资额。此处的"认缴"是指确认缴纳、允诺缴纳、承诺缴纳而言。股东以货币出资的，应当将货币出资足额存入有限责任公司在银行开设的账户；以非货币财产出资的，应当依法办理其财产权的转移手续。对作为出资的非货币财产还应当评估作价，核实财产，不得高估或低估作价；法律、行政法规对评估作价有规定的，从其规定。发起人倘若未及时、足额、适当地履行出资义务，除应当向公司足额缴纳外，还应当向已按期足额缴纳出资的股东承担违约责任。倘若该瑕疵出资股东无力充实公司资本，公司设立时的其他股东应当根据《公司法》第 31 条规定对其承担连带责任。当然，发起人股东在代人受过以后，有权向瑕疵出资股东行使追偿权。

（四）聘请验资机构出具验资证明

为确保发起人出资的真实性、充分性与合法性，新《公司法》第 29 条规定了强制验资制度："股东缴纳出资后，必须经依法设立的验资机构验资并出具证明。"为预防验资机构的道德风险，《公司法》第 208 条还规定了失信验资机构的法律责任；《公司登记管理条例》第 79 条细化了失信验资机构的行政处罚条款。

（五）确定公司机关及其组成人员

为早日奠定公司成立之后的经营管理秩序，公司发起人应当及时在公司章程中确定公司机关及其组成人员。公司董事、监事、经理可由发起人出任，也可由发起人之外的民事主体出任。

（六）办理登记前置的行政审批程序

我国对有限责任公司的设立采取准则主义为主、许可主义为辅的立法态度。《公司登记管理条例》第 22 条规定，公司申请登记的经营范围中属于法律、行政法规或国务院决定规定在登记前须经批准的项目的，应当在申请登记前报经国家有关部门批准，并向公司登记机关提交有关批准文件。

公司发起人取得行政许可文件后，应当尽快在合理期限内前往公司登记机关办理设立登记手续。根据该条例第 20 条的规定，法律、行政法规或国务院决定规定设立有限责任公司必须报经批准的，应当自批准之日起 90 日内向公司登记机关申请设立登记；逾期申请设立登记的，申请人应当报批准机关确认原批准文件的效力或另行报批。

（七）向公司登记机关申请办理设立登记

《公司法》第30条要求，在股东的首次出资经依法设立的验资机构验资后，全体股东指定的代表或共同委托的代理人向公司登记机关报送公司登记申请书、公司章程、验资证明等文件，申请设立登记。为明确国有独资公司设立情况下的申请人，《公司登记管理条例》第20条第1款规定："设立国有独资公司，应当由国务院或者地方人民政府授权的本级人民政府国有资产监督管理机构作为申请人，申请设立登记。"

申请设立有限责任公司应当向公司登记机关提交下列文件：（1）公司法定代表人签署的设立登记申请书；（2）全体股东指定代表或共同委托代理人的证明；（3）公司章程；（4）依法设立的验资机构出具的验资证明，法律、行政法规另有规定的除外；（5）股东首次出资是非货币财产的，应当在公司设立登记时提交已办理其财产权转移手续的证明文件；（6）股东的主体资格证明或自然人身份证明；（7）载明公司董事、监事、经理的姓名、住所的文件以及有关委派、选举或聘用的证明；（8）公司法定代表人任职文件和身份证明；（9）企业名称预先核准通知书；（10）公司住所证明；（11）国家工商行政管理总局规定要求提交的其他文件。法律、行政法规或国务院决定规定设立有限责任公司必须报经批准的，还应当提交有关批准文件。

（八）公司登记机关颁发《企业法人营业执照》

依法设立的公司，由公司登记机关发给公司营业执照。公司营业执照签发日期为公司成立日期。公司营业执照应当载明公司的名称、住所、注册资本、实收资本、经营范围、法定代表人姓名等事项。公司凭公司登记机关核发的《企业法人营业执照》刻制印章，开立银行账户，申请纳税登记。自公司设立登记之日起，设立中公司自动转化为具有独立法人资格的标准化公司。

二、发起设立股份有限公司的程序

设立股份有限公司的主要方式有二：发起设立与募集设立。其中，发起设立是指由发起人认购公司应发行的全部股份而设立公司。发起设立股份有限公司的主要流程包括以下环节。

（一）签订发起人协议

为定纷止争，提高公司设立效率，新《公司法》第80条要求股份有限公司发起人承担公司筹办事务，并要求发起人签订发起人协议，明确各自在公司设立过程中的权利和义务。这是股份有限公司与有限责任公司在设立程序中的一大区别。在立法者眼中，即使有限责任公司的发起人不签订发起人协议，立法者也推定有限责任公司全体股东间存在协议关系。而股份有限公司发起人协议之有无不仅涉及发起人的切身利益，还涉及广大债权人的交易安全。当然，在募集设立公司的情况下，还涉及认股人权益的保护问题。

（二）签署公司章程

发起人协议签署以后，全体发起人应当共同签署公司章程。

（三）认缴并及时缴纳出资

根据新《公司法》第81条的规定，股份有限公司采取发起设立方式设立的，注册资本为在公司登记机关登记的全体发起人认购的股本总额。公司全体发起人的首次出资额不得低于注册资本的20%，其余部分由发起人自公司成立之日起2年内缴足；其中，投资公司可在5年内缴足。在缴足前，不得向他人募集股份。相比之下，立法者不苛求发起人的首期出资额高于500万元人民币的法定最低注册资本。从理论上说，只要全体发起人缴足了其首次认缴的20%的出资额（100万元人民币），公司即可成立。可见，股份有限公司发起人的分期缴纳出资制度不同于有限责任公司发起人的分期缴纳出资制度。

《公司法》第84条第1款从正面强调发起人出资义务的履行："以发起设立方式设立股份有限公司的，发起人应当书面认足公司章程规定其认购的股份；一次缴纳的，应即缴纳全部出资；分期缴纳的，应即缴纳首期出资。以非货币财产出资的，应当依法办理其财产权的转移手续。"该条第2款从反面规定了发起人瑕疵出资的不利后果：发起人不依前款规定缴纳出资的，应当按照发起人协议承担违约责任。发起人协议未约定违约责任的，补充适用《合同法》的有关规定。

（四）聘请验资机构出具验资证明

新《公司法》第90条规定，发行股份的股款缴足后，必须经依法设立的验资机构验资并出具证明。失信验资机构根据《公司法》第208条和《公司登记管理条例》第79条规定承担相应的法律责任。

（五）确定公司机关及其组成人员

新《公司法》第84条第3款要求发起人在首次缴纳出资后，应当选举董事会和监事会。

（六）办理登记前置行政审批程序

根据《公司登记管理条例》第22条的规定，公司申请登记的经营范围中属于法律、行政法规或国务院决定规定在登记前须经批准的项目的，应当在申请登记前报经国家有关部门批准，并向公司登记机关提交有关批准文件。

（七）向公司登记机关申请办理设立登记

根据《公司法》第 84 条第 3 款，董事会当选以后，董事会应及时向公司登记机关报送公司章程、由依法设定的验资机构出具的验资证明以及法律、行政法规规定的其他文件，申请设立登记。《公司登记管理条例》第 21 条将"其他文件"界定为：（1）公司法定代表人签署的设立登记申请书；（2）董事会指定代表或共同委托代理人的证明；（3）发起人首次出资是非货币财产的，应当在公司设立登记时提交已办理其财产权转移手续的证明文件；（4）发起人的主体资格证明或自然人身份证明；（5）载明公司董事、监事、经理姓名、住所的文件以及有关委派、选举或聘用的证明；（6）公司法定代表人任职文件和身份证明；（7）企业名称预先核准通知书；（8）公司住所证明；（9）国家工商行政管理总局规定要求提交的其他文件。法律、行政法规或国务院决定规定设立股份有限公司必须报经批准的，还应当提交有关批准文件。

（八）公司登记机关颁发《企业法人营业执照》

三、募集设立股份有限公司的程序

根据《公司法》第 78 条第 3 款的规定，募集设立是指由发起人认购公司应发行股份的一部分，其余股份向社会公开募集或向特定对象募集而设立公司。募集设立分为公开募集设立与定向募集设立两种。二者的共同点是发起人仅认购公司发行股份总数的一部分，剩余股份要向他人招募。鉴于两种设立方式具有共性，此处将两种设立程序一起描述。

尽管定向募集股份时可更多地尊重契约自由和投资者对投资风险及投资收益的独立判断，但为预防合同欺诈，发起人应当在向特定投资者募集股份时以招股说明书形式（或替代化合同文件）真实、完整、准确、客观、全面地披露募集股份指向的投资项目。投资者认同投资项目，愿意承受相应投资风险的，应当与发起人签署认股书，并按照所认购股数及时足额地缴纳股款。在通常情况下，发起人定向募集股份面对的投资者主要是能为拟设立公司提供管理经验、市场份额和品牌利益的战略投资者，能为拟设立公司提供巨额资金的机构投资者（如投资基金、风险基金）以及与发起人存在某种特定法律关系的投资者（如发起人同事的职工、亲朋好友）等。

下面主要介绍公开募集股份的程序。在启动以下程序之前，发起人需要做好一系列募股准备工作，包括但不限于选择证券承销商，与之签订承销协议；选择代收股款银行，并与之签订代收股款协议。有关证券承销制度的具体内容，参见证券法的有关规定。

（一）签订发起人协议

与发起设立方式相同，新《公司法》第80条第2款也要求公开募集设立的股份有限公司发起人签订发起人协议。鉴于发起人公开募集股份时面对成千上万不特定的公众投资者，立法者强制发起人签订发起人协议更有必要。从理论上说，新《公司法》第79条规定的发起人上限可高达200人。要在200人的团队中完成发起人协议的签署工作并非易事。为提高公司的设立效率，发起人对于发起人团队的人数的质量和规模一般都会自行控制，努力寻求志同道合的投资伙伴。

（二）起草公司章程

鉴于发起人认购的股份仅为公司股份总数的一部分，因此发起人不享有公司章程制定权。但作为发起人的一项重要义务，发起人应当备置公司章程草案，作为未来成立大会审议通过之用。

（三）认缴发起人股份并及时缴纳出资

发起人率先垂范地认缴股份并及时缴纳出资是发起人取得未来股东资格的对价和前提，也是遏制发起人"空手套白狼"的欺诈风险的重要手段。因此，《公司法》第85条规定："以募集设立方式设立股份有限公司的，发起人认购的股份不得少于公司股份总数的35%；但是法律、行政法规另有规定的，从其规定。"

（四）对外募集股份

在对外募集股份的问题上，定向募集与公开募集存在重大区别。就定向募集而言，由于面对的投资者数量有限，且具有封闭性，招募投资者的行为与合同的缔结行为无异。因此，定向募集股份的行为原则上属于传统契约自由的范畴，国家的公权力不必进行深度干预。而公开募集股份面对的潜在投资者数量成千上万，国家公权力必须深度干预公开募集股份的行为。

为避免不良发起人打着"定向募集"幌子，变相公开募集股份、公然欺诈广大投资者，《证券法》第10条规定了两条反规避措施：一是向特定对象发行证券累计超过200人的；二是禁止非公开发行证券时采用广告、公开劝诱和变相公开方式。

1. 报请核准。

《证券法》第10条规定了公开发行股票（股份）的核准制度。具体说来，设立股份有限公司公开发行股票，应当符合《公司法》规定的条件和经国务院批准的中国证监会规定的其他条件；并依法报经中国证监会或国务院授权的部门核准；未经依法核准，任何单位和个人不得公开发行股票。

2. 预先披露信息。

为确保投资者尽早了解未来股份募集的最新动态，从而有充分的时间消化相关资料和信息，《证券法》第 21 条规定，发行人申请首次公开发行股票的，在提交申请文件后，应当按照中国证监会的规定预先披露有关申请文件。

3. 等待核准。

中国证监会设发行审核委员会，依法审核股票发行申请。为提高核准效率，《证券法》第 24 条要求中国证监会自受理证券发行申请文件之日起 3 个月内，依照法定条件和法定程序作出予以核准或不予核准的决定，发行人根据要求补充、修改发行申请文件的时间不计算在内；不予核准的，应当说明理由。

4. 公告招股说明书。

公开募集申请获得核准以后，发起人应当依照《公司法》第 86 条和《证券法》第 25 条的规定，在公开发行股份前，公告招股说明书，并将该文件置备于指定场所供公众查阅。发行股份的信息依法公开前，任何知情人不得公开或泄露该信息。根据《公司法》第 87 条的规定，招股说明书应附有发起人制定的公司章程，并载明下列事项：发起人认购的股份数；每股的票面金额和发行价格；无记名股票的发行总数；募集资金的用途；认股人的权利、义务；本次募股的起止期限及逾期未募足时认股人可撤回所认股份的说明。从法律性质看，招股说明书是发起人对非特定公众投资者发出的认购股份的要约邀请，但内容明确具体的招股说明书亦有可能构成要约。招股说明书还是发起人向证券监督管理机构申请募股的必备法律文件。招股说明书的作用在于，帮助投资者对拟投资项目的真实价值作出科学的判断。

5. 备置认股书，以便投资者认购缴纳股款。

发起人向社会公开募集股份，必须在公告招股说明书的同时制作认股书。认股书应当载明招股说明书所载事项，由认股人填写认购股数、金额、住所，并签名、盖章。认股书签字之时原则上就是股份认购合同生效之时。因此，认股人认购股份后应当根据其所认缴股数缴纳股款。倘若认股人未及时缴纳股款，发起人又未明示地为其垫付股款，则自动丧失股东资格。代收股款的银行应当按照协议代收和保存股款，向缴纳股款的认股人出具收款单据，并向有关部门出具收款证明。

6. 聘请验资机构验资并出具验资证明。

（五）召开公司创立大会，通过公司章程

发起人应当自股款缴足之日起 30 日内主持召开公司创立大会，创立大会由发起人、认股人组成。发起人应当在创立大会召开 15 日前将会议日期通知各认股人或予以公告。创立大会应有代表股份总数过半数的发起人、认股人出席，方可举行。

创立大会是股东大会的前身，也是设立中公司的最高决策机构。创立大会的主要职权包括：（1）审议发起人关于公司筹办情况的报告；（2）通过公司章程；（3）选举董事会成员；（4）选举监事会成员；（5）对公司的设立费用进行审核；（6）对发起人用于抵做股款的财产的作价进行审核；（7）发生不可抗力或经营条件发生重大变化直接影响公司设立的，可作出不设立公司的决议。创立大会对前款所列事项作出决议，必须经出席会议的认股人所持表决权过半数通过。

（六）办理登记前置的行政审批程序

根据《公司登记管理条例》第22条的规定，公司申请登记的经营范围中属于法律、行政法规或国务院决定规定在登记前须经批准的项目的，应当在申请登记前报经国家有关部门批准，并向公司登记机关提交有关批准文件。

（七）向公司登记机关申请办理设立登记

创立大会选举出董事会与监事会组成人员以后，董事会与监事会开始正式承担设立中公司在正式成立之前的其他筹备工作。根据新《公司法》第93条的要求，董事会应于创立大会结束后30日内，向公司登记机关报送下列文件，申请设立登记：（1）公司登记申请书；（2）创立大会的会议记录；（3）公司章程；（4）验资证明；（5）法定代表人、董事、监事的任职文件及其身份证明；（6）发起人的法人资格证明或自然人身份证明；（7）公司住所证明。以募集方式设立股份有限公司公开发行股票的，还应当向公司登记机关报送中国证监会的核准文件。

（八）公司登记机关颁发《企业法人营业执照》

第四节　公司发起人

一、公司发起人概述

我国《公司法》没有公司发起人的立法定义。从理论上说，公司的"发起人"（Promoter）指负责筹划和实施公司设立行为，履行出资义务，依据法律规定或合同约定对公司设立行为承担相应义务和责任的当事人。

公司发起人的地位有三：一是发起人是公司的创始人和缔造者。没有发起人的投资创意和资本投入，就没有公司。二是设立中公司的机关。设立中公司虽无完全法人资格，也离不开发起人作为设立中公司机关实施的设立行为。三是发起人之间在其为设立公司而发生的民事关系中处于准合伙人和连带债务人的地位。正是由于发起人间的连带关系，在公司设立过程中的决策应当采取全员一致决定原则。中介机构（包括律师、公司注册代理公司等）虽然也为公司设立提供专业服务，但并不承担公司设立不能、公司设立失败的风险，亦不承担出资义务。

发起人既包括《公司法》中提及的股份有限公司的"发起人"（包括发起设立情形下的全体投资者、募集设立情形下的部分投资者），也包括《公司法》未使用"发起人"概念的有限责任公司的全体股东。尽管《公司法》第2章第2节在谈及有限责任公司设立时使用了"股东"的概念，但严格而言，在公司设立阶段，公司尚未成立，并不存在"股东"的法律身份。立法者在此处所提的"股东"显然不是严谨的法律概念。从立法目的看，此处的"股东"二字应解释为"发起人"，否则就无法解释《公司法》第31条规定的"公司设立时的其他股东"对瑕疵出资股东充实资本的连带责任。恰恰由于"公司设立时的其他股东"肩负着发起人的重责大任，立法者才会将对瑕疵出资股东的连带责任加于发起人，而不会枉加于发起人之外的嗣后加盟股东。

二、担任发起人的资格

前已述及，有限责任公司的发起人上限为50人、下限为1人；股份有限公司的发起人上限为200人、下限为2人。

就发起人的行为能力而言，发起人应当具有完全民事行为能力。虽然《公司法》对此没有明文规定，但既然发起人肩负着创设公司的重责大任，理应具有完全民事行为能力。因此，作为限制行为能力人、无民事行为能力的未成年人和精神病人不能担任公司发起人，但可借助代理人的协助以认股人的形式加入公司，或在公司成立后通过继受取得方式取得股东资格。就发起人住所而言，立法者虽要求股份公司半数以上发起人在中国境内有住所，但未要求有限责任公司的半数以上股东须在中国境内有住所。似乎前后文之间存在着不对称现象。建议对于两类公司发起人住所一视同仁，要么同时作出限制，要么同时取消限制。当然，要求发起人半数以上在中国境内有住所有助于降低公司设立阶段的通信与联络成本，提高公司设立阶段的工作效率。但问题在于，随着国内外航空运输网络的扩大，现代通信技术尤其是互联网与电子商务技术的深入普及，住所要求似亦可删除。

就股东或发起人的身份而言，中国人、外国人和无国籍人均可成为有限责任公司的股东和股份有限公司的发起人，但法律法规明确禁止的除外。至于股东为自然人抑或法人、其他组织（如合伙企业），除法律另有规定外，均无不可。

三、公司发起人的权利

我国《公司法》对发起人的权利与特别利益未作具体规定，从主流市场经济国家的立法例及我国公司实践来看，发起人一般享有以下权利和特别利益：

（1）设立费用补偿请求权。倘若公司得以成立，发起人在公司设立期间代为支付的各项必要、合理的费用均应由公司予以补偿。

（2）报酬请求权。与嗣后加入公司的股东以及募集设立公司中的认股人相比，发起人为公司设立而劳心费力，投入了精神上与体力上的辛勤劳动，理应获得合理报酬。

（3）优先担任公司董事、监事和高管。这是许多公司发起人梦寐以求的特别利益，在实践中一般容易获得满足。发起人一旦担任公司董事、监事和高管，便有充分的机会与资源与其他股东保持畅通的交流，并在自己的岗位平台上展示对公司和广大股东的贡献，这对发起人谋求连任也非常有利。

（4）优先以非货币财产出资。《公司法》对非货币出资的比例仍有限制。例如，该法第27条第3款针对有限责任公司规定，"全体股东的货币出资金额不得低于有限责任公司注册资本的30%"；第83条针对股份有限公司规定："发起人的出资方式，适用本法第二十七条的规定。"在非货币财产出资的额度有限的情况下，发起人自然可坐享"近水楼台先得月"之利。

（5）其他特别利益。如优先在公司增资扩股时认购发行新股，在公司分红时优先分红、在公司清算时优先于其他股东获得剩余资产等。

发起人的上述特别利益有些需要借助公司章程予以确认，有些则需要借助民法一般制度予以解释。例如，费用补偿请求权根据委托合同的法理就可获得合理解释。为慎重、安全起见，也为兼顾公司与发起人的正当利益诉求，发起人的特别利益应当载明于公司章程，否则对公司自身没有拘束力。

四、发起人的义务与责任

发起人的义务主要表现为以诚实、勤勉的行为标准实施公司设立行为，包括但不限于签署公司章程、认缴出资、缴纳出资、催缴其他发起人或认股人出资、办理行政许可手续等。在公司设立失败时，全体发起人还要对设立中公司的债权人承担债务清偿责任。

（一）出资瑕疵的责任

发起人负有及时足额出资的义务，并就其出资财产对公司负有出资财产质量瑕疵担保责任与权利瑕疵担保责任。发起人出资存在瑕疵的，除对及时足额出资的守约发起人承担违约责任外，尚对公司承担资本充实责任，即补缴出资并承担相应的赔偿责任（如同期银行贷款利息）。在瑕疵出资的发起人怠于或拒绝充实公司资本时，公司可请求其他发起人对其承担连带责任。倘若发起人怠于对公司充实资本，公司的债权人有权依据《合同法》第 73 条的代位权的规定对于瑕疵出资的发起人及其他发起人提起代位权诉讼，请求被告对公司债务承担补充清偿责任。

（二）公司设立失败时对设立中公司债权人的债务承担的连带清偿责任

《公司法》第 95 条第 1 项规定，股份有限公司的发起人在公司不能成立时，对设立行为所产生的债务和费用负连带责任。相比之下，该法并未对有限责任公司的发起人责任作此规定，立法对此也应作同样规定。从法解释学角度言之，发起人乃为设立中公司债务的保证人，而且发起人之间的关系为准合伙关系，因此各类公司的发起人均对公司不能成立时设立行为所产生的债务和费用承担负连带清偿责任。

（三）公司设立失败时对认股人的出资返还义务

《公司法》第 95 条第 2 项规定，股份有限公司不能成立时，对认股人已缴纳的股款，负返还股款并加算银行同期存款利息的连带责任。可见，在公司设立失败时，认股人优先于发起人取回已缴股款。此时，认股人的法律地位与设立中公司的债权人处于同一法律地位。这也从一个侧面说明了发起人的潜在法律风险。该条规定适用于以募集方式设立股份有限公司的情形，而不适用于以发起方式设立股份有限公司的情形以及设立有限责任公司的情形。当然，在返还认股人出资之外、清偿债权人之外尚有剩余资产的，可根据发起人内部的约定比例或出资比例在发起人之间分配剩余资产。

（四）公司成立时对公司的侵权之债

《公司法》第 95 条第 3 项规定，"在公司设立过程中，由于发起人的过失致使公司利益受到损害的，应当对公司承担赔偿责任"。该条规定适用于公司成功设立的情况。此种责任的性质为侵权责任，归责原则为过错责任原则，责任形态原则上为按份责任。该责任旨在确保设立中公司的利益免受发起人或实际负责筹设人坑害之苦。

第五节 设立中公司

一、设立中公司的概念

设立中公司是指自发起人制定公司章程时开始至公司完成设立登记之前的公司雏形。

虽然设立中公司尚无完全的法律人格，但从商业惯例看，设立中公司在事实上客观存在乃为不争之事实，其以"某公司（筹）"或"某公司筹备处"的名义开展活动更是司空见惯。为明确设立中公司实施的法律行为的法律效果的归属，尤其明确设立中公司与设立后公司的法律人格的内在关系尤其是权利义务的继受问题，有必要明确设立中公司的法律地位。

二、设立中公司的法律地位

（一）设立中公司为无权利能力的其他组织

笔者将设立中公司界定为无权利能力的其他组织。其理由在于，设立中公司虽非依法定条件与法定程序成立的公司，但仍不失为民事主体，属于公民、法人之外的第三主体——"其他组织"的范畴。发起人均为设立中公司的业务执行机关与代表人。

将设立中公司界定为无权利能力的其他组织的实益在于，可确定设立中公司在民商法中的民事主体地位。由于任何人在公司成立之前不得以公司名义开展活动，而设立中公司又有别于发起人固有的民事主体地位，确认设立中公司的民事主体地位对于稳定交易关系、保护善意第三人的安定感和预期力具有重要意义。

（二）设立中公司为准合伙组织

在"其他组织"的范畴中，设立中公司更接近于合伙的特点。笔者将其称为"准合伙组织"。合伙人即为公司的全体发起人。对于设立中公司的对内、对外法律关系，可援引民法中的合伙关系处理。与其他合伙不同的是，设立中公司这一合伙组织仅为设立公司的目的而存在，而非为其他民事或商事目的而存在。

将设立中公司界定为准合伙组织，有助于在公司立法缺乏明文规定的情况下，节约立法资源，理顺发起人之间、发起人与设立中公司之间、发起人与第三人之间的权利义务关系。

（三）设立中公司与成立后公司为同一体

设立中公司乃为未来公司的前身。这是由于，在公司设立阶段，公司的设立要件渐次出现，距离公司诞生的时刻愈来愈近。公司设立过程也是设立中公司由不成熟状态臻于成熟状态的过程。当然，这一论断仅在公司成立的情况下才有意义。倘若公司设立失败，自然谈不上同一体问题。

设立中公司与成立后公司为同一体的实益在于，设立中公司缔结的法律关系就是成立后公司缔结的法律关系。换言之，设立中公司的债权债务关系当然转由成立后的公司继受，而无须履行特别的债权债务移转手续。因为，设立中公司就是成立后公司的前身，而后者也是前者的法律延伸。

三、设立中公司债务的负担

（一）一般规则

前已述及，设立中公司的债权债务关系当然转由成立后的公司继受，而无须履行特别的债权债务移转手续。但这一结论是站在设立中公司这一债务人的角度而言的；若就设立中公司的债权人的角度而言，也许债权人根本就不认为发起人创设的债务就是设立中公司债务。因此，有必要区分设立中公司的债务与发起人的固有债务，明确公司设立失败时设立中公司债务的负担主体等。

笔者认为，设立中公司债务的归属应当充分体现债权人利益与公司利益、股东利益相互之间的有机协调。为保护交易安全，提高交易预期的透明度，对于公司设立阶段产生的债权债务的归属应当坚持外观主义法理，原则上依据债权债务关系创设主体的名义而定，但在例外个案下遵循特别规则。

（二）发起人为设立公司以自己名义创设的债权债务归属

倘若发起人为设立公司以自己的名义与他人创设债权债务关系，则此种债权债务属于发起人的个人债务，应由发起人独享其利、自负其责。例如，发起人与银行签订借款合同，以筹措投资款时，银行债权人只能请求特定发起人清偿债务，而不能请求成立后的公司代为清偿。

倘若成立后的公司依据股东会或董事会的合法授权、依循《合同法》中的债权债务移转规则受让了发起人与第三人的债权债务关系，则此种受让当属有效。公司的继受行为有多种表现形式：（1）公司根据《公司法》第16条第2款和第3款规定的公司担保内部决策程序，自愿与发起人的债权人签订担保合同，担当发起人债务的担保人。（2）公司明示地追认发起人创设的债权债务关系，且获得了第三人的同意。（3）公司以享受发起人创设的债权利益的行为方式，默示地追认发起人创设的债权债务关系。但第三种形式不包括公司基于发起人的出资义务而接受发起人出资财产的行为。

（三）发起人以设立中公司的名义创设的债权债务归属

倘若发起人以设立中公司的名义，例如以"公司（设立中）"、"公司筹备组"、"公司（筹）"等名义与他人创设债权债务关系，则此种债权债务原则上属于设立中公司的债权债务。倘若公司有效成立，则此种债权债务当然、自动地由成立后的公司继受，与发起人无涉，债权人也无权追究发起人的债务清偿责任。之所以如此，是由于设立中公司与成立后公司在人格上具有同一性。《公司法》第91条第2款规定的成立大会"对公司的设立费用进行审核"的条款并不影响此种当然继受的行为。

但上述基本原则在实践中存在特殊规则。一是在设立行为无果而终的例外情况下，尽管发起人以设立中公司的名义与他人创设债权债务关系，债权人仍可将设立中公司的债务视为全体发起人的债务，由全体发起人对债权人承担连带民事责任。二是倘若全体发起人在为设立中公司创设债务之初，与债权人达成了发起人以其认缴出资额为限对设立中公司债务承担清偿责任的协议，则此种协议有效。倘若欠缺前述协议，债权人有权追究发起人对设立中公司债务的无限连带清偿责任。

当然，债权人可书面同意公司将设立中公司的债务转移给发起人。一旦债务发生转移，债权人便无权请求成立后的公司履行债务。因此，债权人对于设立中公司债务的转移一定要慎之又慎。

四、发起人利用设立公司之机恶意向公司转嫁债务的问题

公司设立过程中也会存在道德风险。如何防范发起人的道德风险，又不至于殃及善意第三人的债权安全，遂成为公司设立制度应予解决的难题。

倘若发起人为自己的利益，但以设立中公司名义对外创设了债务，此种债务负担应当区分两种情况：（1）倘若债权人为善意，不知道、也没有义务知道发起人损公肥私的事实，则债权人仍然有权请求成立后的公司清偿债务；（2）倘若债权人主观上存在恶意或过失，明知或应知发起人损公肥私的事实以及"设立中公司债务"就是发起人固有债务的事实，则债权人只能请求发起人清偿债务，但无权请求成立后的公司清偿债务。于是，债权人是否善意遂成为关键问题。

五、公司设立失败

公司设立失败是指在发起人设立公司的过程中，由于法律上或事实上的原因导致公司无法完成设立登记的现象。在公司设立失败的情况下，需要在区分内外关系的基础上，妥善处理好公司设立阶段的债权债务关系。

就对外关系而言，由于没有成立后的公司概括继受设立中公司的债务，因此发起人要对设立中公司的债务承担无限连带清偿责任。

就对内关系而言，发起人在对外承担债务以后，可根据发起设立协议确定的债务承担比例对其他发起人行使追偿权。倘若发起人协议未约定债务负担比例的，已对外承担债务的发起人可按照发起人之间的出资比例确定债务承担比例。这也符合权利与义务对等、投资风险与投资收益同步的公平理念。

第六节　公司设立无效

一、公司设立无效的概念

公司设立无效是指已在公司登记机关办理设立登记手续、领取企业法人营业执照的公司被人民法院确认自始不具备独立法人资格，任何以公司名义所发生的债权债务均由发起人承担。

公司设立无效的前提是，公司已根据法定程序取得了公司法人资格。因此，公司设立无效不同于公司设立失败。公司设立无效的后果是，公司彻底丧失其法人资格。而在揭开公司面纱的情况下，人民法院仅在个案中例外不承认滥用公司法人资格的股东的有限责任待遇。因此，公司设立无效与揭开公司面纱大异其趣。

我国《公司法》并未规定公司设立无效制度。

二、慎用公司设立无效制度

公司是社会经济的细胞。现代公司立法确认公司维持制度，尽可能确保更多的公司留在市场舞台上为投资者和全社会的最佳利益创造和积累财富。为此，公司设立无效制度只能作为一项例外制度而适用。

为慎重起见，公司设立无效应当由人民法院宣告，而不宜由行政机关确定。人民法院要严格限制公司设立无效制度的适用范围。对于公司设立可确认无效、也可确认有效的个案，应当坚决确认有效，同时责令发起人或第三人（如瑕疵出资股东）弥补相关的法律瑕疵。在不宣布设立瑕疵公司无效的情况下，可通过揭开公司面纱制度或追究瑕疵出资股东的民事责任的方式保护公司的债权人。为让社会公众和债权人知晓，法院的公司设立无效判决应予公告。

要严格限定公司设立无效的法定事由。参酌《欧盟公司法第 1 号指令》第 11 条的规定，除非具有下列情形之一，人民法院不得认定公司设立无效：（1）公司没有签署公司章程，或没有履行必需的前置审批程序；（2）公司的经营范围违反了法律或行政法规中的强行性规定，或严重损害了社会公共利益；（3）公司章程中没有载明公司的名称、每位股东分别认购的资本数额、已认购的资本总额；（4）所有发起人均不具备相应的行为能力。

在公司设立无效之诉中，原告限于公司的债权人、股东、董事、监事、高级管理人员和职工，被告为公司。为查明案情、便于瑕疵补救程序的正常进行，人民法院可依职权或原告请求，追加第三人（包括瑕疵出资股东）。

为避免原告滥用诉权，损害公司利益，人民法院可根据公司的请求，责令原告提供诉讼费用担保。主观上有恶意或重大过失的股东在败诉时亦应向公司承担实际损害赔偿责任。

原告的诉讼请求是否受诉讼时效的限制，值得研究。从理论上说，公司设立无效的瑕疵较重，原告有权随时提起无效确认之诉，而不受诉讼时效的限制。但由于存在下述的瑕疵补救程序，不受诉讼时效限制的公司设立无效之诉也不一定必然导致公司寿命的非正常中断。

三、瑕疵补救程序

根据企业维持原则，法院对于公司设立无效案件中存在的设立瑕疵应当采取鼓励补救的司法态度。凡是依法可弥补的公司设立瑕疵，人民法院在判决确认无效之前，都要履行瑕疵补救程序，责令公司或第三人（出资瑕疵的股东）在指定期限内补救设立瑕疵（如补足出资瑕疵）。只有在公司或第三人逾期未能纠正瑕疵的情况下，人民法院才可判决公司设立无效，并判令公司进行清算。

人民法院受理公司设立无效纠纷案件后，可否依职权立即责令公司停止经营？笔者认为，为避免原告滥诉封杀公司，慎重对待公司设立无效之诉，法院在经过实体审理程序、判决内容确定之前不宜责令公司停止经营活动。当然，倘若被告公司从事违法活动、损害社会公共利益与国家利益的，人民法院可责令公司停止经营活动。

四、公司设立无效的效果

首先，公司设立无效判决宣告后，公司立即进入清算程序，以尽快清理公司对外债权债务关系，避免公司设立无效行为殃及更多的利益相关者。

其次，公司设立无效判决本身并不溯及公司此前交易活动的效力，不影响公司已与债权人建立的法律关系的效力。从实质上看，被宣告无效的公司并非合法的合格公司，但在债权人眼中具有"表见公司"的法律假象。为落实外观主义法理，维护交易安全，公司设立无效判决当然不应具有溯及力。

再次，发起人和认股人有义务缴清其所认购、但尚未缴清的出资款项，以保护债权人的合法权益。在股东承诺分期缴纳出资的情况下，股东尚未到期的认缴资本在清算过程中也应一并缴纳。股东缴纳出资义务的加速到期有助于维护债权人利益。

最后，发起人对被确认无效的公司的全体债务承担清偿责任。发起人作为公司的缔造者理应承担公司设立瑕疵的担保责任，担保公司设立行为与要件不存在瑕疵。就发起人的内部关系而言，对公司设立无效有过错的发起人要对没有过错的其他发起人和投资者承担损害赔偿责任。

第三章 公 司 章 程

公司章程作为充分体现公司自治精神的法律文件，是公司法的重要渊源。除公司章程外，公司规章与股东协议在弘扬私法自治精神、调整公司内部法律关系方面也发挥着重要作用。

第一节 公司章程概述

一、公司章程的概念

公司章程有实质意义与形式意义之别。实质意义上的公司章程，指规范公司的组织和活动特别是公司、股东、董事等经营者相互间权利义务关系的根本准则；形式意义上的公司章程则指记载此种规则的书面文件。

《公司法》第 11 条规定，设立公司必须依法制定公司章程。公司章程对公司、股东、董事、监事、高级管理人员具有约束力。在公司设立阶段，制定公司章程乃为设立公司的要素。在公司存续阶段，章程仍是公司生存与发展之要素。

有的立法例（如法国、日本和我国）规定公司章程只有一种书面文件，而有的立法例则将公司章程区分为两种书面文件。在德国，有基本章程（Gesellschaftsvertrag）与附属章程（Satzung）之别。美国区分设立章程（Certificate of Incorporation；Articles of Incorporation）与附属章程（By-Laws）。英国亦有基本章程（Memorandum of Association）与通常章程（Articles of Association）之分。其中，设立章程或基本章程的内容比较简单，主要记载公司名称、目的、住所、股份总额等公司对外关系方面的基本事项；附属章程或通常章程的内容则比较详细，主要记载股东大会、董事、高级经理等公司内部关系方面的基本事项。而且，附属章程或通常章程不必公布于世，也无须报请主管行政机构备案，只需股东大会或董事会认可，即可生效并付诸实施，但不能与公司法、设立章程或基本章程抵触。为尊重现行立法传统和公司习惯，我国新《公司法》维持了单一公司章程。但这并不妨碍公司以内部规章制度的形式创设公司内生法律规则。

二、公司章程的法律性质

公司章程不同于普通民事合同。依合同法一般原理，合同只能拘束缔约各方，不得为第三人设定义务，只能为第三人设定利益；而依公司法一般原理，即便没有参加章程制定和表决的股东，也要接受章程的拘束，履行章程规定的义务。又依合同法一般原理，除经缔约各方同意外，合同不得更改；而依公司法一般原理，股东大会有权根据资本多数决原则变更公司章程中的全部条款，即使小股东不同意，亦不影响章程变更之效力。可见，公司章程体现公司最高意思决定机构（股东大会）的意志，即公司自身的意志，而非体现公司每位股东的意志。

公司章程是由作为设立中公司机关的发起人所制定的公司自治规章，并非合同。从法理上可以这样解释：股东在加入公司时，就已经明示或默示地承诺接受公司章程的拘束；由于董事会、监事会均为公司机关，故作为公司机关成员的董事、监事在接受公司选任以后理所当然负有遵守公司章程的义务。

三、公司章程的对内效力

就其对内效力而言，公司章程对公司及其股东、董事、监事、经理和其他高级管理人员具有约束力。章程作为公司组织与活动的根本准则当然对公司具有拘束力。公司章程自公司成立之日起生效。

章程作为股东自治的产物，对股东具有拘束力。就原始股东而言，在多数资本的意志根据资本多数决原则被拟制为公司意志的情况下，个别股东即使反对公司章程中的某些内容，倘若公司章程内容不存在违反法律与行政法规、公序良俗原则与公司本质的情形，个别股东仍应受公司章程的拘束，并享受公司章程赋予的权利与利益。就嗣后加入的股东而言，鉴于公司章程已经公诸于众，当股东加入公司时，应推定其已明示或默示地承诺接受公司章程的拘束。

章程对于董事、监事和高级管理人员具有拘束力。这是由于，公司章程作为被代理人公司的公开要约文件，一旦被作为代理人的董事、监事和高级管理人员承诺，就已经转化为公司与董事、监事和高级管理人员之间的委托合同、雇佣合同中的重要组成部分。董事、监事和高级管理人员依委托合同、雇佣合同也有义务遵守公司章程。

公司章程具有可诉性。公司及其股东、董事、监事、经理和其他高级管理人员均可依据公司章程主张权利，提起诉讼或仲裁；人民法院和仲裁机构应当积极受理。

公司章程的对内效力有助于公平地划清公司及其股东、董事、监事、经理和其他高级管理人员之间的权利与责任边界，确保各方公司法律关系主体慎独自律，预防和化解股东与经营者之间、控制股东与中小股东之间的道德风险，完善公司治理，构建和谐的公司内部关系。

四、公司章程的对世效力

就其对外效力而言，在公司登记机关登记在册的公司章程具有对抗第三人的效力。倘若某公司章程已经登记在册，但第三人并未前往公司登记机关查询，也未要求该公司出具公司章程，则公司章程记载的事项仍可对抗第三人。这是由于，章程作为被法律强制在公司登记机关登记在册的对外公示文件，不是商业秘密或个人隐私信息，包括债权人在内的社会公众均可以合理成本自由前往公司登记机关查询。新《公司法》第6条第3款也明确规定，"公众可以向公司登记机关申请查询公司登记事项，公司登记机关应当提供查询服务"。随着电子平台的拓宽，弹指一挥间，潜在交易伙伴就可以下载公司章程。

公司章程的对世效力不仅意味着善意第三人对公司章程的信赖受到保护，还意味着非善意第三人要受到公司章程记载事项的对抗。例如，公司章程在公司登记机关登记备案的主旨在于把公司内部治理规则公诸于众，以预防公司及其股东免受法定代表人与代理人的道德风险之苦。换言之，公司章程登记制度的设计本意不仅在于保护债权人和社会公众免受公司欺诈之苦，而且也在于保护公司及其股东的利益免受法定代表人、代理人甚或第三人的机会主义行为的威胁。

公司章程的对世效力有助于降低债权人的交易成本，尤其是债务人公司的股权结构与治理结构以及债务清偿能力的信息搜索、加工与分析成本，维护交易安全，预防和化解债务人公司与政府、债权人、劳动者、消费者等公司利益相关者之间的信息不对称与道德风险问题，构建和谐的公司外部经营环境。

五、公司章程的记载事项

从法理上看，公司章程记载事项可分三种：（1）强制记载事项（绝对必要记载事项），即章程中必须记载，若不予记载则导致整个章程彻底无效的事项。强制记载事项利于保护交易安全、规范公司内部治理、维护小股东和非股东利害关系人的利益，但不能过多过滥，以免妨碍公司效率。（2）推荐记载事项（相对必要记载事项），即立法者明文列举、并允许公司从中选择记载的事项。推荐记载事项纵不载于公司章程，亦不影响章程的效力；但若使其产生法律效力，必须载于章程。推荐记载事项具有任意性的特点，只不过关乎公司和股东的切身利益，立法者有必要予以提示而已。公司法当中含有不少任意条款或默认条款，允许公司章程选择或排斥其适用。（3）选择记载事项（任意记载事项），即法律允许章程根据意思自治原则自由记载的其他各类事项，特别是关于公司内部经营管理的事项。从强制记载事项到推荐记载事项再到任意记载事项，其重要性和强制性依次降低，但公司自治强度依次增强。

我国《公司法》第 25 条第 1 款规定有限责任公司章程应当载明下列事项：（1）公司名称和住所；（2）公司经营范围；（3）公司注册资本；（4）股东的姓名或名称；（5）股东的出资方式、出资额和出资时间；（6）公司的机构及其产生办法、职权、议事规则；（7）公司法定代表人；（8）股东会会议认为需要规定的其他事项。与之相若，《公司法》第 82 条要求股份有限公司章程载明的事项有 12 项：（1）公司名称和住所；（2）公司经营范围；（3）公司设立方式；（4）公司股份总数、每股金额和注册资本；（5）发起人的姓名或名称、认购的股份数、出资方式和出资时间；（6）董事会的组成、职权和议事规则；（7）公司法定代表人；（8）监事会的组成、职权和议事规则；（9）公司利润分配办法；（10）公司的解散事由与清算办法；（11）公司的通知和公告办法；（12）股东大会会议认为需要规定的其他事项。

在我国《公司法》第 25 条第 1 款和第 82 条列举的记载事项中，有些事项应当解释为强制记载事项（如公司名称和住所、发起人的姓名或名称、公司法定代表人），有些事项应当解释为推荐记载事项（如股东的权利和义务、公司利润分配办法、公司的解散事由与清算办法等）；"兜底条款"可解释为任意记载事项，包括但不限于发起人的特别利益、非货币出资、发起人报酬、公司设立费用、发起人的实物出资等事项。

第二节　公司章程的个性化设计

一、公司章程不是"填空题"

在公司实践中，千篇一律、似曾相识的章程现象较为多见。许多公司纠纷包括公司治理中的卡壳和僵局现象源于公司章程条款的不完备、不科学、不严谨、不具有可操作性。

公司章程是公司的名片。公司章程反映着公司的股权结构，反映着公司的治理制度，反映着公司文化。因此，公司章程的起草和完善应当遵循量体裁衣的设计准则，应当淋漓尽致地张扬公司的个性。与 1993 年《公司法》不同，新《公司法》允许公司及其股东对公司章程作出个性化设计。例如，该法第 13 条允许公司章程自由选择法定代表人由董事长、执行董事或经理担任。第 16 条对于公司向其他企业投资或为他人提供担保的情况授权章程自由规定由董事会作出决议，也可以由股东会作出决议。为鼓励公司自治，公司登记机关应允许公司章程和股东协议在不违反公司法中的强制条款、诚实信用原则、公序良俗原则和公司本质的前提下，自由规范公司内部关系，实现公司章程全面改版。

二、章程起草过程中的行政指导

章程的起草活动属于公司自治的范畴，政府本没有义务协助，也没有权力施加干预，但基于服务型政府的法律理念，政府有关部门（包括公司登记机关和证券监管机构等部门）可以发挥行政指导的作用，正确引导公司章程的起草活动。

现实生活中的许多公司章程是在公司登记机关提供的制式章程条款的基础上填充少许自然情况条款而成的。公司登记机关应当投入精兵强将，耐心辅导投资者根据不同产业、经营规模和公司文化等具体实际情况，量体裁衣、设计丰富多彩的个性化的公司章程条款。当然，公司登记机关也可根据实用价值与创新精神并重的原则，开发出个性化更强的、针对不同投资风险偏好与投资风险负担能力的投资者的系列公司章程范本。

鉴于公司章程的自治规章性质，公司章程原则上只应接受强行性法律规范（法律和行政法规中的强制性规定）的限制，有关政府部门可通过行政指导手段向公司推荐公司章程样本，但不宜强迫公司必须采纳其推荐的公司章程。

三、出资比例与分红比例之间的脱钩

为体现股东自治精神，新《公司法》第 35 条明确允许有限责任公司股东的出资比例与分红比例的脱钩："股东按照实缴的出资比例分取红利；公司新增资本时，股东有权优先按照实缴的出资比例认缴出资。但是，全体股东约定不按照出资比例分取红利或者不按照出资比例优先认缴出资的除外。"因此，股东之间可以按认缴的出资比例分红，也可以按实缴的出资比例分红，也可以由股东另行约定其他分红比例等。

立法者之所以将实缴的出资比例确定为默示的分红比例，目的有二：一是为了体现按资分红的公平理念；二是通过多缴纳出资、多分红的利益传导机

制，激励股东们争先恐后地缴纳出资。这在客观上有利于预防瑕疵出资现象，巩固公司资本，维护公司的交易安全，提高公司的信用度。

股东要想排除股东按照实缴出资比例分红的法定默示比例，只能通过全体股东签署的股东协议为之，而不能通过资本多数决的公司章程为之，否则不产生排除默示分红比例的效力。这是由于，分取红利是股东投资的首要目的，要对按照实缴出资比例分红的默示比例作出排除，必须取得全体股东的同意。倘若全体股东在公司章程中排除了股东按照实缴出资比例分红的法定默示比例，而且公司章程获得了全体股东的同意，并有全体股东签名为证，即使在公司章程之外没有股东协议对此作出规定，此种章程条款在实质上就应被视为《公司法》第 35 条要求的股东协议。

新《公司法》第 167 条第 4 款亦允许股份有限公司的股东分红比例与股东出资比例之间脱钩。但鉴于股份有限公司人数众多的股东之间很难甚至不可能就分红比例与出资比例的脱钩问题达成一致决议，该条款允许股份有限公司通过章程规定不按持股比例向股东分配股利："股份有限公司按照股东持有的股份比例分配，但股份有限公司章程规定不按持股比例分配的除外。"

四、出资比例与表决比例之间的脱钩

为尊重公司自治和股东自治精神，新《公司法》第 43 条规定："股东会会议由股东按照出资比例行使表决权；但是，公司章程另有规定的除外。"因此，有限责任公司章程可以基于公司自治理论，自由洒脱地约定股东相互之间的表决比例。倘若章程规定股东会决议采取一人一票、少数服从多数的表决方式亦无不可。可见，有限责任公司股东的出资比例与表决比例之间可以依法自由脱钩。

与新《公司法》第 35 条相比，第 43 条在谈及表决比例时的主要区别之一是，在"出资比例"之前没有定语"实缴的"。之所以如此，立法者在修改该条时遇到了二难选择：首先，立法者倘若要求股东按照实缴的出资比例行使表决权，会遭遇有些公司中全体股东都没有实际缴纳出资的尴尬。如此一来，全体股东都无权在股东会上行使表决权，股东会决议似乎也无法作出。其次，立法者倘若要求股东按照认缴的出资比例行使表决权，似乎也有失公允。假定甲乙二股东共同设立一家公司。甲股东认缴的出资比例为 60%（60 万元人民币），但分文未出；乙股东认缴的出资比例为 40%（40 万元人民币），并及时足额缴清出资。倘若立法者要求股东按照认缴的出资比例行使表决权，那么甲股东在股东会上的表决权为 60%，乙股东的表决权仅为 40%，显然有悖出资与权利成正比的朴素公司伦理。

接踵而至的问题是，既然在分期缴纳出资制度项下存在着实缴的出资比例与认缴的出资比例，那么股东表决权之计算应以哪一比例为准？笔者认为，破解这一难题时应当区分两种情况：（1）在有一名或多名股东实际缴纳出资的情况下，股东按其实缴的出资比例行使表决权。（2）在全体股东都没有实际缴纳出资的情况下，股东按其认缴的出资比例行使表决权。此种解释不仅能确保股东会决议的作出，而且也符合股东设立公司时对其控制权比例和表决权比例的预期。

《公司法》第43条与第35条相比的主要区别之二是，股东要排除"股东会会议由股东按照出资比例行使表决权"的倡导性条款，不再苛求全体股东协议，只需公司章程即可。这是由于，股东的表决权固然重要，但与股东分红权相比，毕竟稍有逊色。但是，笔者认为此处的"公司章程"仅指公司设立时的原始章程而言。控制股东不能凭借资本多数决的优势，逆小股东意志而修改公司章程，剥夺或限制小股东的表决权。

既然股东分红权与表决权的行使不拘泥于股东的持股比例，有限责任公司可自由创设无表决权或微弱表决权的优先股。无表决权或微弱表决权的股东不仅在公司分配利润时优先分取红利，在公司解散时亦可在债权人获得清偿后优先于普通股东而分取剩余财产。倘若公司章程在约定优先股东优先分红的同时，并未约定股东优先分取剩余财产，则优先股东只能以其持股比例为限、优先于其他普通股东分取剩余财产。

与之相关联的问题是，股份有限公司可否发行优先股？从理论上说，股份有限公司发行何种股份（包括优先股）纯属公司自治范畴。但新《公司法》第132条授权国务院对股份有限公司发行该法规定以外的其他种类的股份另行作出规定。基于此规定，股份有限公司及其股东要开发优先股股份，只能等待行政法规作出规定。

第三节　公司经营范围制度

一、公司经营范围制度的自治改革

公司经营范围制度对公司经营自由的极大限制，与英美早期公司法中的"越权原则"（ultra vires）殊途同归。从国际公司立法的演变趋势看，放松对经营范围的法律管制乃大势所趋。例如，《美国模范商事公司法》第2.02条第2

项第2目规定，公司章程可以记载设立公司所追求的目的；第3.01条第1项则规定："除非公司章程对公司目的的范围作出限制性规定，根据本法设立的每家公司都具有从事各项合法经营活动的目的。"该法第3.04条以"越权"为题在第1款明确规定："除非本条第2款另有规定外，不得以公司缺乏权利能力为由否认公司行为的效力。"

我国新《公司法》第12条规定："公司的经营范围由公司章程规定，并依法登记。公司可以修改公司章程，改变经营范围，但是应当办理变更登记。公司的经营范围中属于法律、行政法规规定须经批准的项目，应当依法经过批准。"与1993年《公司法》第11条相比，该条删除了"公司应在登记的经营范围内从事经营活动"的要求。这一删除举措体现了立法者创新公司经营范围制度的勇气。换言之，即使公司超越登记的经营范围从事经营活动，只要此种超营行为不违反法律和行政法规有关市场准入的强制性规定、不违反公序良俗与诚实信用原则，就属合法有效。原《公司登记管理条例》第71条规定："公司超出核准登记的经营范围从事经营活动的，由公司登记机关责令改正，并可处以1万元以上10万元以下的罚款；情节严重的，吊销营业执照。"2005年12月18日重新发布的《公司登记管理条例》一举废除了该条规定。至此，即使公司超越登记的经营范围从事经营活动，只要此种超营行为不违反法律和行政法规有关市场准入的强制性规定，不仅在民事关系中是合法有效的，而且在行政法律关系中也不再受到行政处罚。

二、公司经营范围登记的效力

有必要触及新《公司法》第12条规定的公司经营范围登记的效力问题。笔者认为，公司经营范围由公司章程记载、并经公司登记机关依法登记的效力，可以区分为对内效力与对外效力。

就对内效力而言，公司章程载明并经公司登记机关登记的公司经营范围对划清公司内部机关之间的决策权限以及强化公司董事、监事和高管人员的诚信义务具有刚性的约束力。例如，倘若公司管理层未经股东大会或董事会授权擅自超越公司章程载明、公司登记机关登记的经营范围从事经营活动并给公司造成巨大损失，则公司有权追究管理层违反忠实义务或勤勉义务的责任。

就对外效力而言，由公司章程记载并经公司登记机关依法登记经营范围，有助于第三人了解该公司的专长经营领域。但是，第三人不能仅以其与某公司签订的合同超越了该公司的经营范围为由而主张合同无效，公司也不能仅仅以自己签订的合同超越了自己的登记经营范围为由主张合同无效。

三、公司选择登记经营范围的自由度

根据新《公司法》弘扬的公司自治精神，公司可以在不违反强制性法律规定的前提下，自由选择其登记的经营范围。公司登记机关在登记公司经营范围时，应当尽量尊重市场的多元化需求以及公司的首创精神。

2005 年 12 月 18 日《公司登记管理条例》第 15 条第 2 款规定：公司的经营范围用语应当参照国民经济行业分类标准。随着科技进步的日新月异，随着消费者从生存型消费到发展型消费、从物质消费活动到精神消费活动的中心转移，国民经济行业不能囊括的经营范围将会越来越多。

笔者认为，即使对于法律和行政法规例外允许的垄断经营、限制经营、特许经营，有关政府部门也应严格按照《行政许可法》的规定，严格市场主体核准与登记制度，把好市场准入关。为兼顾宏观调控的有效性与经济行政的廉洁性与公正性，应当严格规制政府发放行政许可的范围与程序。垄断经营、限制经营、特许经营的范围要少而精。应当明确：垄断经营、限制经营、特许经营是例外，而放开经营、鼓励竞争是一般原则。应当积极探索混业经营、混业监管或混业经营、分业监管的金融创新模式。即使公司经营行为属于行政许可项目，公司登记机关也应遵循透明行政、服务行政与高效行政的理念，依照法律、行政法规和国务院规定编制企业登记前置行政许可目录并公布。

第四节　公司规章与股东协议

一、公司规章

调整公司内部法律关系的公司内生法律规则既包括公司章程，也包括其他法律文件尤其是公司规章。例如，股东会议事规则、董事会议事规则、监事会议事规则、董事会专门委员会实施细则、公司专项规章制度（如风险管理办法）等。

倘若公司规章并不在公司登记机关登记在册，这些内部规章制度仅能约束公司内部法律关系主体；倘若公司规章已在公司登记机关登记在册，这些内部规章制度不仅约束公司内部法律关系主体，而且可以对抗第三人。倘若公司规章的名称索引载于登记在册的公司章程，公司规章应当视为已经登记在册，除非第三人能够举证证明自己虽已尽到合理之努力，但依然无法从公司获取（遭到公司的拒绝）或很难以合理成本获取公司规章。

为使公司内部管理规章取得对抗第三人的效力，也为实现公司内部治理结构的透明化、强化社会公众对公司内部治理的监督与约束力度，建议公司将内部规章制度通过直接登记或间接索引的方式晓谕公众。

二、股东协议

股东协议有广、狭二义。广义的股东协议泛指股东之间签署的各类协议；而狭义的股东协议仅指股东之间签署的、与股东资格相关的协议。股东协议不同于公司章程，往往不在公司登记机关登记注册。在实践中，基于股东之间的特别关系、特别承诺或特别信任，常有股东通过协议界定彼此间的权利义务关系。

新《公司法》虽未设专章对股东协议作出全面系统的规定，但在分散于各章的制度设计中极其重视股东契约自由，重视通过股东协议界定相互间的权利、义务、责任、利益、风险。例如，新《公司法》第35条允许有限责任公司的全体股东约定不按照出资比例分取红利或优先认缴出资；第72条将有限责任公司股东会对股东向第三人转让股权的批准行为由公司的意思表示转向股东个人的意思表示；第75条鼓励退股股东与公司达成退股协议。

基于股东自治精神，公司、股东和中介机构应当更加重视股东协议的签署工作。除了适用新《公司法》的特别规定外，股东协议还要遵守《合同法》的一般规定。

第四章 资本与股份

资本制度是公司制度的核心。为奠定公司生存与腾飞的物质基础，也为公司潜在债权人保留最低限度的公司资产，以减轻股东有限责任原则对市场交易安全的冲击，保护善意第三人的利益，传统公司法创设了资本确定原则、资本维持原则和资本不变原则。我国《公司法》还规定了法定最低注册资本制度。公司资本制度改革的方向是实现保护交易安全与鼓励投资兴业的目标兼顾。

第一节 公司资本与资本三原则

一、公司资本的概念

公司资本在不同语境下有不同含义。公司资本有时指股东为设立公司或扩张公司而投入公司的出资额。广义的公司资本包括股权资本和债权资本。狭义的公司资本仅指股权资本，是股东为实现投资目的向公司缴纳的财产出资的总和。公司资本有时指股东得以对公司主张分配权利的公司净资产，是资产负债表项下的股东权益（公司总资产减去总负债的余额）。此种意义上的公司资本代表着股东对公司的财产权利。股东转让股权的定价因素纷繁复杂，但主要取决于公司净资产以及公司未来的盈利能力。为避免概念混淆，本书将股东得以对公司主张分配权利的公司资本称为"公司净资产"，而不笼统地称之为"公司资本"。

作为股东出资总额的公司资本也不同于作为公司净资产的公司资本。因为，只要审查公司的注册资本与股东的实缴出资就可以知晓股东应予缴纳的出资额以及股东实际缴纳的出资额。而作为公司净资产的公司资本则是一个动态的变动不居的概念。股东转让股权时往往更多地看重公司净资产以及公司的投资前景，而不斤斤计较于股东的原始出资额。

由于公司净资产是公司总资产的组成部分之一，"公司净资产"意义上的"公司资本"当然有别于客观存在的、作为公司物权标的物的各类财产。债权人虽然关注公司净资产，更关注特定的具体的公司资产。从法律概念而言，无论公司资产来自股东的原始出资，抑或债权资本（银行信贷资金），公司对其取得的各类资产都享有物权。基于物权，公司又可为债权人设定担保物权。因此，债权人往往格外关注公司资产的构成、每项资产（含动产与不动产）的使用价值与交换价值。

二、资本确定原则与授权资本制

资本确定原则又称法定资本制，指在公司设立时股东必须充分、确实地认购公司确定发行的全部股份，公司才能合法成立与运营。首先，公司章程要确定资本总额。其次，公司章程载明的资本总额必须全部认购和实缴完毕。资本确定原则旨在确保公司在诞生之初就拥有足以保护债权人和其他利益相关者的物质基础。

新《公司法》虽确立了分期缴纳出资制度，但仍属于资本确定原则的范畴。该法第 25 条要求有限责任公司公司章程载明公司注册资本以及股东的出资方式、出资额和出资时间；第 82 条要求股份有限公司章程载明公司股份总数、每股金额和注册资本以及发起人的姓名或名称、认购的股份数、出资方式和出资时间。出资金额与出资时间一旦确定，投资者必须及时足额地履行相应的出资义务。

法定资本制虽有利于保护公司债权人，但容易压抑公司资金筹集活动的灵活性与机动性。首先，严苛的法定资本制作为投资兴业的门槛容易拉长公司的设立期间。其次，公司设立之初的各项业务经营活动往往处于起步和探索阶段，资金需求甚微。再次，公司设立时若筹集资本过小，但公司在业务拓展后资金需求量放大，则必须召集股东大会修改公司章程以增加资本，然后再发行新股。增资程序的费时费力有可能导致公司错过公司高效、及时、低成本筹资的最佳时机。

资本确定原则与授权资本制相对。所谓授权资本制，指公司章程预先确定公司的资本总额，并授权董事会在公司成立后作出决议，发行资本总额中尚未发行的股份。只要公司股东实际认购了部分资本数额，公司即可成立。授权资本制的优点在于，避免了公司设立之初的资本闲置和浪费现象，也避免了繁琐的增资程序。

三、资本维持原则

资本维持原则又称资本充实原则或资本拘束原则，指公司在存续过程中必须经常保持与抽象的公司资本额相当的公司现实资产。这是由于，一旦公司资本得以确定、公司得以成立，公司资产就开始在纷繁复杂的投入产出活动中处于剧烈的变动状态之中。立法者关注的核心问题遂由公司设立阶段转向公司运营与存续阶段。资本维持原则的着眼点不仅在于保护债权人利益，也在于确保公司的可持续健康发展。我国《公司法》也继受了资本维持原则。

第一，严格规制非货币出资行为。《公司法》第27条第1款规定了股东以非货币财产作价出资的构成要件；第2款要求对非货币财产出资进行评估作价；第3款规定了全体股东的货币出资金额在有限责任公司注册资本构成中的最低比例（30%）。

第二，禁止股份有限公司的股票发行价格低于票面金额。

第三，禁止抽逃出资。第36条禁止有限责任公司股东在公司登记后抽回出资。第92条也规定，"发起人、认股人缴纳股款或者交付抵作股款的出资后，除未按期募足股份、发起人未按期召开创立大会或者创立大会决议不设立公司的情形外，不得抽回其股本"。

第四，追究瑕疵出资股东的民事责任。《公司法》第28条第2款要求瑕疵出资股东除向公司足额缴纳外，还应向已按期足额缴纳出资的股东承担违约责任。

第五，由于公司回购自己的股份将会导致公司资产的减少和债务清偿能力的削弱，立法者原则上禁止公司回购自己股份。

第六，严格限制分红条件。《公司法》第167条第5款规定，"股东会、股东大会或者董事会违反前款规定，在公司弥补亏损和提取法定公积金之前向股东分配利润的，股东必须将违反规定分配的利润退还公司"。

第七，禁止以股抵债。现实生活中，少数上市公司的母公司（控制股东）在对公司负有债务以后，以自己对公司的股权折抵对公司的负债。此即"以股抵债"的现象。以股抵债既违反了资本减少限制原则，减损了公司资产；也违反了股东平等原则，剥夺了其他中小股东与控制股东一同退股的机会。正确的做法是，拍卖母公司对子公司享有的股权，然后将拍卖价款清偿债务。这样，既使子公司的债权获得实现，又不害及债权人利益，更不违反股东平等原则，可谓一举三得。

为使公司的运营更富有弹性，并顾及中小股东权益保护和构建和谐劳资关系的立法政策，资本维持原则也出现了弹性化现象。《公司法》第75条允许有限责任公司的中小股东在陷入进退维谷境地时例外请求公司回购自己股份，第143条第1款允许公司为实现以下目的而例外收购本公司股份：（1）减少公司注册资本；（2）与持有本公司股份的其他公司合并；（3）将股份奖励给本公司职工；（4）股东因对股东大会作出的公司合并、分立决议持异议，要求公司收购其股份的。

四、资本不变原则

（一）资本不变原则的基本内容

严格遵循资本确定原则的立法例，一般坚持资本不变原则。所谓"资本不变"不是指绝对不变，而是指公司不得超越法定条件与程序而随意增减资本。资本不变是相对的，资本变动是绝对的。资本不变原则的着眼点依然在于保护债权人利益和公司的可持续健康发展。其与资本维持原则的不同点在于，资本维持原则的功能在于预防公司现实资产的减少，而资本不变原则的功能在于预防公司抽象资本的减少。倘若缺乏资本不变原则的约束，公司便可随意减少资本，公司资本既已减少，公司资产亦可相应降低。可见，资本不变原则是资本维持原则的坚强柱石。

资本不变原则包括两个方面的不可或缺的内容：一是限制公司随意减资，二是限制公司随意增资。换言之，公司增加资本、减少资本都要遵循法定程序。如果说限制公司减资旨在保护债权人和其他利益相关者，那么限制公司增资则旨在保护股东免受参与增资行为带来的财力负担以及不参与增资行为带来的股权比例萎缩。

（二）增资制度

《公司法》对公司增资亦设有限制性条款。

（1）公司增资的授权依据必须基于股东会的资本绝对多数决。根据《公司法》第38条第1款和第100条的规定，公司增加注册资本的必须由股东会作出决议。而且，股东会的增资决议遵循绝对多数决原则，而非简单多数决原则。有限责任公司增资决议必须经代表2/3以上表决权的股东通过；股份有限公司增加注册资本的决议必须经出席会议的股东所持表决权的2/3以上通过。第67条规定，国有独资公司增加注册资本的，必须由国有资产监督管理机构决定。

（2）尊重老股东的优先认购权。《公司法》第35条规定，有限责任公司新增资本时，股东享有法定的优先认购权。具体说来，股东有权优先按照实缴的出资比例认缴出资，但全体股东约定不按照出资比例优先认缴出资的除外。股份有限公司章程确定股东优先购买权的，此种章程条款亦属有效。

（3）变更登记手续。《公司法》第180条第2款规定，公司增加注册资本，应依法向公司登记机关办理变更登记。

（三）减资制度

由于采行授权资本制的立法例授权董事会决定新股发行，致使资本增加具有较大灵活性；加之公司增资惠及公司债权人，资本不变原则已演变为资本减少限制原则。

（1）公司内部决策程序。公司减少资本的对内决策权限属股东会决策范畴。就有限责任公司而言，根据《公司法》第38条第1款和第100条的规定，公司减少注册资本的，必须由股东会作出决议。第44条规定，有限责任公司减少注册资本的决议必须经代表2/3以上表决权的股东通过。第104条第2款规定，股份有限公司减少注册资本的决议必须经出席会议的股东所持表决权的2/3以上通过。第67条规定，国有独资公司减少注册资本的，必须由国有资产监督管理机构决定。

（2）编制资产负债表及财产清单。

（3）通知并公告债权人。公司应自作出减少注册资本决议之日起10日内通知债权人，并于30日内在报纸上公告。倘若公司不依法通知或公告债权人，公司登记机关有权根据《公司法》第205条第1款的规定责令公司改正，并对公司处以1万元以上10万元以下的罚款。由于公司减少资本会动摇公司的资本信用基础，公司减少资本不仅要遵守公司内部决策程序，以充分体现大多数股东的利益和要求，而且要遵守公司外部的债权人保护程序，以充分尊重公司债权人的利益和要求。

（4）债权人保护程序。债权人自接到通知书之日起30日内，未接到通知书的自公告之日起45日内，有权要求公司清偿债务或提供相应的担保。

（5）法定减资额度。公司减资后的注册资本不得低于法定的最低限额。

（6）变更登记手续。公司减少注册资本，应依法向公司登记机关办理变更登记。

第二节　最低注册资本制度

一、最低注册资本制度的概念

最低注册资本制度，是指公司成立时股东缴纳的注册资本不低于立法者规定的最低限额。最低注册资本制度滥觞于欧陆立法传统。受大陆法系最低注册资本制度的影响，我国1993年《公司法》第23条和第78条规定了最低注册资本。

为鼓励社会公众投资兴业，新《公司法》第 26 条第 2 款将有限责任公司的最低注册资本规定为 3 万元人民币。为适度扩大股份公司制度的适用范围，切实把股份公司制度重塑为公众投资者都能享用的公共产品，新《公司法》第 81 条将股份有限公司注册资本的最低限额规定为 500 万元人民币。公司最低注册资本的降低宣告了传统公司法对最低注册资本的盲目崇拜的历史的终结，对壮大中高收入阶层、拉动经济增长、拓宽社会保障的资金来源都具有积极的社会意义。

笔者认为，即使未来公司法改革原则上废除了普通产业的最低注册资本制度，也应例外保留特殊行业的最低注册资本制度。例如，根据《保险法》第 73 条的规定，设立保险公司，其注册资本的最低限额为人民币 2 亿元，而且保险公司注册资本最低限额必须为实缴货币资本。保险公司不仅是以赢利为目的的企业，而且是典型的风险密集型与风险管理型企业，承担着分摊巨大社会风险的重责大任，理应具备扎实的注册资本。上述特殊行业的最低注册资本制度大多符合国际惯例，有其存在的公共政策理由。因此法律仍可基于保护债权人、捍卫公司利益的理念，在法定例外情况下，对资金密集型、经营风险密集型的特定产业保留法定最低注册资本。但是这种保留应以法律规定为依据和限度。

二、最低公司注册资本制度的有限功能和滥用

法定最低注册资本制度对确保公司责任财产的充实性、保护债权人的利益居功甚伟，在公司制度起步初期，更具合理性。该制度的实质在于，强制股东在设立公司之初缴纳充分的资本，从而起到保护债权人的作用。此种思维可称为"前端控制"模式。

但公司最低注册资本制度本身也存在一定的问题。首先，由远离商业生活的立法者或行政机关硬性规定统一标准，很难与每个公司的具体行业性质、经营规模、经营风险和实际资本需求状况吻合。其次，法定最低注册资本有时非但不足以为债权人提供足够的财力担保，还容易沦为不诚信投资者逃避债务的护身符。现实生活中，存在着某些公司的注册资本与其经营活动性质和规模相比显然过低、但符合法定最低注册资本门槛的"小马拉大车"现象。最后，过高的最低注册资本门槛不利于量大面广的民间资本进入市场，不利于充分发挥公司制度在优化资源配置和流动方面的积极作用。而且，苛求股东将注册资本一次性全部缴足，容易造成公司设立之初由于公司业务尚未充分展开而面临的资金闲置和浪费现象。

第三节　股东分期缴纳出资制度

一、股东分期缴纳出资制度

就有限责任公司而言，新《公司法》第 26 条第 1 款允许全体股东的首次出资额不得低于注册资本的 20%，也不得低于法定的注册资本最低限额，其余部分由股东自公司成立之日起 2 年内缴足。就发起设立的股份有限公司而言，新《公司法》第 81 条第 1 款允许公司全体发起人的首次出资额不得低于注册资本的 20%，其余部分由发起人自公司成立之日起 2 年内缴足。其中，"20%"的首付款乃系就全体股东的出资总额而言。

新《公司法》导入的分期缴纳出资制度仍属于法定资本制的范畴。授权资本制与法定资本制项下的分期缴纳制虽然貌似，但相互迥异。二者在功能上的相似之处在于，公司在其资本规模部分到位的情况下即可成立。二者的根本区别在于，在分期缴纳制度项下，股东一次认购出资、分期缴纳出资，承担后续缴纳出资的义务及其主体在公司成立之时就已确定；而在授权资本制度项下，股东分期认购出资、分期缴足出资，承担后续缴纳出资的义务及其主体在公司成立之时尚未确定，而是授权董事会在公司成立之后确定的。分期缴纳制是在立法者暂时不能移植授权资本制的情况下，对法定资本制作出的一次有益的尝试性改革。

投资公司是众多公司尤其是高科技公司的播种机。为鼓励投资公司的健康发展，从而孵化出更多的优质公司，增强民族经济竞争力，新《公司法》第 26 条破例允许投资公司（包括有限责任公司和股份有限公司）的股东在公司成立之日起 5 年内缴足出资。投资公司的认定可从结合公司的名称和经营范围等因素综合判断。投资公司的主要业务活动主要在于设立公司、取得对其他公司的股权（包括参股权、控股权）；而非投资公司的主要业务活动在于生产和销售产品、提供服务。

二、分期缴纳出资实践中的问题

新《公司法》第 179 条规定："有限责任公司增加注册资本时，股东认缴新增资本的出资，依照本法设立有限责任公司缴纳出资的有关规定执行。股份有限公司为增加注册资本发行新股时，股东认购新股，依照本法设立股份有限公司缴纳股款的有关规定执行。"鉴于该法第 26 条有关分期缴纳出资的制度恰好就是有关缴纳出资、缴纳股款的规定,又鉴于增加资本是惠及全体债权人和利益相关者的大好事,公司在增加资本时股东也可分期缴纳出资。倘若股东拒绝或怠于及时足额分期缴纳出资,仍应对足额出资股东承担违约责任,对公司承担法定资本充实责任,对公司债权人承担补充清偿责任。

在公司进入清算程序以后,股东虽承诺出资、但尚未到达出资期限的,该股东依然有义务继续履行出资。分期缴纳出资的承诺不仅在股东之间产生拘束力,而且在股东与公司甚至债权人之间产生法律效果。因此,公司进入清算程序可视为公司分期缴纳出资的义务已经加速到来。

在公司进入破产清算程序以后,资不抵债的公司无法全额清偿债务,股东应继续履行出资义务,以提高债权人的获偿比例。在公司进入普通清算程序以后,虽然公司的剩余资产总额足以清偿债务,但公司的每位特定债权人能否获得足额清偿并不确定。因此,股东应继续履行出资义务。如果债权人足额获偿,则股东可以按其出资额依法分取剩余财产(包括补缴的出资)。

第四节 股东的出资方式

一、股东出资方式多元化的合理性

随着科学技术的日新月异,物质形态和产权形态的表现形式更是五彩缤纷,创造公司商业价值的出资方式远远不只五种出资方式。现代公司法倾向于鼓励出资形式多元化。《公司法》第27条大幅放宽了股东出资方式:"股东可以用货币出资,也可以用实物、知识产权、土地使用权等可以用货币估价并可以依法转让的非货币财产作价出资;但法律、行政法规规定不得作为出资的财产除外。"因此,债权、股权、采矿权、探矿权等他物权均可作为出资财产。

二、非货币出资的构成要件

根据新《公司法》第27条的规定,非货币财产作为股东出资方式必须同时具备以下四个要件:

(一)非货币出资必须对公司具有商业价值

非货币出资作为公司资本的组成部分,必须为公司经营所需、对公司的生存与发展具有商业价值,具有创造财富、生产产品、提供劳务的价值。

(二)可以用货币估价

非货币财产的商业价值应具有可确定性,且可通过价值评估机构或市场竞价机制（如拍卖程序）予以合理估值。这一条件旨在确保非货币出资财产的价值真实充分，可以作为生产和经营要素参与商业交易活动。资产评估机构的专业服务功能不仅表现为确定非货币出资财产的商业价值，而且表现为淘汰和过滤不适格的非货币财产出资。

（三）可以依法转让

假定非货币出资继续留在公司并作为债权人的担保财产，一旦公司不能及时清偿债务，债权人就有必要拍卖或变卖该出资财产。如果该非货币出资具有不可转让性，则债权人的担保手段就会落空。

（四）法律和行政法规不禁止

《公司登记管理条例》第 14 条规定：股东的出资方式应符合《公司法》第 27 条的规定。股东以货币、实物、知识产权、土地使用权以外的其他财产出资的，其登记办法由国家工商行政管理总局会同国务院有关部门规定。股东不得以劳务、信用、自然人姓名、商誉、特许经营权或设定担保的财产等作价出资。

《公司登记管理条例》第 14 条之所以禁止劳务作价出资，主要是担心劳务出资不宜强制执行。之所以禁止信用作价出资，主要是因为信用的商业价值不确定。之所以禁止自然人姓名作价出资，主要是鉴于自然人姓名不能依法转让、更不能被法院拍卖。之所以禁止商誉出资，主要是担心商誉的商业价值评估过程主观性、随意性太强。之所以禁止特许经营权出资，主要是担心倒卖批文。之所以禁止设定担保的财产出资，主要是鉴于此类财产的权利上存在法律负担。

《公司登记管理条例》第 14 条仅禁止上述六种非货币财产出资方式，其他的非货币财产均可作为股东的出资方式。

三、常见的非货币财产出资形态

（一）自物权（所有权）

（二）他物权

他物权包括但不限于建设用地使用权、海域使用权、探矿权、采矿权、取水权、养殖捕捞权、承包权、地役权、门票销售权、收费高速公路经营权、收费桥梁和隧道经营权等。例如，煤矿公司可以将其采矿权作为出资方式参股发电公司；锌矿公司可以将其探矿权作为出资方式参股锌产品冶炼公司；高速公路发展有限公司可以将其享有的经营权（包括收费权）对其他公司投资入股。

（三）债权

债权包括金钱债权和非金钱债权。债券、票据、合同权利等债权皆可作价出资。非金钱债权适于强制执行的，公司可诉请法院强制执行；不适于强制执行（基于公序良俗、公民基本人权保护）的，公司可追究瑕疵出资股东的资本充实责任。

根据德国法的通说，股东对第三人享有的债权只要可以转让，就可作为出资标的物。① 此种解释可供我国参考。股东将其对某公司的债权作为对该公司的股权出资的行为简称"债转股"。根据债转股协议，公司的特定债权人摇身变为该公司的股东，债权人的债权变成公司的股权资本。20 世纪末四大国有资产管理公司在处置国有商业银行不良债权时就曾采取债转股策略。除了政策性债转股，也应允许商业性债转股。债转股原则上适用于各类公司。

（四）股权

鉴于股权与公司所有权实际上均作用于同一公司的财产，股东权价值具有变动性与高风险性，股东不得以同一股权重复对不同公司出资，并严格遵守股权价值评估制度。股权出资以后股权价值有可能发生变动，暴涨暴跌亦为寻常之事。但不能因此而否认股权出资的价值。其实，实物（如房地产）出资的价值在投入公司后也会发生变动。我国浙江、重庆等地已经开始股权出资试点工作。根据打造服务型政府的理念，国家工商行政管理总局制定了《关于改进和加强企业登记管理工作的意见》，积极开展了股权出资登记试点工作。

（五）智慧成果

智慧成果包括知识产权、非专利技术等。在知识经济形态下，知识资本的重要性与日俱增，甚至超过了传统的金融资本和实物资本。从资本到知本，代表着知识经济对传统资本制度的挑战。为发展知识经济，促进高科技产业发展，我国应鼓励智慧成果出资。

（六）其他出资方式

其他出资方式包括商号、营业等。

四、多元化出资结构中的意思自治与立法干预

（一）新《公司法》允许股东自由组合其出资方式

既然新《公司法》大刀阔斧地放宽了股东出资方式的多元化，公司登记

---

① 参见［德］托马斯·莱塞尔、律迪格·法伊尔：《德国资合公司法》，高旭军、单晓光、刘晓海、方晓敏等译，法律出版社 2005 年版，第 419 页。

机关和社会各界就应尊重股东自由组合其出资方式的投资自由。当然，股东出资的具体类型在股权出资中的具体比例，不仅取决于股东的意思表示，也取决于不同公司的具体情况。例如，资金密集型的公司可能希望股东以货币出资，技术密集型的公司可能希望股东以智慧成果作价出资。

由于公司成立之初对资金需求甚急，《公司法》要求全体股东的货币出资金额不低于有限责任公司注册资本的30%。此处的30%货币出资底限是强制性规定，体现了立法者关心公司成长的服务型态度。

（二）新《公司法》大幅放宽了智慧财产出资的比例

为发展知识经济，促进高科技产业发展，并适度确保公司资本的流动性，新《公司法》第27条第3款规定了货币出资的最低比例（30%），从而允许其余出资部分采取智慧成果形式。对股份有限公司而言，新《公司法》未规定货币出资的最低比例构成。

（三）货币出资最低限制度的适用范围

鉴于30%的法定货币出资门槛规定在第2章第1节，运用体系解释的方法可以得出结论：该门槛的规定仅适用于公司设立阶段，而不适用于公司成立之后的增资阶段。因此，公司成立之后的增资行为均可采取非货币财产的出资形式。

五、股份有限公司募集设立时认股人的货币出资义务

新《公司法》第83条规定："发起人的出资方式，适用本法第二十七条的规定。"换言之，以发起设立方式、公开募集方式和定向募集方式设立股份有限公司的发起人均可采取非货币财产出资。这是发起人作为承担发起人责任的对价而享受的特殊法律待遇。而除发起人之外的认股人只能以货币形式出资。对此，第86条在谈及发起人向社会公开募集股份时，对认股人的出资义务的描述可资佐证："认股人按照所认购股数缴纳股款。"倘若立法者允许认股人以非货币财产出资，将会表述为"认股人按照所认购股数履行出资义务"。

鉴于发起人数量有限，承担的法律风险亦高于认股人，由发起人独享非货币财产作价出资的优厚待遇有其合理性。投资者欲享受这一优厚待遇，也可申请成为发起人。

六、非货币财产作价出资的防弊措施

为夯实非货币出资股东瑕疵出资责任追究的证据基础，公司应将非货币出

资的形式与作价金额载明于公司章程。《公司法》第 28 条还要求股东按期足额缴纳公司章程中规定的各自所认缴的出资额，并依法办理其财产权的转移手续。

为预防瑕疵出资的风险，《公司法》第 27 条第 2 款要求对作为出资的非货币财产应评估作价，核实财产，不得高估或低估作价；法律、行政法规对评估作价有规定的，从其规定。根据《公司法》第 208 条第 3 款，倘若资产评估机构评估作价时存在过错导致第三人损失的，应对公司的债权人承担赔偿责任。

为强化股东足额出资义务，非货币出资的股东有义务担保出资财产的真实性、有效性与充分性。倘若非货币出资存在瑕疵，瑕疵股东应承担对其他足额出资股东的违约责任、对公司的差额补充责任、对公司债权人的补充清偿责任。因此，瑕疵出资股东的责任追究机制是预防非货币出资瑕疵和出资人道德风险的重要配套措施。

第五节　瑕疵出资股东的民事责任

出于兴利除弊兼顾的理念，为保护交易安全，提高瑕疵出资股东的失信成本，新《公司法》夯实了瑕疵出资股东对守约股东、公司及其债权人承担瑕疵出资责任追究的制度基础。

一、瑕疵出资股东对公司的资本充实责任

股东取得股东资格、行使股东权利的对价是履行及时、足额出资义务。倘若股东拒不履行及时、足额出资义务，应根据《公司法》第 28 条第 2 款向公司足额缴纳出资。此即瑕疵出资股东对公司的资本充实责任。瑕疵出资股东不仅应向公司补交出资差额，且应赔偿公司同期银行贷款利息。从理论上说，股东瑕疵出资给公司造成的实际损失包括直接损失与间接损失。公司在股东迟迟不履行出资义务的情况下可能被迫以合法方式取得高息融资，甚或放弃公司本能捕捉到、但由于股东瑕疵出资而被迫放弃的商业机会。因此，公司遭受的实际损失可能超过、也可能低于同期银行贷款利息。只要公司能够对此承担举证责任，法院即应予以支持。

瑕疵出资股东对公司的资本充实责任为法定特别民事责任。责任主体仅及于公司设立时的瑕疵出资股东自身，而不及于从瑕疵出资的原始股东继受股份的善意后手。

二、瑕疵出资股东对公司债权人的补充赔偿责任

瑕疵出资股东对公司债权人承担补充赔偿责任的法理依据，源于《合同法》第73条规定的债权人的代位权。在公司的债权人面前，公司为债务人，瑕疵出资的股东为次债务人（债务人的债务人）。倘若公司缺乏债务清偿能力，又怠于请求瑕疵出资股东填补出资差额，公司的债权人可以将瑕疵出资的股东列为被告，请求其在出资不足的金额及其同期银行贷款利息的范围内承担债务清偿责任。

为体现对债权人利益和瑕疵出资股东利益的平衡，人民法院或仲裁机构应将瑕疵出资股东对债权人的清偿责任锁定在股东出资不足的金额及其同期银行贷款利息的范围内，而且将其界定为补充清偿责任而非连带清偿责任。至于多个公司债权人在追究瑕疵出资股东清偿责任方面的公平性问题，可以通过公示催告程序和按比例受偿原则得以化解。具体说来，凡是公司的债权人请求瑕疵出资股东履行补充赔偿责任的，人民法院应依法公示催告愿意对瑕疵出资股东主张补充赔偿责任的公司债权人前来申报债权，在催告期限届满后，法院可以按照债权人的各自债权比例以及瑕疵出资股东的瑕疵出资金额，判决瑕疵出资股东在瑕疵出资总金额的幅度以内对各债权人履行补充赔偿责任。

三、从瑕疵出资股东受让股份的股东的法律风险

根据责任自负的原则，只有瑕疵出资股东对公司及其债权人承担民事责任。至于从瑕疵出资股东受让股份的股东，不因其从瑕疵出资股东受让股份的事实而对公司及其债权人承担补充清偿责任。倘若新股东明知其前手瑕疵出资的事实，但为袒护瑕疵出资股东而恶意受让股权的，公司及其债权人可以请求其与瑕疵出资股东承担连带的补充赔偿责任。

四、瑕疵出资股东对出资到位股东的违约责任

根据《公司法》第28条第2款，股东不按照前款规定缴纳出资的，除应向公司足额缴纳外，还应向已按期足额缴纳出资的股东承担违约责任。这是由于，在设立有限责任公司的过程中，股东之间存在着高度信赖。从弘扬公司自治和股东自治的精神看，瑕疵出资股东对足额出资股东的违约责任建立在股东之间的合同关系基础之上。因此，股东协议可以约定瑕疵出资股东向已经及时足额缴纳出资的股东承担违约责任，也可以自由约定具体的违约责任（如违约金的计算方式）。即使双方并未约定违约责任的具体承担方式，也不妨碍守

约股东追究违约股东的违约责任。在双方未约定违约责任形式的情况下，应适用《合同法》的规定。

《公司法》只在两处提及"违约责任"。一是在第 28 条提及有限责任公司瑕疵出资股东对守约股东的违约责任；二是在第 84 条提及发起设立的股份有限公司的瑕疵出资发起人对守约发起人的违约责任。根据第 84 条的规定，在投资者以发起设立方式设立股份有限公司的情况下，不及时足额缴纳出资的发起人应按照发起人协议承担违约责任。但这一违约责任仅适用于投资者以发起设立方式设立股份有限公司的情况下，仅存在于发起人之间。

五、迟延出资的瑕疵

股东瑕疵出资的表现形式大体分为两类：一类是出资时间的瑕疵（不及时），一类是出资财产的瑕疵。后者既包括货币出资的不足额，也包括非货币出资的质量瑕疵，还包括非货币出资的权利瑕疵。

在判断股东出资金额是否存在瑕疵时，股东出资财产的所有权、风险负担和孳息风险的转移应参照和准用《合同法》第 142 条关于买卖合同的规则。除非法律另有规定或当事人另有约定，出资财产毁损、灭失、价值贬损的风险，在股东交付公司之前由股东承担，交付公司之后由公司（或设立中公司）承担。其中的关键点是，在衡量股东出资财产的真实性、充分性、合法性、有效性的时候，应拿股东履行出资义务的时点去判断，而不能拿股东履行出资义务以后出资财产价格的涨跌时点去判断。

六、非货币出资的瑕疵

非货币出资的瑕疵的第一种形式是，股东既未将非货币出资财产实际交付公司使用，亦未办理产权变更登记手续。此种情况属于彻头彻尾的出资瑕疵，瑕疵股东理应对公司承担民事责任，如交付出资财产、及时办理财产过户登记手续，并赔偿公司因此蒙受的损失（包括间接损失）。

非货币出资的瑕疵的第二种形式是，股东已将非货币出资财产实际交付公司使用，但尚未办理财产权利变更登记手续。由于公司虽已取得对出资财产的事实占有，但尚未取得出资财产的所有权，此种情况属于出资瑕疵；瑕疵股东应对公司承担民事责任，如补办登记手续，并赔偿公司损失。

非货币出资的瑕疵的第三种形式是，股东未将非货币出资财产实际交付公司使用，但已办理产权变更登记手续。因为，公司虽已在法律上取得对出资财产的所有权，但尚未取得对出资财产的事实占有。既然公司取得的出资财产所有权仍残缺不全，瑕疵股东自应对公司承担民事责任，如移转占有，并赔偿公司损失。

根据 2005 年的《公司登记管理条例》第 14 条第 2 款，股东不得以设定担保的财产作价出资。倘若股东以设定担保的财产作价出资后担保物权消灭的，股东的出资应视为有效出资。

七、公司设立时其他股东的连带责任

新《公司法》第 31 条规定："有限责任公司成立后，发现作为设立公司出资的非货币财产的实际价额显著低于公司章程所定价额的，应当由交付该出资的股东补足其差额；公司设立时的其他股东承担连带责任。""连带责任"既包括瑕疵出资股东对公司的资本充实责任，也包括瑕疵出资股东对公司债权人的债务清偿责任。当然，公司设立时的其他股东在代人受过、承担连带责任后，可以向瑕疵出资股东行使追偿权。该条背后的立法思维大概有二：其一，从有限责任公司的人合性出发，作为发起人的全体股东就各股东出资的真实性、充分性与有效性互负监督义务。其二，及时足额出资的股东违反此种监督义务，就应对瑕疵出资股东的瑕疵出资行为承担连带责任。

"公司设立时的其他股东"是指在公司成立时以出资方式取得股东地位的原始股东，既包括依然保留股东资格的股东元老，也包括已经将股权转让给他人的前股东。但从公司设立时的其他股东继受股份的新股东不应承担连带责任。因为，公司设立时的其他股东作为公司发起人曾参与公司的设立过程，有义务监督其他股东出资义务的履行状况。而其后手并未参与公司设立过程，因而对股东瑕疵出资行为的真实性与充分性不负任何监督义务。

八、瑕疵出资或抽逃出资股东的股权限制

《公司法》第 35 条和第 43 条体现了倡导股东按其实际出资分取红利和行使表决权的精神。这种立法态度有利于在公司内部的股东之间引入相互监督机制。因为，出于维护自身利益的考虑，广大股东也要睁大眼睛，监督其他股东有无瑕疵出资和抽逃出资的行为。这种对股权行使的限制可以追溯于股东实施瑕疵出资或抽逃出资的行为之时。公司或其他股东可以敦促瑕疵出资股东限期充实资本，敦促抽逃出资股东限期返还资本；逾期拒绝或怠于充实资本或返还资本的，公司有权确认其不享有股东资格，将其除名。

第六节　抽逃出资股东的民事责任

一、股东抽逃出资责任的制度现状

股东抽逃出资的行为不仅侵害公司的财产权利，而且损害了公司债权人的切身利益，因而必须对公司承担侵权责任，对公司债权人承担补充清偿责任。现实生活中，由于抽逃出资的举证责任难以落实，不诚信股东抽逃出资的现象时有发生。对此，立法者设计了相应的法律责任体系。

《公司法》第 36 条规定："公司成立后，股东不得抽逃出资"；第 92 条规定："发起人、认股人缴纳股款或者交付抵作股款的出资后，除未按期募足股份、发起人未按期召开创立大会或者创立大会决议不设立公司的情形外，不得抽回其股本。"立法者除作出禁止股东抽逃出资的宣示性规定，又规定了抽逃出资行为的公法责任。首先，第 201 条规定了抽逃出资的行政处罚："公司的发起人、股东在公司成立后，抽逃其出资的，由公司登记机关责令改正，处以所抽逃出资金额 5% 以上 15% 以下的罚款。"《公司登记管理条例》第 71 条重申了这一立法态度。又根据《公司法》第 216 条的规定，抽逃出资构成犯罪的，依法追究刑事责任。《刑法》第 159 条还规定了抽逃出资罪。

但是新《公司法》未规定抽逃出资股东的民事责任。因此，加强对抽逃出资股东民事责任的解释势在必行。

二、抽逃出资事实的认定

股东抽逃的出资财产泛指股东从公司抽逃的各种财产，既包括股东原始出资时提供的特定财产，也包括公司成立后取得的其他财产。根据谁主张、谁举证的原则，无论是公司还是公司的债权人主张股东抽逃出资事实的存在，均应承担相应的举证责任。

抽逃出资与瑕疵出资都是欺诈出资。区别在于：瑕疵出资时股东自始至终没有及时足额履行出资义务，而抽逃出资股东首先及时足额履行出资义务，然后又将其出资财产取回。在实践中也会出现二者的竞合现象：（1）股东不仅存在瑕疵出资行为，而且抽逃瑕疵出资的全部财产。公司、其他股东、公司的债权人既可以选择追究此类股东瑕疵出资的民事责任，也可以选择追究此类股东抽逃出资的民事责任。（2）股东的部分出资财产存在瑕疵，而其余出资不存在瑕疵，股东仅抽逃无瑕疵的出资财产。在这种情况下，公司、其他股东、公司的债权人有权就股东的瑕疵出资行为追究其瑕疵出资的民事责任，有权就股东的抽逃出资行为追究其抽逃出资的民事责任。

三、抽逃出资与借款行为的区别

实践中，虽有股东公开地抽逃出资，亦有狡猾股东以从公司借款的形式掩盖其抽逃出资的事实。为稳准狠地识破抽逃出资和变相抽逃出资的行为，维护公司资产的完整性，确保公司交易伙伴的交易安全，只要股东从公司无偿取得财产即应推定为抽逃出资；但有相反证据可以推翻。法院在采信相反证据时，应综合考虑以下要素，审慎地行使自由裁量权。

（1）金额。股东取得公司财产占其出资财产大部的，抽逃出资的概率高；股东取得公司财产不占其出资财产大部的，借款的概率高。

（2）利息。股东取得公司财产无利息约定的，抽逃出资的概率高；股东取得公司财产有利息约定的，借款的概率高。

（3）还本付息期限。股东取得公司财产无返还期限约定的，抽逃出资的概率高；股东取得公司财产有返还期限约定的，借款的概率高。倘若借款返还期限约定过长（例如 99 年），除非其提供了充分有效的担保手段，将其认定为抽逃出资的行为亦无不可。

（4）担保。股东取得公司财产无担保手段的，抽逃出资的概率高；股东取得公司财产有担保手段的，借款的概率高。该标准在通常情况下符合借款行为的商事习惯，能够检验股东返还借款的诚意。

（5）程序。股东取得公司财产未履行公司内部决策程序（如股东会决议、董事会决议）的，抽逃出资的概率高；股东取得公司财产履行了公司内部的决策程序的，借款的概率高。该标准一般符合公司作为贷款人的审慎思维方式。

（6）主体。控制股东有可能滥用控制地位，因而在抽逃出资方面与小股东相比处于优势地位。控制股东抽逃出资的概率高。

（7）会计处理方式。公司的财务会计报告将股东取得公司财产的行为作为应收款处理、确认公司对该股东债权事实的，借款的概率高；公司的财务会计报告对股东取得公司财产的行为未作应收款处理的，抽逃出资的概率高。

（8）透明度。以股东取得公司财产行为是否向其他股东公开为准，公开者借款的概率高；不公开者抽逃出资的概率高。

（9）行为发生期限。股东出资行为与股东取得公司财产行为之间间隔较长的，借款的概率高；股东出资行为与股东取得公司财产行为之间间隔较短的，抽逃出资的概率高。

在借款行为与抽逃出资行为界限难以划清时，应根据疑罪从无的现代刑事法治理念，将其作为借款行为处理。

四、抽逃出资股东对公司的民事侵权责任

（一）抽逃出资股东对公司的民事侵权责任

由于股东履行出资义务之后，股东的出资财产转化为公司法人财产权的标的物，因此，股东抽逃出资是对公司财产的侵权行为。公司有权根据侵权法的基本法理追究抽逃出资股东的侵权责任，对其提起财产返还和损害赔偿之诉。股东的赔偿责任不以其抽逃出资的金额为上限。由于抽逃出资行为给公司造成的实际损失，亦应由抽逃出资股东承担赔偿责任。

（二）抽逃出资股东及其他当事人对公司的债权人的补充清偿责任

在公司的债权人面前，公司为债务人，抽逃出资的股东为次债务人。倘若公司缺乏债务清偿能力，又怠于请求抽逃出资股东填补出资差额，公司的债权人可以将抽逃出资的股东列为被告，请求其在出资不足的金额及其同期银行贷款利息的范围内连带承担债务清偿责任。

倘若其他股东与抽逃出资股东一道恶意串通实施了对公司的共同侵权行为（例如为股东抽逃出资提供协助），公司的债权人可基于债权人代位权，将前者作为共同侵权人，请求其在股东抽逃出资的金额及其同期银行贷款利息的范围内承担连带责任。

倘若董事、经理等公司代理人对抽逃出资行为疏于监督，怠于履行监护公司财产安全之责，违反了对公司的忠诚义务和勤勉义务，公司的债权人也可基于债权人代位权，将该董事、经理等公司代理人列为共同被告，请求其在股东抽逃出资的金额及其同期银行贷款利息的范围内承担连带责任。

抽逃出资股东之外的行为人对公司的债权人的补充清偿责任与抽逃出资股东对公司的债权人的补充清偿责任不是并行不悖的，前者的存在目的在于强化后者。因此，抽逃出资股东之外的行为人对公司的债权人的补充清偿责任既要连带于抽逃出资股东对公司的债权人的补充清偿责任，也要限定在抽逃出资股东对公司的债权人的补充清偿责任之内。当然，抽逃出资股东之外的行为人对公司的债权人承担补充清偿责任之后，有权向抽逃出资股东追偿。

至于从抽逃出资股东受让股份的股东，不因受让事实而对公司及债权人承担补充清偿责任。当然，新股东明知其前手抽逃出资的事实，但为袒护抽逃出资股东而恶意受让股权的，公司及其债权人可请求其与抽逃出资股东承担赔偿

责任。

第七节 股份与股票的概念

一、股份的概念

股份具有多重含义。本章讨论的股份仅限于股份有限公司的股份，而不及于有限责任公司的股权。

从公司资本的角度看，股份是指资本的构成单位和最小计算单位。全体股东持有的股份总和代表的金额构成公司资本。从股东的角度看，股份是指股东资格，既包括股东权，也包括股东的股款缴纳义务。因此，股份与股东权、股权有时互换使用。一股一权原则就是从股东权的含义上提及"股份"的。从股票的角度看，股份是指被股票表彰的实体价值与内容。股份与股票是内容与形式的关系。二者互为表里，相互统一。随着电子商务技术的日新月异，上市公司的股份不再通过传统纸质股票表彰权利，而是通过无纸化电子数据表彰股权。

二、股份的性质

（1）资本性。股份是资本的构成单位与计算单位，因而股份展现了资本的特性。

（2）金额性。每一股份均代表一定的金额。而金额的背后蕴涵着股东的权利、义务与责任。

（3）平等性。股份平等原则是股东平等原则的核心内容。不仅股份有限公司的资本划分为等额股份，而且同种类的每一股份应具有同等权利，同次发行的同种类股票，每股的发行条件和价格应相同；任何单位或个人所认购的股份，每股应支付相同价额。

（4）不可分性。股份是资本的最小计算单位既决定了一股一权原则，也决定了股份项下不会再有更细的划分单位。但这不妨碍复数股东间的股份共有现象。对股份共有关系，公司法和证券法有规定的，从其规定；无规定的，类推适用《物权法》第 8 章有关物权共有的规定。

（5）自由转让性。股东持有的股份可以依法转让。原则上，公司章程不得剥夺股东的股份转让自由。

（6）有限责任性。股份有限公司的股东仅以其认购的股份为限对公司承担出资义务。

(7) 证券性。股份借助股票形式予以表彰,公司股票则具有有价证券的特点。

(8) 权利性。股份蕴涵着股东对公司的股东权,因此股份具有权利性。

三、股份的种类

(一) 普通股与特别股

以其蕴含的权利是否属于特别权利为准,股份分为普通股与特别股。普通股是指公司发行的无特别权利、也无特别限制的股份。普通股股东享有的股东权利较为完整,既包括表决权,也包括红利分取请求权和剩余财产分取请求权。而特别股是指公司发行的具有特别权利或特别限制的股份。

特别股以其权利内容为准,可以分为优先股、劣后股和混合股。(1) 优先股指与普通股相比,在分取股利或剩余财产方面(不包括表决权等共益权方面)享有优先权的股份。(2) 劣后股指与普通股相比在分取股利或剩余财产方面处于劣后地位的股份。当公司的发展前景十分乐观,希望认购股份者如云、而老股东担心公司发行新股伤及自身利益时,则有后配股发行的可能。如果说优先股股东往往是投资者股东,而劣后股股东则往往是发起人股东、企业家股东或经营股东。在母公司愿意在财力上扶持子公司的情形下,为强化普通投资者的信心,子公司也可考虑向普通投资者发行普通股,而向母公司发行劣后股。(3) 混合股指在股利或剩余财产分配中的某一方面优先于普通股,而在其他方面劣后于普通股的股份。

为便利公司迅速筹集资本,满足不同投资者的投资需要,现代公司法往往在普通股之外增列特别股,并明确每种股份蕴含的股东权有所差异。我国《公司法》第132条规定授权国务院对公司发行本法规定以外的其他种类的股份,另行作出规定。目前,国务院尚未出台此类行政措施。从长远看,应授权公司章程自由规定符合公司筹资需求、又合乎投资者投资偏好的具有个性化色彩、且股东与公司皆大欢喜的特别种类股份。

(二) 表决权股与无表决权股

以股东是否享有表决权为准,股份可以分为表决权股与无表决权股。

表决权股,是指股东享有表决权的股份。以每股享有的表决权数量为准,表决权股可分为单数表决权股、复数表决权股与表决权受限制的表决权股。(1) 单数表决权股是一股一票的表决权股。(2) 复数表决权股是一股多票的表决权股。(3) 表决权受限制的表决权股是指当股东持有的股份数量达到法定比例或章程所定比例时，股东的表决权行使受到特定限制。

无表决权股，是指虽在股利或剩余财产分配上享有优先地位、但不享有表决权的股份。无表决权股发端于美国，有些股东对参与公司治理兴趣不高，宁愿采取舍弃表决权、换回股利分配优先权的务实态度。无表决权股不仅对此类股东具有无穷魅力，对控制股东而言也是福音。因为，在公司控制权结构中，无表决权股东不享有表决权意味着有表决权股东的表决力被相对放大，因而有表决权股东取得控制权的成本大大降低。无表决权股仅是没有表决权而已。至于表决权之外的其他共益权，如知情权、股东大会出席权、辩论权、质询权和代表诉讼权等仍可享有，不容剥夺。

（三）偿还股与非偿还股

以其可否由公司利润予以收回或消除为准，股份可分为偿还股与非偿还股。偿还股指可由公司利益予以收回或消除的股份。以其偿还的选择权主体为准，偿还股分为自愿偿还股与强制偿还股。前者基于公司自治而偿还，后者基于股东选择而偿还。非偿还股不得由公司利益予以收回或消除。普通股原则上为非偿还股，优先股多为偿还股。发行偿还股可解公司资金燃眉之急。

（四）转换股与非转换股

以其种类可否转换为准，股份可分为转换股与非转换股。转换股指在公司发行数种股份的场合，股东可通过转换权之行使将其所持的一种股份转换为另一种股份的股份。转换股进退自如、可攻可守的优点有利于吸引更多的投资者，尤其是希望既回避投资风险、又愿审时度势在公司利润蛋糕中分享更多份额的投资者。转换股转换时，旧股份消灭，新股份产生。非转换股指股东所持股份类别不能向其他股份类别转换的股份。

四、股票的概念与种类

（一）股票的概念

股票是指由股份有限公司发行的、表明股东按其所持股份享受股东权的可转让的资本证券。股票采用纸面形式或国务院证券监督管理机构规定的其他形式。股票应载明下列主要事项：（1）公司名称；（2）公司成立日期；（3）股票种类、票面金额及代表的股份数；（4）股票的编号。股票由法定代表人签名，公司盖章。发起人的股票，应标明发起人股票字样。

股票与股份（股东权）互为表里。股票是形式，股东权是内容。同样的股东权内容可有多种表现形式。股东权可以表现为传统的书面股票，也可表现为电子股票或无纸化股票。即使在发行纸面股票的公司，股东为防止其股票遗失带来的繁琐问题，也可请求公司将其持股事实载明于股东名册，但注明不签发股票。

（二）股票的分类

以其蕴涵的权利内容为准，股票可分为普通股股票与特别股股票。所谓普通股股票，是指记载普通股股东权的股票，而特别股股票则是记载特别股股东权的股票，如优先股股票、后配股股票、混合股股票、无表决权股股票和偿还股股票等。

以其外在表现形式为准，股票分为记名股票与无记名股票。公司发行的股票，可以为记名股票，也可以为无记名股票。记名股票指在票面上记载股东姓名或名称的股票；无记名股票指在票面上不记载股东姓名或名称的股票。我国《公司法》第130条第2款要求公司向发起人、法人发行的股票，应为记名股票，并应记载该发起人、法人的名称或姓名，不得另立户名或以代表人姓名记名；而公司对社会公众发行的股票既可为记名股票，也可为无记名股票。区分实益在于：（1）股东权利的行使方法有所不同。无记名股票持有人出席股东大会会议的，应于会议召开5日前至股东大会闭会时将股票交存于公司；否则，不得出席股东会。而记名股票持有人有股东名册作为权利行使证明，因而不受此限制。（2）股票转让方法不同。记名股票，由股东以背书方式或法律、行政法规规定的其他方式转让，转让后由公司将受让人的姓名或名称及住所记载于股东名册；而无记名股票的转让，由股东将该股票交付给受让人后即发生转让的效力。无记名股票持有人可请求公司将其所持无记名股票变更为记名股票；但记名股票无权请求公司将其所持记名股票变更为无记名股票，以规避公司法和证券法的法律规制。

以其票面是否记载一定金额为准，股票可分为面额股票与无面额股票。前者是指票面记载一定金额的股票；后者指票面不记载一定金额、仅显示股东持股比例的股票。

（三）股票的法律调整框架

股票及其发行、流转、变更、遗失补救等活动除受公司法调整外，尚接受证券法的调整。从总体上看，《证券法》与《公司法》是特别法与一般法的关系。上市公司不仅受《公司法》调整，也受《证券法》调整。我国《证券法》第2条第1款规定，"在中华人民共和国境内，股票、公司债券和国务院依法认定的其他证券的发行和交易，适用本法；本法未规定的，适用《中华人民共和国公司法》和其他法律、行政法规的规定"。

第八节 股份发行

一、股份发行的概念

股份发行是指股份有限公司向投资者招募股款的法律行为。从发行公司角度看，股份有限公司通过发行股份募集公司资本。股份有限公司集腋成裘、聚沙成塔的功能主要借助股份发行完成。从投资者角度看，投资者通过证券发行行为取得公司的股东地位，进而实现投资目的。

二、股份发行的原则

股份的发行要遵循公平原则。所谓公平原则，是指发行公司与投资者之间的权利与义务内容应大致对等。由此派生出的一个要求是，虽然股权投资有风险，但股东的投资收益与投资成本、投资风险应在证券市场合理风险允许的范围之内大致成正比。

股份的发行要遵循公正原则。所谓公正原则，是指发行公司、承销券商及其代理人相对作为投资者、潜在投资者的多个市场主体而言，证券监管机构和市场自律机构（包括证券交易所和证券业协会）相对作为被监管者的多个当事人而言，应站在公允、超然的立场上，对每位相对人都要平等对待。公正原则有别于公平原则之处在于，公平原则调整双方当事人之间的权利义务关系，公正原则调整一方当事人与其余多方当事人之间的权利义务关系，强调一方当事人与其余多方当事人之间保持等边距离。

股份发行要遵循平等原则。购买发行公司的股东之间要充分体现同股同权的平等要求。同种类的每一股份应具有同等权利。同次发行的同种类股票，每股的发行条件和价格应相同；任何单位或个人所认购的股份，每股应支付相同金额。

三、公开发行与非公开发行

以其认购股份的身份是否特定为准，股份的发行可分为公开发行与非公开发行。公开发行股份是指向不特定公众投资者招募股份，而非公开发行是指向特定投资者招募股份。

《证券法》第 10 条第 2 款规定，有下列情形之一的，为公开发行：（1）向不特定对象发行证券的；（2）向特定对象发行证券累计超过 200 人的；（3）法律、行政法规规定的其他发行行为。由此可见，非公开发行是指向不超过

200 人的特定对象发行股份的行为。

公开发行股份与非公开发行股份的区别有二：首先，公开发行股份的特点是点对面，即特定的发起人面对不特定的社会公众提供发行资料，而非公开发行股份的特点是点对点，即特定的发起人面对特定的投资者提供发行资料。根据《证券法》第 10 条第 3 款的规定，非公开发行证券，不得采用广告、公开劝诱和变相公开方式。其次，公开发行股份的认购人往往是一般的公众投资者；而非公开发行股份的认购人往往是财力殷实、且投资风险抵御能力较强的特定投资者。

四、股份发行价格的最低门槛

股票发行价格可以按票面金额，也可以超过票面金额，但不得低于票面金额。此种定价管制措施旨在落实资本维持原则，巩固公司资本基础，保护债权人合法权益。至于股份有限公司以超过股票票面金额的发行价格发行股份所得的溢价款则应列为公司资本公积金。

五、保荐人

发行人申请公开发行股票，依法采取承销方式的，应聘请具有保荐资格的机构担任保荐人。保荐人应遵守业务规则和行业规范，诚实守信，勤勉尽责，对发行人的申请文件和信息披露资料进行审慎核查，督导发行人规范运作。保荐人的资格及其管理办法由国务院证券监督管理机构规定。保荐人以其专业知识指导发行公司的发行行为，并以其商业信誉向证券市场监管者和社会公众投资者担保发行公司发行行为不存在重大法律道德瑕疵。

六、核准程序及其瑕疵救济

非公开发行股份的行为更多地受合同法和契约自由规则的约束，而公开发行股份的行为则要接受更多的公权力规制。例如，设立股份有限公司公开发行股票，应符合《公司法》规定的条件和经国务院批准的国务院证券监督管理机构规定的其他条件，向国务院证券监督管理机构报送募股申请和下列文件：（1）公司章程；（2）发起人协议；（3）发起人姓名或名称，发起人认购的股份数、出资种类及验资证明；（4）招股说明书；（5）代收股款银行的名称及地址；（6）承销机构名称及有关的协议。依照公司法规定聘请保荐人的，还应报送保荐人出具的发行保荐书。法律、行政法规规定设立公司必须报经批准的，还应提交相应的批准文件。

国务院证券监督管理机构设发行审核委员会，依法审核股票发行申请。发行审核委员会由国务院证券监督管理机构的专业人员和所聘请的该机构外的有关专家组成，以投票方式对股票发行申请进行表决，提出审核意见。中国证监会依照法定条件负责核准股票发行申请。核准程序应公开，依法接受监督。中国证监会对已作出的核准股票发行的决定，发现不符合法定条件或法定程序，尚未发行股票的，应予以撤销，停止发行。已经发行尚未上市的，撤销发行核准决定，发行人应按照发行价并加算银行同期存款利息返还股票持有人；保荐人应与发行人承担连带责任，但是能够证明自己没有过错的除外；发行人的控股股东、实际控制人有过错的，应与发行人承担连带责任。

七、信息披露

股票发行申请经核准，发行人应依照法律、行政法规的规定，在股票公开发行前，公告公开发行募集文件，并将该文件置备于指定场所供公众查阅。发行股票的信息依法公开前，任何知情人不得公开或泄露该信息。《公司法》第86条规定，发起人向社会公开募集股份，必须公告招股说明书，并制作认股书。该法第87条要求招股说明书附有发起人制定的公司章程。

八、公司向股东交付股票的时间限制

股份有限公司成立后，即向股东正式交付股票。但公司成立前不得向股东交付股票。因为，股东权之产生必须在公司正式成立之后。

九、股东名册的备置

为方便股东行使权利、公司对其股东履行义务，股份有限公司在发行记名股票时应置备股东名册。股东名册记载下列事项：（1）股东的姓名或名称及住所；（2）各股东所持股份数；（3）各股东所持股票的编号；（4）各股东取得股份的日期。

公司发行无记名股票的，公司应记载其股票数量、编号及发行日期。

第九节　新股发行

一、新股发行的概念和作用

新股发行是指股份有限公司为增加注册资本而发行股份的行为。股份公司

为增强自身竞争力，必须不断开拓融资渠道：依赖公司自体，如将公积金转为增加公司资本；依赖公司自体之外的其他人，取得股权融资（直接融资）与债权融资（间接融资）。前者主要表现为发行新股，后者主要表现为从银行借款、向社会公众发行公司债券。公司发行新股既能充分发挥股份制度聚沙成塔的集资功能，为公司筹措巨额资金，又可通过股东与公司同舟共济的利益关联机制降低公司筹资成本与经营风险。倘若公司经营效绩不佳，无红可分，公司即无义务向股东分配股利。

二、《证券法》规定的新股发行条件

《证券法》第 13 条规定了股份公司发行新股的条件：（1）具备健全且运行良好的组织机构；（2）具有持续盈利能力，财务状况良好；（3）最近三年财务会计文件无虚假记载，无其他重大违法行为；（4）经国务院批准的国务院证券监督管理机构规定的其他条件。为保持新股发行条件的科学性和动态性，国务院证券监督管理机构可以适时增列其他新股发行的条件，但要报经国务院批准。

三、上市公司公开发行股票的一般条件

为规范上市公司证券发行行为，保护投资者的合法权益和社会公共利益，中国证监会根据《证券法》、《公司法》于 2006 年颁布了《上市公司证券发行管理办法》，该办法对上市公司公开发行股票的一般条件作了比较详细的规定。

1. 上市公司的组织机构健全、运行良好。

（1）公司章程合法有效，股东大会、董事会、监事会和独立董事制度健全，能够依法有效履行职责。

（2）公司内部控制制度健全，能够有效保证公司运行的效率、合法合规性和财务报告的可靠性；内部控制制度的完整性、合理性、有效性不存在重大缺陷。

（3）现任董事、监事和高级管理人员具备任职资格，能够忠实和勤勉地履行职务，不存在违反《公司法》第 148 条、第 149 条规定的行为，且最近 36 个月内未受到过中国证监会的行政处罚、最近 12 个月内未受到过证券交易所的公开谴责。

（4）上市公司与控股股东或实际控制人的人员、资产、财务分开，机构、业务独立，能够自主经营管理。

（5）最近 12 个月内不存在违规对外提供担保的行为。

2. 上市公司的盈利能力具有可持续性。

（1）最近3个会计年度连续盈利。扣除非经常性损益后的净利润与扣除前的净利润相比，以低者作为计算依据。

（2）业务和盈利来源相对稳定，不存在严重依赖于控股股东、实际控制人的情形。

（3）现有主营业务或投资方向能够可持续发展，经营模式和投资计划稳健，主要产品或服务的市场前景良好，行业经营环境和市场需求不存在现实或可预见的重大不利变化。

（4）高级管理人员和核心技术人员稳定，最近12个月内未发生重大不利变化。

（5）公司重要资产、核心技术或其他重大权益的取得合法，能够持续使用，不存在现实或可预见的重大不利变化。

（6）不存在可能严重影响公司持续经营的担保、诉讼、仲裁或其他重大事项。

（7）最近24个月内曾公开发行证券的，不存在发行当年营业利润比上年下降50%以上的情形。

3. 财务状况良好。

（1）会计基础工作规范，严格遵循国家统一会计制度的规定。

（2）最近三年及一期财务报表未被注册会计师出具保留意见、否定意见或无法表示意见的审计报告；被注册会计师出具带强调事项段的无保留意见审计报告的，所涉及的事项对发行人无重大不利影响或在发行前重大不利影响已经消除。

（3）资产质量良好。不良资产不足以对公司财务状况造成重大不利影响。

（4）经营成果真实，现金流量正常。营业收入和成本费用的确认严格遵循国家有关企业会计准则的规定，最近三年资产减值准备计提充分合理，不存在操纵经营业绩的情形。

（5）最近三年以现金或股票方式累计分配的利润不少于最近三年实现的年均可分配利润的20%。

4. 最近三年财务会计文件无虚假记载，且不存在下列重大违法行为。

（1）违反证券法律、行政法规或规章，受到中国证监会的行政处罚，或受到刑事处罚。

（2）违反工商、税收、土地、环保、海关法律、行政法规或规章，受到行政处罚且情节严重，或受到刑事处罚。

（3）违反国家其他法律、行政法规且情节严重的行为。

5. 上市公司募集资金的数额和使用符合下列规定。

（1）募集资金数额不超过项目需要量。

（2）募集资金用途符合国家产业政策和有关环境保护、土地管理等法律和行政法规的规定。

（3）除金融类企业外，本次募集资金使用项目不得为持有交易性金融资产和可供出售的金融资产、借予他人、委托理财等财务性投资，不得直接或间接投资于以买卖有价证券为主要业务的公司。

（4）投资项目实施后，不会与控股股东或实际控制人产生同业竞争或影响公司生产经营的独立性。

（5）建立募集资金专项存储制度，募集资金必须存放于公司董事会决定的专项账户。

《上市公司证券发行管理办法》第 11 条规定，上市公司存在下列情形之一的，不得公开发行证券：（1）本次发行申请文件有虚假记载、误导性陈述或重大遗漏；（2）擅自改变前次公开发行证券募集资金的用途而未作纠正；（3）上市公司最近 12 个月内受到过证券交易所的公开谴责；（4）上市公司及其控股股东或实际控制人最近 12 个月内存在未履行向投资者作出的公开承诺的行为；（5）上市公司或其现任董事、高级管理人员因涉嫌犯罪被司法机关立案侦查或涉嫌违法违规被中国证监会立案调查；（6）严重损害投资者的合法权益和社会公共利益的其他情形。

四、配股的条件

配股是指上市公司向原股东配售股份。上市公司配股除符合前述公开发行股票的一般条件外，还应符合下列条件：（1）拟配售股份数量不超过本次配售股份前股本总额的 30%；（2）控股股东应在股东大会召开前公开承诺认配股份的数量；（3）采用证券法规定的代销方式发行。控股股东不履行认配股份的承诺，或代销期限届满，原股东认购股票的数量未达到拟配售数量 70% 的，发行人应按照发行价并加算银行同期存款利息返还已经认购的股东。可见，配股的核心要件是控制配股规模，同时预防控股股东在决策过程中的道德风险，进而保护上市公司的公众股东。

五、增发的条件

增发，是指上市公司向不特定对象公开募集股份。上市公司增发除符合前述公开发行股票的一般条件外，还应符合下列条件：（1）最近 3 个会计年度加权平均净资产收益率平均不低于 6%。扣除非经常性损益后的净利润与扣除前的净利润相比，以低者作为加权平均净资产收益率的计算依据。（2）除金融类企业外，最近一期末不存在持有金额较大的交易性金融资产和可供出售的金融资产、借予他人款项、委托理财等财务性投资的情形。（3）发行价格应不低于公告招股意向书前 20 个交易日公司股票均价或前一个交易日的均价。

六、上市公司非公开发行股票的条件

非公开发行股票，是指上市公司采用非公开方式，向特定对象发行股票的行为。《上市公司证券发行管理办法》第三章专门规定了上市公司非公开发行股票的条件。

《上市公司证券发行管理办法》第 37 条和第 38 条规定的积极要件为：（1）发行对象符合股东大会决议规定的条件，不超过 10 名；发行对象为境外战略投资者的，应经国务院相关部门事先批准（第 37 条）；（2）发行价格不低于定价基准日前 20 个交易日公司股票均价的 90%；（3）本次发行的股份自发行结束之日起，12 个月内不得转让；控股股东、实际控制人及其控制的企业认购的股份，36 个月内不得转让；（4）募集资金使用符合《上市公司证券发行管理办法》第 10 条的规定；（5）本次发行将导致上市公司控制权发生变化的，还应符合中国证监会的其他规定。

《上市公司证券发行管理办法》第 39 条从反面规定了消极要件。上市公司存在下列情形之一的，不得非公开发行股票：（1）本次发行申请文件有虚假记载、误导性陈述或重大遗漏。（2）上市公司的权益被控股股东或实际控制人严重损害且尚未消除。（3）上市公司及其附属公司违规对外提供担保且尚未解除。（4）现任董事、高级管理人员最近 36 个月内受到过中国证监会的行政处罚，或最近 12 个月内受到过证券交易所公开谴责。（5）上市公司或其现任董事、高级管理人员因涉嫌犯罪正被司法机关立案侦查或涉嫌违法违规正被中国证监会立案调查。（6）最近 1 年及一期财务报表被注册会计师出具保留意见、否定意见或无法表示意见的审计报告。保留意见、否定意见或无法表示意见所涉及事项的重大影响已经消除或本次发行涉及重大重组的除外。（7）严重损害投资者合法权益和社会公共利益的其他情形。

七、公司内部股东会决议程序

新股发行意味着增加资本，而增加资本属于股东会的决策事项。因此，

《公司法》第 134 条要求公司股东大会在发行新股之前对下列事项作出决议：(1) 新股种类及数额；(2) 新股发行价格；(3) 新股发行的起止日期；(4) 向原有股东发行新股的种类及数额。

根据上市公司的具体实际情况，《上市公司证券发行管理办法》第 41 条又增列了股东大会的决议事项：(1) 本次发行证券的种类和数量；(2) 发行方式、发行对象及向原股东配售的安排；(3) 定价方式或价格区间；(4) 募集资金用途；(5) 决议的有效期；(6) 对董事会办理本次发行具体事宜的授权；(7) 其他必须明确的事项。

作为行政指导的重要内容，《上市公司证券发行管理办法》第 44 条还明确了股东大会的决策程序。股东大会就发行证券事项作出决议，必须经出席会议的股东所持表决权的 2/3 以上通过。向本公司特定的股东及其关联人发行证券的，股东大会就发行方案进行表决时，关联股东应回避。上市公司还应提供网络或其他方式为股东参加股东大会提供便利。

在实践中，股东会决议草案主要由董事会提出。为强化董事会成员的勤勉义务，《上市公司证券发行管理办法》第 40 条要求上市公司董事会就下列事项作出决议，并提请股东大会批准：(1) 本次证券发行的方案；(2) 本次募集资金使用的可行性报告；(3) 前次募集资金使用的报告；(4) 其他必须明确的事项。

八、中国证监会核准程序

上市公司非公开发行新股，应符合经国务院批准的中国证监会规定的条件，并报中国证监会核准。公司公开发行新股，应向国务院证券监督管理机构报送募股申请和下列文件：(1) 公司营业执照；(2) 公司章程；(3) 股东大会决议；(4) 招股说明书；(5) 财务会计报告；(6) 代收股款银行的名称及地址；(7) 承销机构名称及有关的协议。依《证券法》规定聘请保荐人的，还应报送保荐人出具的发行保荐书（《证券法》第 14 条）。根据《上市公司证券发行管理办法》第 45 条的规定，上市公司申请公开发行证券或非公开发行新股，均应由保荐人保荐，并向中国证监会申报；保荐人应按中国证监会有关规定编制和报送发行申请文件。

中国证监会发行审核委员会依法审核股票发行申请。中国证监会依照法定条件负责核准股票发行申请。《上市公司证券发行管理办法》第 46 条细化了证监会核准程序：(1) 收到申请文件后，5 个工作日内决定是否受理；(2) 证监会受理后，对申请文件进行初审；(3) 发行审核委员会审核申请文件；

(4) 证监会作出核准或不予核准的决定。根据《上市公司证券发行管理办法》第 50 条，倘若上市公司的新股发行申请未获核准，只能自证监会作出不予核准的决定之日起 6 个月后再次提出新股发行申请。

九、信息披露要求

《公司法》第 135 条要求公司经证监会核准公开发行新股时公告新股招股说明书和财务会计报告，并制作认股书。《上市公司证券发行管理办法》第五章更明确要求发行新股的上市公司按照证监会规定的程序、内容和格式，编制公开募集说明书或其他信息披露文件，依法履行信息披露义务。证监会规定的内容是信息披露的最低要求，凡对投资者投资决策有重大影响的信息，上市公司均应充分披露。

十、新股承销渠道

《公司法》第 135 条规定公司公开发行新股，应由公司与依法设立的证券公司签订承销协议，并同银行签订代收股款协议。依反对解释，公司如果不公开发行新股，则无须聘请证券公司从事承销工作。相比之下，《上市公司证券发行管理办法》第 49 条扩大了强制承销的范围，减少了发行公司自行销售股份的范围：上市公司发行证券，应由证券公司承销；非公开发行股票，发行对象均属于原前十名股东的，可以由上市公司自行销售。

十一、新股定价机制

公司发行新股，可以根据公司经营情况和财务状况，确定其作价方案。新股作价既是发行公司的自由，也是涉及股东切身利益的重要行为。因此，公司新股发行定价虽然自由，但发行公司也要诚信定价，确保作为定价依据的新股招股说明书和财务会计报告内容真实、准确、完整，杜绝虚假记载、误导性陈述或重大遗漏；否则，要对受害的投资者承担实际损失赔偿责任。

十二、公司变更登记

新股发行成功以后，导致公司注册资本增加，而注册资本增加属于公司登记机关的变更登记范畴。因此，公司发行新股募足股款后，必须向公司登记机关办理变更登记，并公告。

第五章　股东权利

作为重要的民事权利，股东权神圣不可侵犯，不得随意侵害、剥夺或限制。股东权保护是公司制度具有正当性与合法性的重要前提，是资本市场具有活力的源泉，是现代公司法和证券法的核心价值追求。

第一节　股东权概述

一、股东权的概念与性质

股东权（简称"股权"）有广、狭二义。广义的股东权，泛指股东得以向公司主张的各种权利，故股东依据合同、侵权行为、不当得利和无因管理等法律关系对公司享有的债权亦包括在内；狭义的股东权，则仅指股东基于股东资格、依据公司法和公司章程规定而享有的、从公司获取经济利益并参与公司治理的权利。本书所指的股东权除非另有说明，仅为狭义的股东权。

股东权乃系基于公司法、证券法等商事法律而享有的权利，且遵循意思自治原则，故为民事权利即私权。普通民事主体享有的股东权固为民事权利，国家作为股东享有的股东权仍为民事权利。这与国家作为政府采购合同一方当事人享有的合同权利为私权，均基于相同的民事法治理念。

股东权不是单一权利，而是由财产性权利与非财产性权利构成的权利束。公司的营利性决定了股东当然享有直接从公司获得经济利益的财产性权利；但为确保此种财产性权利，法律和章程一般承认股东参与公司治理的非财产性权利。

二、股东权的分类

（一）自益权与共益权

以其行使目的为准，股东权可分为自益权与共益权。自益权是股东为维护自身利益而行使的权利；共益权是股东为维护包括自己利益在内的公司利益和全体股东利益而行使的权利。

股东的自益权主要包括：股利分配请求权、剩余财产分配请求权、新股认购优先权、退股权（股份买取请求权、股份转让权）、股东名册变更请求权等。可见，股东的自益权虽主要体现为经济利益，但不必限于直接接受金钱的形式。

股东的共益权包括：表决权、代表诉讼提起权、临时股东大会召集请求权、临时股东大会自行召集权与主持权、提案权、质询权、股东会和董事会决议无效确认诉权、股东会和董事会决议撤销诉权、累积投票权、会计账簿查阅权、公司解散请求权等。由此可见，股东的共益权不仅表现为对公司治理中公司决策的积极参与，也表现为对公司高管的消极监督。

自益权与共益权间的界限并非泾渭分明，某些共益权作为自益权的手段而行使，从而使此种权利兼具共益权和自益权的特点，例如会计账簿查阅权即属此类。

（二）单独股东权与少数股东权

以其行使方法为准，股东权可分为单独股东权与少数股东权。所谓单独股东权，是指不问股东的持股数额多寡，仅持有一股的股东即可单独行使的权利，如股利分配请求权、剩余财产分配请求权、新股认购优先权、退股权、股份转让权等。所谓少数股东权，是指持有股份占公司已发行股份总数一定百分比的股东才能行使的权利。我国《公司法》规定了许多少数股东权。

行使少数股东权的股东既可是持股相互结合始达一定百分比的数个股东，也可是持股达一定百分比的单个股东。股东的自益权从性质上而言均属单独股东权；而共益权中既有单独股东权（如表决权、累积投票权），也有少数股东权（如股东大会自行召集权和主持权）。自股东权保护的基本理念而言，股东的共益权原则上应为单独股东权。但为确保股东行使权利理性、慎重，预防股东滥用权利损害公司和广大股东的利益，遂有少数股东权之设。为预防急功近利的投机股东滥用权利，《公司法》除对少数股东权的持股比例予以规定，尚对少数股东权甚至单独股东权的持股期间予以规定（如股东代表诉讼提起权、临时股东大会自行召集权与主持权）。

（三）法定股东权与章定股东权

以其产生的法律渊源为准，股东权可分为法定股东权与章定股东权。前者是指由法律所规定的权利，而后者是指由公司章程所规定的权利。

（四）固有权与非固有权

以其重要程度为准，股东权分为固有权与非固有权。固有权（法定股东权）指未经股东同意，不得以章程或公司决议剥夺或限制的权利。

非固有权（非法定股东权）指可由章程或公司决议剥夺或限制的权利。固有权与非固有权外延的界定在不同立法例中有不同的价值判断和政策目标。例如，瑞士公司法将平等待遇权、股东大会上之表决权、对公司决议提起诉讼的权利等列为固有权；并将新股认购优先权等视为非固有权。①

股东原始取得或继受取得的股东资格自身就是典型的股东固有权。除非法律法规另有特别规定，未经股东本人同意，任何人不得擅自处分股东的股权。法定例外情形常见于人民法院强制执行债务人的股权以清偿债务的情形。依据《证券法》第 150 条特别授权，中国证监会有权责令净资本或其他风险控制指标不符合规定的证券公司限期改正，倘若证券公司逾期未改正或其行为严重危及该证券公司的稳健运行、损害客户合法权益的，证监会有权责令控股股东转让股权或限制有关股东行使股东权利。

第二节　股权、物权与债权的比较

所有权人为了充分发掘和利用物的使用价值和交换价值，实现财富最大化，至少可借助物权、债权与股东权三种民事权利。为在和谐的法律秩序中，准确界定股东权，有必要界定股东权与物权、债权的关系。

一、股东权与物权的区别

《物权法》第 2 条第 3 款规定："本法所称物权，是指权利人依法对特定的物享有直接支配和排他的权利，包括所有权、用益物权和担保物权。"股东权与物权存在许多区别。

（1）体现的社会关系不同。物权体现了权利人对自己财产或他人财产的直接管领与支配关系，这种关系是个人法上的关系。而股东权体现了公司与股东间的内部关系（社员关系、团体法关系），伴随着现代公司的产生而产生。因此，股东权的历史大大短于物权的历史。

（2）性质不同。物权为支配权，权利人无须依赖他人之意思表示或行为即可直接管领、支配、使用、处分其物，并从中获得作为权利内容的利益。而物上请求权仍源于物权的直接支配性，且为物权的最后防御和救济手段，而非

---

① See Julian Maitland_Walker, *European Company Law*, Sweet & Maxwell Limited, 1997, P. 528.

物权的行使常态。相比之下，股东权中的大多数权能为请求权，如股利分配请求权、剩余财产分配请求权、股票名义过户请求权、股东大会召集请求权。股东行使此种请求权时必须依赖公司之意思或行为之介入方能实现。

（3）义务主体不同。物权为绝对权，具有保护的绝对性。物权的义务主体为权利人之外的所有人。股东权只能由股东向其投资的公司或公司法、公司章程或股东协议规定的当事人（如公司经营者和股东）主张，故股东权为相对权或对人权，具有保护的相对性。

（4）内容不同。物权的内容具有财产性，而股东权既含有财产性内容（如分取股利、建设利息、剩余财产的请求权），也含有非财产性内容（如表决权、董事解任请求权）。

（5）效力不同。物权的直接支配性决定了物权不仅具有排他效力，而且具有优先效力。就排他效力而言，已经有效存在的物权可直接排除互不相容的物权再行成立。罗马法有谚："所有权遍及全部，不得属于两人。"[1] 而股东权主要表现为请求权，并非直接支配公司财产的权利，缺乏排他效力。同一公司可存在众多股东享有的股东权。就优先效力而言，又分为两种情况：①就同一标的物，发生两个以上不同内容或性质的物权时，先发生的物权优于后发生的物权，此即物权相互间的优先权。[2] 物权的这种优先效力在股东权领域中不存在。即使在公司设立及发行新股时，股东取得股东权的时间顺序先后不同，但根据股东平等原则，新旧股东间的股东权仍然互相平等。②物权之效力强于债权。当物权与债权共存于同一标的物时，物权均具有优先于债权行使的效力。而在同以公司为义务主体的债权和股东权并存时，股东股利分取请求权或剩余财产分配请求权之行使非但不优先于债权，反而劣后于债权。[3]

（6）渊源不同。为确保物权人权利之顺畅行使与第三人交易之安全，物权法的内容多为强行性法律规范，物权内容实行严格法定主义，且不容当事人随意扩张、限制或删除。股东权的义务主体仅为公司，且股东权内容原则上关乎公司与股东的利益，并间接关系到公司债权人和其他利益相关者的利益。除法律对股东权作出规定外，可由公司章程、证券交易所自治规章和合同在不违

---

① 转引自谢在全：《民法物权论》上册，中国政法大学出版社 1999 年版，第 31 页。

② 刘清波：《民法概论》，台湾开明书店 1979 年版，第 195 页。

③ 物权效力优于债权的原则亦有例外规定，现代民法"买卖不破租赁"理论的提出即其著例。我国《合同法》第 229 条就明确规定，"租赁物在租赁期间发生所有权变动的，不影响租赁合同的效力"。如此一来，承租人的租赁权优于后发生的租赁物所有权。

反强行法、公序良俗与公司本质的前提下对股东权的内容予以扩张、限制或删除。

（7）体现的财产利益不同。物权的标的物在物权成立之初就已存在并特定化，权利人的财产利益亦可随之确定。而股东自益权之实现与否，则视公司税后可分配利润之有无、多寡以及公司股利分配政策而定，加上证券市场及其他社会经济形势的影响，股东的财产利益能否实现以及实现程度如何均是不确定之事。

（8）功能不同。物权的功能在于巩固权利人与其权利标的物之间的法律归属关系，确保物权人预防和救济标的物被他人侵夺或损害。股东权的功能在于保护股东在与公司相处过程中享有的权利与利益，从而鼓励广大民事主体向公司投资，促成股东投资保值增值。

可见，股东权与物权是两种不同的民事权利。若将股东权解释为物权，就将走向否定公司法人所有权甚至公司法律人格的理论误区，或陷入违反"一物不得二主"原则的"双重所有权"的泥坑。① 国家股东对公司所享有的权利仍是股东权，而非物权。

二、股东权与物权的密切联系

股东权与物权的相同点在于，二者同为民事权利，均受到法律的尊重与保护。从理论上说，股东权与物权均可成为侵权行为的客体。二者又存在着密切关联。

首先，物权是股权产生的法律前提。股权之取得源自股份，而股份之取得又源自股东对公司的投资，而投资的法律本质在于股东将一定数额财产的所有权让渡给公司。在一定意义上，可说股权脱胎于物权：股东自益权源于所有权中的收益权能，股东共益权源于所有权中的支配权能。难怪有学者主张，股东的自益权是所有权中收益权能的变形物，而股东的共益权是所有权中支配权能

---

① 所谓"一物不得二主"原则又称"一物一权"原则，乃指物权以一个物为计算单位，一个物上只能成立一个所有权，一个所有权的客体限于一个物。因此，物之一部分不能成立一个物权，数个物也不能成立一个物权。当然，如何判断某标的物是否一个独立物、传统上公认的一个独立物可否细分为两个以上的物，传统上公认的数个独立物可否视为一个独立物，缺乏一成不变的判断公式，需要追随科技发展水平、现代交易习惯和现代法理，采取与时俱进的创新态度。参见谢在全：《民法物权论》上册，中国政法大学出版社 1999年版，第 19 页。

的变形物。①

其次，股权是取得物权的法律手段。股权是为了满足股东的一定利益特别是经济利益而存在。股权的实现突出地表现为股利或剩余财产之取得，即物权或所有权之取得。因此，物权是股权行使的目的，股权是取得物权的手段。

再次，股票是股权与物权互相融合的产物。随着股份证券化进程的加快，股票作为彰显股权的证券演变为资本市场中的一种独特而重要的商品。从这个意义上说，股票本身也是物权的标的物。民事主体依法取得一张股票，既意味着该民事主体对该股票享有所有权，也意味着该民事主体对发行该股票的公司享有股权。股票将股权与物权融为一体，既充实了物权制度的内容，又展现了股权的独立性。当然，股票的最大价值不在于一纸股票自身的所有权，而在于股票代表的股权。随着股份发行与交易的无纸化或电子化趋势，体现股权内容的形式既有纸面形式，也有电子形式。因此，在股份电子化的情形，股权与物权不再紧密融合为一体。

最后，股东的股权与公司的所有权实质上都作用于公司财产。公司财产愈充实，公司所有权的支配力愈大，股权的财产价值愈高。正是由于股权与公司所有权的财产价值都取决于公司财产之多寡，公司利益与股东利益的共荣共存才会变为可能。为避免这两项紧密相关权利之间的碰撞，法律遂将公司所有权界定为民法上的所有权，将股权界定为另一种新型的民事权利。如果将公司所有权称为实体财产权利，那么可将股权称为虚拟财产权利。

《物权法》既保护投资者的投资手段，也保护其投资收益，更保护其依据投资者身份所享有的治理权。(1)就投资手段的保护而言，《物权法》第64条规定，"私人对其合法的收入、房屋、生活用品、生产工具、原材料等不动产和动产享有所有权"。(2)就投资收益的保护而言，《物权法》第65条规定，"私人合法的储蓄、投资及其收益受法律保护。国家依照法律规定保护私人的继承权及其他合法权益"。(3)就股东的治理权而言，《物权法》第67条规定：国家、集体和私人依法可出资设立有限责任公司、股份有限公司或其他企业。国家、集体和私人所有的不动产或动产，投到企业的，由出资人按照约定或出资比例享有资产收益、重大决策以及选择经营管理者等权利并履行义务。

---

① 参见［日］大隅健一郎、今井宏：《最新会社法概说》，有斐阁 1991 年版，第 14 页。

三、股东权与债权的区别

在法学界，有人认为股东权属于民法中债权的范畴。此说以日本学者松田二郎的股份债权论为代表。① 其实，股东权与债权有着严格区别。

（1）体现的社会关系不同。债权体现了债权人请求债务人为一定给付的社会关系。由于债权人与债务人相互间不必存在任何组织关系或隶属关系，故债权所体现的社会关系纯为个人法上的社会关系。随着人类进入分工合作、以物易物的简单商品经济社会，债权就应运而生。而股东权则体现了公司与其股东间的社员关系或团体关系，这种关系显属团体法上的社会关系，伴随着现代公司的产生而产生的。可见，债权之发生虽晚于物权②，但先于股东权。

（2）产生的原因不同。债权的发生原因既有行为，亦有事实；既有法律行为，也有违法行为；合法行为中既有单方行为，也有双方、多方行为。而股东权的发生根据只能是双方或多方法律行为。

（3）义务主体不同。债权人的义务主体可是任何民事主体，而股东权的义务主体只能是公司。

（4）内容不同。债权的内容表现为债权人可请求债务人为某种特定给付，但债权人原则上无权介入债务人公司的经营管理，债权请求权完全是为了满足债权人自身的利益需要。当然，在例外情形下，债权人依法享有代位权与撤销权，对债务人的财产利益享有管理权。③ 股东权的内容除自益权外，尚包括共益权。股东通过表决权等共益权之行使，既可积极地推动公司事业的健康发展，又可有效地预防和纠正公司经营中的不法、不当行为。自益权之行使是为了实现股东个人利益，而共益权之行使是为了增进至少不损害公司和其他股东的利益。

（5）效力不同。在同以公司为义务人的场合，债权要优先于股东权得到实现。例如，股东只有在公司确有可资依法分配的利润并通过股利分配决议后，方可分取股利，而且股利的分取金额与可资分配利润之多寡成正比；而公司的债权人则不问公司的营利状况和股利分配政策如何，可直接请求公司为一

---

① 参见〔日〕松田二郎：《会社の社会的责任》，商事法务研究会1988年版，第97~184页。

② 参见谢在全：《民法物权论》上册，中国政法大学出版社1999年版，第30页。

③ 参见谢在全：《民法物权论》上册，中国政法大学出版社1999年版，第25页。我国《合同法》第73条、第74条分别规定了债权人的两大保全措施：代位权与撤销权。

定给付，只有当公司清偿其对债权人的债务之后，公司方有可能向其股东分红。这体现了对公司债权人优于公司股东予以保护的理念。

（6）存在期限不同。债权为有期限的权利，凡罹于诉讼时效的债权，则导致债权人胜诉权的丧失。而股东权无期限性可言，只要公司仍然存在，股东权就不会消灭，即使某股东把所持股份转让出去，自己不再享有股东权，但股份受让人将作为新股东继续享有股东权。

（7）实现与消灭之间的关系不同。债务的清偿和履行，自正面看，为债权之实现；自反面看，则为债权之消灭。故债权的实现本身意味着债权的消灭。而股东权的实现（如股利之分取、表决权之行使）并不意味着股东权之消灭。易言之，股东权中某些权利的行使并不使股东权的内容和价值发生任何衰减。

（8）二者与担保制度的关系不同。债权可设定担保，有担保的交易活动（Secured Transaction）已经成为市场经济中的常态交易活动。而股东权一般不存在担保制度。因为，股东对公司的对外债务本来就负间接有限责任（准确地说股东对公司的债务无清偿责任），这已经在很大程序上降低了股东的投资风险；倘若允许由公司对股东权提供担保，无异于将公司经营的风险完全转嫁给公司债权人和社会公众，既危害交易安全和市场经济秩序，亦有悖诚实信用原则与公平原则。因此，法律不允许公司对股东权设定担保；违反该规定的担保行为无效。但公司外的第三人自愿为股东权提供之担保，不为法律禁止。①

（9）体现的财产利益不同。债权中的财产数额在债权成立时往往已经确定或具有可确定性；而股东自益权所体现的财产利益则无法事先确定。正因为如此，表现股东权的股票被称为投机证券，而表现债权的公司债券被称为增值证券。

（10）转让时的限制方式不同。债权的转让一般需要通知债务人，否则对债务人不生效力；根据债权性质、当事人特别约定和法律特别规定不能转让的债权，亦不得转让。此外，别无其他限制。公司债券持有人享有的债权流通性比普通债权更高。股东权的转让原则上也是自由的，特别是上市公司的股东权

---

① 现行《证券法》第 143 条规定："证券公司不得以任何方式对客户证券买卖的收益或赔偿证券买卖的损失作出承诺。"因此，证券公司为其客户担保某股票能带来特定水准的股利回报的行为无效。这主要基于控制证券公司之间不正当竞争行为的政策考虑。笔者倾向于认为证券经营机构不得违法对客户证券买卖的收益或赔偿证券买卖的损失作出承诺。该条规定可作缓和性修改："证券公司不得违法对客户证券买卖的收益或赔偿证券买卖的损失作出承诺。"毕竟，证券公司对客户是否作出上述承诺是其面对承诺风险的商业判断问题，如不构成《反不正当竞争法》之违反，不宜一概认定无效。

具有高度的流通性。但为贯彻特定的立法政策,公司法和证券法亦对股东权转让予以一定限制,如内部交易之禁止,发起人在公司成立后一段期间内股份转让之禁止,子公司取得母公司股份之禁止等。此种限制是债权转让限制中所没有的。

(11) 二者与物权的关系不同。现代社会出现了物权债权化、债权物权化的现象。① 租赁权的物权化、债权人担保物权之取得,均其适例。但至今为止尚未出现股东权的物权化现象。实际上,为保护公司债权人和其他利益相关者的利益,法律也不能容忍股东权的物权化。

四、股东权与债权的共同点

首先,股东权中的不少内容与债权均为请求权。股东权中的股利分配请求权、剩余财产分配请求权、股票交付请求权、公司解散请求权等许多内容属于请求权。关于请求权与债权的关系,存在同一说与非同一说之争。同一说认为,请求权与债权同为请求他人为一定行为的权利,外延完全相同。非同一说主张,请求权系由债权产生的权利之一;由债权产生的权利除请求权外,尚包括代位权、撤销权、抗辩权、抵消权与解除权;债权虽以请求权为内容,请求权则不拘于债权,如由物权产生的回复原状请求权即为物权的请求权。② 本书同意后说。

其次,股东权与债权在推动公司发展、鼓励广大民事主体积极投资方面具有相同的作用。随着股份和公司债的证券化,现代公司为大量筹集经营所需资金,往往既发行巨额股份,又发行巨额公司债。于是,股票与公司债券均为公司的有效筹资手段,均为投资者的投资对象。正是由于股票与公司债券在资本市场中的积极作用,现代证券市场中的证券既包括股票,也包括债券;投资者既包括股东,也包括公司债债权人。

五、股东权与债权的联系

(一) 债权是财产所有权和其他财产权利转换为股东权的必要中介

在公司募集设立的场合,发起人之外的一般投资者欲成为股东,必须认购该公司股份,认股行为创设了合同之债。认股人据此成为设立中公司的成员,并享有以公司成立为附条件、以取得股东权为内容的债权。一旦公司成立,认

---

① 参见谢在全:《民法物权论》上册,中国政法大学出版社 1999 年版,第 31 页。
② 参见刘清波:《民法概论》,台湾开明书店 1979 年版,第 196 页。

股人的债权同时转换为股东权。在股份买卖的场合，受让人取得股东权更要借助合同之债。

（二）股东权为债权的标的之一

随着现代公司的涌现，股东权已成长为独立的民事权利。加之股票市场的迅猛发展，体现股东权的股票已经成为债权的重要标的之一。由于股东权融于股票这种有价证券，所以股东权买卖之债的标的恰恰是股东权。

（三）股东权与公司债券债权在现代公司制度中存在着互动、趋同现象

公司债的股份化现象表现为，参加股利分配的公司债和永久性公司债的出现，已经使此类债券与股份的内容非常接近。但参加股利分配的公司债和永久性公司债，毕竟是公司债券的两种例外情形，而且严格说来，已具有股份的性质，而非公司债券。

股份的债券化现象主要表现在三个方面：一是股利分配优先股特别是非参加的、累积优先股和可由普通股向优先股转换的转换股的发行，大大弱化了股份的风险性和投机性，并使之非常接近于公司债；二是偿还股份和清算分配优先股的发行，使得此类股东在回收投资方面优先于普通股东；三是无表决权股份的发行，剥夺了此类股东的表决权。从某些大众投资股东的角度着眼，此类股东握有的股东权与公司债券持有人握有的债权在满足投资收益方面的功能并无二致，加上一些公司为实现公司经营合理化而推行稳定股利率和股价的政策，更使股份与公司债有所接近。

但股份的债券化（债权化）并不意味着股东权性质的改变，并不意味着股东权已完全转化为债权。无论是股利分配优先股，还是清算分配优先股，仍然属于股份的范畴，此类股东虽优先于普通股东分取财产利益，但仍劣后于公司债权人。转换股之转换和偿还股份之偿还，仍然要遵守旨在保护公司债权人的资本维持原则和资本不变原则。无表决权股东一般都享有优先分取股利和剩余财产的权利，一旦此种优先权无法实现，其表决权便发生复活。可见，无表决权股东表决权之不享有并非绝对。至于投资股东和投机股东事实上不愿行使表决权，并不意味着他们在法律上不享有表决权，表决权之抛弃亦为行使权利的一种方式。

可见，股份的债券化和公司债的股份化，只是说明现代公司中股东权内容的丰富多彩以及股东权与公司债债权之间的相似性，但不能因此而抹煞股东权与债权之区别。

（四）债权可依法转为股东权

现代公司法大多承认可转换公司债和附新股认购优先权公司债，从而为公

司债权人向公司股东的转化提供了绿色通道。投资者取得了可转换公司债，意味着投资者日后有机会将其对公司享有的债权转化为股东权；投资者取得了附新股认购优先权公司债，意味着投资者日后有机会优先于他人认购公司发行的新股，从而取得对该公司的股东权。

不仅可转换公司债和附新股认购优先权公司债提供了债权转股权的可能性，即便普通债权人也可依法将其债权转为股东权（简称"债转股"）。债转股，指债权人将其对债务人公司享有的债权依法转换为对债务人公司的股东权，债务人公司对债权人的负债转换为债权人对债务人公司出资的法律行为。债转股的直接法律效果是，债权人的原有债权归于消灭，但取得对债务人公司的股东权。以国家公权力干预的程度为准，债转股可分为商业性债转股和政策性债转股。

债转股要遵守强制性法律规定，不应沦为债务人公司逃废、悬空债务、欺诈债权人的计谋。为保护债转股活动中债权人的合法权益，最高人民法院2003 年《关于审理与企业改制相关的民事纠纷案件若干问题的规定》第 15 条规定，债务人以隐瞒企业资产或虚列企业资产为手段，骗取债权人与其签订债权转股权协议，债权人在法定期间内行使撤销权的，人民法院应予以支持。债权转股权协议被撤销后，债权人有权要求债务人清偿债务。该司法解释的态度值得肯定。

第三节　股权平等原则

股权平等原则的核心是妥善处理股东之间包括大小股东之间的利益关系，构建控制股东与非控制股东各得其所、和谐相处的股东利益共同体。股权平等是股权文化中的重要内容，渗透于资本市场法治的全部领域。

一、股权平等的内涵

股权平等意味着在基于股东资格而发生的公司与股东、股东与股东之间的法律关系中，所有股东均按其所持股份的性质、内容和数额享受平等待遇，并且免受不合理的不平等待遇。股权平等原则包括股份内容平等和股权比例平等两层含义。二者密不可分，相辅相成。如果前者是股权平等原则的基础，强调股权的质的静态的平等，后者则是股权平等原则的核心，强调股权的量的动态的平等。

（一）股份内容平等

股权平等原则的第一层含义是股份内容平等。股份内容平等强调公司发行的每一类股份的内容相同。股份的内容应解释为股东享有的权利、利益以及股东因拥有该股份而承受的风险。

由于股份内容平等强调持股类别相同的股东之间在权利内容上的平等，不同种类的股东享有的权利内容可不同。例如，普通股东与无表决权股东的待遇就可不同。这两类股东的具体权利在内容上有所区别，但就实质利益来说各有优劣，不同投资风格和偏好的股东对上述两类股份可以各取所需，各得其所。因此，新《公司法》允许有限责任公司股东不按照出资比例行使表决权，允许股东通过全体股东协议约定不按照实缴出资比例行使表决权。

（二）股权比例平等

股权平等原则的第二层含义是股权比例平等。股权比例平等强调持有相同内容和相同数量股份的股东在基于股东地位而产生的法律关系中享受相同待遇。《公司法》第 104 条第 1 款关于一股一表决权的规定，第 35 条关于按实缴出资比例分红的规定，第 187 条第 2 款关于有限责任公司按照股东的出资比例分配、股份有限公司按照股东持有的股份比例分配的规定等皆以股权平等原则的第二层含义为前提。

股权比例平等可称为量的平等。只有持股类别、内容与比例相同的股东之间，才有相同的权利义务可言。换言之，股权平等不仅不反对、反而支持持股比例较高的股东比持股比例较低的股东享有更大的权利、履行更多的义务。因此，股权平等原则只能是机会上的平等，而非结果的平等；是一种动态的平等，而不是静态的平均。

（三）股权平等原则认股不认人

根据股权平等原则，只要股东们所持股份的内容和数量相同，公司就应站在公允、超然的立场上，对所有股权平等对待、一视同仁。持股内容和持股比例相同的法人股东与个人股东间、贫富股东间、大小股东间、新旧股东间、内资股东与外资股东间、本地股东与外地股东间都是平等的。

二、股东平等原则的确认根据

主流市场经济国家公司法均承认股权平等原则。德国 1978 年修改《股份法》时增列第 53a 条，明文规定股权平等原则。《欧盟第 2 号公司法指令》第 42 条规定，"为贯彻该指令，诸成员国的法律应确保处于相同地位的全体股东获得相同的对待"。经济合作与发展组织 1999 年 5 月发表的《公司治理原则》

第 2 章更明确要求"公司治理框架确保所有股东（包括小股东与外国股东）都能获得平等待遇；所有股东在其权利受到侵害时都有机会获得有效救济"，并从三个方面对股权平等原则的贯彻提出了具体要求。

我国《公司法》第 127 条规定：股份的发行，实行公平、公正的原则，同种类的每一股份应具有同等权利。同次发行的同种类股票，每股的发行条件和价格应相同；任何单位或个人所认购的股份，每股应支付相同价额。"同种类的每一股份应具有同等权利"既包括了财产利益方面的平等，也包括了治理利益的平等。第 104 条第 1 款还规定："股东出席股东大会会议，所持每一股份有一表决权。但是，公司持有的本公司股份没有表决权。"《证券法》第 4条也体现了投资者平等原则："证券发行、交易活动的当事人具有平等的法律地位，应当遵守自愿、有偿、诚实信用的原则。"国务院转发的中国证监会《关于提高上市公司质量的意见》第 2 条第 5 项也提出要"保障投资者平等获取信息的权利"。

股权关系是平等主体的股东、公司、高管与第三人相互之间基于私法自治原则而发生的民事关系。公司法乃民法之特别法。鉴于《民法通则》和《合同法》等民事法律确认了平等原则，在《公司法》没有明确排除平等原则的情况下，应补充适用平等原则调整股权行使与保护的关系。

三、股权平等原则的功能

（一）股权平等原则的一般功能

贯彻股权平等原则有利于充分有效地保护股东的财产利益和参与公司治理的利益。公司权力（包括公司治理权）的合法根基在于股东主权思想。公司的权力源于全体股东，公司的权力为了全体股东利益而行使，公司的权力由全体股东来行使。但在资本多数决的治理规则影响下，控制股东与非控制股东在行使股权时的成本并不相同。只有根据股权的种类、内容与数量对持股相同的股东实行平等对待，才能确保股东公平行使自益权与共益权，共同分享公司经营和发展的成果。

贯彻股权平等原则有利于妥善解决股东与经营者、股东与股东、股东与公司之间的利益关系，避免不必要的利益冲突和道德风险。在现代公司股权与经营权互相分离的背景下，公司经营者虽然是公司和股东的代理人，但其经营权限日益膨胀和集中。而权力过于集中必然会滋生腐败和道德风险。贯彻股权平等原则有助于约束和规范经营者的权力运行全过程，预防经营者将自己界定为个别控制股东的代理人而对股东实施厚此薄彼的行为。

股权平等原则既是法官和仲裁员裁决股权纠纷案件的法律依据，也是指导公司、高管处理公司与股东关系的行为指南，更是法官和仲裁员对法律规定和公司章程及其他法律文件进行解释的重要原则，还是股东据以行使股权平等待遇权的重要依据。

（二）股东行使股利分配请求权应遵循股权平等原则

股利分配请求权在股东大会通过股利分配决议后，即转化成独立的、具体的、确定的股利分配请求权。公司不得为了增进自己偏爱的某些股东的利益，而去剥夺、限制其他股东的合法权益。公司不仅要平等地通知全体股东有关股利分配的信息，而且要平等确定股利的支付时间和支付方式。

（三）公司向股东提供股利或剩余财产外的财产利益时应遵循股权平等原则

公司违反股权平等原则向股东提供的利益应视为不当得利，收取利益的股东应予返还。倘若公司怠于或拒绝行使不当得利返还请求权，其他股东有权为此提起代表诉讼。公司除对接受利益的股东行使不当得利返还请求权外，尚可追究提供利益的董事或其他公司高管人员违反忠实义务的民事责任，包括对接受利益股东的不当得利返还之债承担连带责任，也包括对公司的损害赔偿责任。未提供财产利益的公司董事倘若对其他高管人员向股东提供财产利益的行为未尽合理监督之责，应承担违反善管义务之责。

（四）股东表决权之确定、股东大会之召集和决议程序应遵循股权平等原则

股东大会之召集，包括股东大会会议召集通知之发送、会议召集地点之选择、参会股东资格之确定、决议程序之确定都应充分体现股权平等原则。OECD《公司治理原则》第2章第3项第1目要求股东大会的召集程序允许全体股东都获得平等待遇，而且禁止公司方面出台的程序对于固定投票造成过分困难或成本高昂的局面。股东出席股东大会时的座次排定也应符合股权平等原则。

（五）股东行使其他股东权时亦应遵守股权平等原则

例如，OECD《公司治理原则》第2章在规定股权平等原则时，在第2项明文禁止股市中的内幕交易（Insider Trading）和滥用权利的自我交易（Abusive Self-dealing），第3项要求公司董事和高管人员披露其在影响公司的交易或其他事务中的所有重大利益（Any Material Interests）。起草者认为，内幕交易和滥用权利的自我交易行为违反了股权平等待遇原则，构成了对公司良

治的破坏。①

第四节　股东有限责任原则

一、股东有限责任原则的含义

股东有限责任原则是指，股东仅以其认缴的出资额为限对公司承担出资义务，而不必对公司的债权人承担债务清偿责任的基本原则。我国《公司法》在两种法定公司形式之前明确冠以"有限"或"有限责任"字样，并在第3条第2款规定，"有限责任公司的股东以其认缴的出资额为限对公司承担责任；股份有限公司的股东以其认购的股份为限对公司承担责任"。可见，股东有限责任原则是公司作为独立法人具有的最为重要的法律特征，也是公司成为现代市场经济社会赖以存在的基础和迅猛发展的原动力的秘笈所在。

股东有限责任原则体现了公司的本质。《公司法》第3条第2款有关股东有限责任原则的规定应解释为强行性法律规范中的效力规定。凡违反股东有限责任原则的股东大会决议、董事会决议或公司章程条款均为无效，任何股东均可就此提出无效确认之诉。

以其责任形式为准，股东针对公司债权人的责任分为直接责任与间接责任；以其责任数额为准，可区分为无限责任与有限责任。② 其中，直接责任指股东直接向公司债权人承担履行公司债务的责任，而间接责任指股东仅对公司负出资义务，而不对公司债权人承担履行公司债务的责任。从理论上看，股东责任的两种划分标准经过排列组合，可将股东责任区分为直接无限责任、直接有限责任、间接无限责任与间接有限责任。无限公司的股东负有直接无限责任。两合公司的一部分股东负有直接无限责任，另一部分股东则负有直接有限责任。我国《公司法》承认的有限公司和股份有限公司，其股东则负间接有限责任。

二、股东有限责任原则的演进

股东有限责任原则之确立经历了一个漫长的过程。早在15世纪的英国，非贸易公司的股东即被认为对公司债务不负清偿责任，并逐渐于该世纪末延伸

---

① See *Annotations to the OECD Principles of Corporate Governance*，II（A）（2）.
② ［日］前田庸：《会社法入门》(第11版补订版)，有斐阁2008年版，第2~4页。

到贸易公司。① 但此种做法的初衷并不是帮助股东逃避公司债务之负担，而是预防股东因履行自己债务而占有公司财产。当时的许多公司章程（Charter）明确授权公司向股东征收财产以清偿债务；倘若公司怠于采取此种措施，公司债权人可通过类似于代位权的方式直接向股东请求给付。② 由此可见，此时尚无真正的股东有限责任原则。

迨至 19 世纪 40 年代，股东有限责任原则之缺乏在英国已成为众矢之的。1845 年至 1848 年间的经济萧条更提高了这一呼声。于是，英国 1855 年 8 月颁布的《有限责任法》明确规定具备法定条件的公司一经注册完毕，股东即负有限责任，责任的限度为股东所持股份的名义价值（Nominal Value），并要求"有限"字样在公司名称中反映出来。"有限"一词作为一面旗帜，警示与此类危险甚大的"新发明"（公司）开展交易活动的社会公众当心自己面临的法律风险。

该法实施数月即被 1856 年《合股公司法》（Joint Stock Companies Act）取代，但股东有限责任继续被法律确认。由于此时正值自由放任主义经济思想的鼎盛时期，公司之设立及股东有限责任之获得亦较为自由。立法者采纳了布拉姆威尔（Bramwell）勋爵使用"有限"一词的建议及"知道股东责任有限的公司对方交易伙伴应咎由自取"的观点。③ 1897 年 Salomon 诉 A. Salomon & Co. Ltd 一案的著名判决，标志着英国法院已经彻底领悟了股东有限责任原则的真谛。④

美国早在 20 世纪初即彻底确立股东有限责任原则。⑤《美国模范商事公司法》第 6.22 条第 1 项规定："除支付被授权发行的股份的对价、或认股协议载明的对价外，购买公司股份的当事人不就该股份对公司或债权人承担债务清偿责任。"第 2 项接着规定："除非公司章程另有规定，股东个人对公司的行为或债务概不负责；但他可能因其自己的行为或活动而承担个人责任。"《德国股份法》第 1 条第 1 项开宗明义规定，"公司为具有独立法人性的公司；债权人仅以公司财产作为公司债务之担保"。

---

① Edmunds v. Brown Tillard （1668） 1 Lev. 237; Salmon v. Hambrough Co. （1671） Ch. Cas. 204, H. L.

② Gower, *Principles of Modern Company Law*, 4th Stevens, 1979, p. 26.

③ Gower, *Principles of Modern Company Law*, 4th Stevens, 1979, p. 43-p. 48.

④ [1897] A. C. 22.

⑤ Dodd, *The Evolution of Limited Liability in American Industry*; Massachusetts, 61 Harv. L. Rev. 1351 (1948).

三、股东有限责任原则的社会功能

（一）有利于限制公司股东的投资风险，鼓励大众的投资热情

限制股东投资风险最为有效的手段在于确立股东有限责任原则。股东有限责任原则一方面将股东在特定公司的投资风险锁定在股东可事先预料的金额之内，避免公司的经营失败殃及股东其余财产；另一方面使得股东借助多角化投资组合策略控制投资风险。

（二）有利于降低股东参与公司治理、监督公司经营管理的成本

投资风险程度越高，股东监督成本越高，股东进行多角化组合投资的概率越小。股东有限责任原则有利于股东事先对自己的监督成本、监督效益进行比较核算，从而合理分配自己的监督资源。

（三）有利于降低股东对其他股东的监督成本

在缺乏股东有限责任原则的情形下，每位股东要避免自己承担与自己投资收益不成正比的巨额企业债务，必然会不惜一切代价对其余股东的个人财产进行持续性监督，以避免其余股东为逃避企业债务而藏匿、损坏、转移自己的财产。

（四）有利于提高股权的流通性，推动现代证券市场的形成和发展

在股东无限责任原则的作用下，股份的价值不仅取决于企业的资产价值，而且取决于众股东的财产状况。因此，同一企业的股份之间不具有同质性和可替代性，也无法形成统一的转让价格。而在股东有限责任原则的作用下，股份的价值仅取决于公司的资产价值，取决于公司资产创造的收益水平，而与众股东的身份与财产状况无涉。同一公司的股份之间具有同质性和可替代性，统一的转让价格较易形成。这无疑为现代股票市场的萌芽、发展与繁荣打下了坚实的法律基础。可断言，没有股东有限责任原则，就没有现代证券市场。

（五）有利于树立和巩固公司的法人资格，从而充分发挥公司应有的社会经济作用

股东有限责任原则意味着公司作为独立的权利义务主体必须以自己的名义履行义务、承担责任。而为充分保护公司债权人，公司又必须具有履行义务、承担责任所必需的财产权利。而公司一旦获取独立的法律人格，就有可能存续几十年、一百年、乃至数百年。

（六）有利于推动现代公司投资者职能与经营者职能的进一步分离，进而充分发挥公司制度在整合、盘活社会经济资源方面的作用

鉴于股东权与所有权的区别，为避免读者对投资者权利的性质发生误解，

笔者将"企业所有与企业经营职能相互分离"重新表述为"投资者职能与经营者职能相互分离"。股东的投资风险程度与其介入公司经营管理的深度成正比，并与股东人数成反比。而股东的广泛性、分散性反过来使得股东对公司经营管理的广泛深度介入变为不可能。股东出钱、经营者出力、股东有权、经营者有德有能的公司投入结构得以形成，并随着现代证券交易制度的完善而进一步获得强化。投资者职能与经营者职能相互分离的原则，将雄厚的货币资本与优秀的人力资本等社会资源荟萃于公司组织之下，因而有助于实现社会资源的合理流动与优化配置，取得更大经济社会效益。

（七）有利于培养对公司和股东诚实守信、勤勉尽责的公司经营者

公司资本再雄厚，也离不开深具经营知识与经验的专门人才去具体推行股东大会和董事会的决议，并审时度势地在法律和章程的框架内作出创造性的高效决策。在股东无限责任原则的作用下，股东对公司经营管理活动的深度介入固然可确保经营管理人员对股东的忠诚度，但也容易束缚经营管理人员的手脚。而在股东有限责任原则的作用下，投资者职能与经营者职能相互分离，职业经理人得以昂首阔步走向市场经济大舞台。

四、股东有限责任原则的例外

为维护交易安全，现代公司法趋向于在某些场合下谨慎地承认股东有限责任的例外，对特定股东尤其是失信股东课以相应的民事责任。

（一）股东违反其诚信义务的责任

为防止和纠正资本多数决之滥用，从实质上维护股东平等原则，立法者往往确认控制股东向公司和其他股东所负的诚信义务。倘若股东行使表决权或行使基于股东资格的影响力以执行公司业务时存有恶意或重大过失，违反了对公司和其他股东的诚信义务，则应对公司及第三人（含公司债权人和其他股东）负有损害赔偿责任。

（二）股东滥用公司法人资格的责任

公司与股东本为各自独立的权利义务主体，但也为股东滥用公司的法人资格、逃避法律的适用提供了可能。故在股东滥用法人资格的一定场合下，可仅就有关的特定法律关系否认股东有限责任原则，令股东直接对公司债权人履行义务、承担责任，此即揭开公司面纱法理。

（三）股东对劳动债权的清偿责任

美国纽约和威斯康星两州的公司法规定，股东应对公司劳动者被拖欠的工资负有给付的个人责任，即使认购股份的款项已全额缴纳亦然。原来采此规定

的不少州的公司法已纷纷废弃此种规定，如密歇根、田纳西、马萨诸塞和宾夕法尼亚州等。①

（四）股东接受公司违法分配利润时的责任

在此种场合下，股东应就其接受的公司违法分配的利润，负有不当得利返还之债。

第五节　股东诚信原则

一、诚实信用原则的含义与作用

民法为一般法、公司法为特别法。虽然《公司法》未明确规定诚实信用原则，诚实信用原则也适用于公司法和资本市场领域。诚实信用原则是指市场主体在从事市场活动时，应讲究信用，严守诺言，应在不损害国家、他人和社会利益的前提下追求自己的利益。诚实信用原则兼具道德性规范和法律强制性规范的双重特点，虽然非具体制度，但作为抽象原则，对于一切市场主体和一切市场行为发挥着规制与制约作用。

诚实信用原则既是指导股东缔结法律行为、行使股权、履行义务的行为指南，也是对公司章程及其他法律文件（如股东协议）予以妥当解释的重要规则，还是指导法院和仲裁机构作出公平裁判的法律渊源。例如，有限责任公司的前股东为确认自己签署的股权转让合同属于显失公平而行使账簿查阅权，就是诚实信用原则在公司法领域的必然要求。但法官或仲裁员援引诚实信用原则裁判时，必须以竭尽其他裁判资源为前提；否则，容易滋生裁判权滥用、甚至枉法裁判的道德风险。倘若法官或仲裁员对明确具体的法律规定视而不见，专门援引诚实信用原则裁判，虽然貌似公允，但道德风险和法律风险极高。

二、股东诚信义务

（一）股东诚信义务的概念

股东独立于公司之外。公司与股东的民事权利能力、民事行为能力、民事责任能力并行不悖。股东在取得股东权之后，是否行使股东权利、何时行使、如何行使股东权利也应充分尊重股东的自由意志。如同行使其他民事权利一

---

① Harry G. Henn & John R. Alexander, *Law of Corporations*, West Publishing Co., p. 546-p. 550.

样，股东在行使权利时必须恪守诚实信用原则和公序良俗，尊重公司利益和其他股东的利益，不得滥用权利，侵害他人权益。换言之，股东权利和自由的足迹延伸到哪里，诚信义务的光芒就照射到哪里。

所谓股东的诚信义务，乃是一个弹性较大的模糊语词，泛指股东恪守诚实信用原则，严肃对待股东权利，在行使股东权利时尊重公司、其他股东和公司债权人等公司利益相关者正当权益的义务。就权利主体而言，股东的诚信义务包括对公司、其他股东以及对公司债权人等所负的义务。就义务内容而言，既包括积极的作为义务，也包括消极的不作为义务。前者诸如股东的及时足额出资义务，后者诸如股东不得欺诈其他股东和公司债权人的利益。

股东诚信义务并不苛刻。在通常情况下，只要股东善待公司的独立财产与人格，及时、足额地履行出资义务，善用投资自由，审慎行使权利，就不会损害公司及其债权人的合法权益、破坏交易安全，因而可安享股东有限责任，坐等公司投资成果之分享。

（二）禁止权利滥用条款

作为股东诚信义务的核心内容，立法者在新《公司法》第20条规定了禁止权利滥用条款。其中，第1款要求公司股东应遵守法律、行政法规和公司章程，依法行使股东权利，不得滥用股东权利损害公司或其他股东的利益；不得滥用公司法人独立地位和股东有限责任损害公司债权人的利益。对反其道而行之的失信股东，立法者在新《公司法》第20条第2款和第3款规定：公司股东滥用股东权利给公司或其他股东造成损失的，应依法承担赔偿责任。公司股东滥用公司法人独立地位和股东有限责任，逃避债务，严重损害公司债权人利益的，应对公司债务承担连带责任。

（三）控制股东与非控制股东均负有诚信义务

由于控制股东与非控制股东相比，手中握有更多的财力资源和社会资源（包括自身的资源和公司的资源），因此在难以慎独自律时给公司、其他股东和公司外部人造成的损害和灾难愈大。因此，各国立法者往往倾力强化控制股东的诚信义务，遏制控制股东、高管与实际控制人的道德风险，以图扶持中小股东。

中小股东也有可能滥用股东权利。《公司法》第34条第2款规定了预防股东滥用查账权的预先说明程序以及公司拒绝股东查账的法定事由；第152条规定了股份有限公司股东提起股东代表诉讼的持股比例和持股期限以及原告股东提起代表诉讼的内部救济程序；第183条规定了行使公司解散诉权的原告股东所持的表决权比例以及构成公司僵局的三大条件。

三、控制股东对公司及其他非控制股东的诚信义务

(一) 控制股东诚信义务的确立依据

控制股东要慎独自律，慎用权力。控制股东滥用权利的行为与其说是滥用权利，不如说是滥用权力。因为，控制股东不但在法律上取得了对公司的控制权（如影响股东大会决议结果的权力），而且在事实上取得了对公司的实际控制利益（如将利益代言人选入董事会、进而影响董事会选聘公司高级管理人员）等。控制股东的诚信义务主要表现为两个方面：一是对公司及其广大股东的诚信义务；二是对公司外部人尤其是债权人的诚信义务。

中国证券监督管理委员会与国家经贸委于 2002 年 1 月 9 日联合发布的《上市公司治理准则》第 19 条明确指出，"控股股东对上市公司及其他股东负有诚信义务。控股股东对其所控股的上市公司应严格依法行使出资人的权利，控股股东不得利用资产重组等方式损害上市公司和其他股东的合法权益，不得利用其特殊地位谋取额外的利益"。

控制股东的诚信义务与董事、监事等公司经营者所负义务的发生根据不同。后者源于经营者与公司间的委托关系，而控制股东与公司间并不存在委托关系，其与经营者在公司中所处的地位自然不容混淆。这就决定了控制股东诚信义务的发生根据只能从委托关系之外去寻求。此种发生根据并非单一，而具有多元性和立体性。易言之，控制股东的诚信义务深深扎根于股东表决权的本质、控制股东的强大表决力、公序良俗原则、诚实信用原则和股东平等原则。

(二) 控制股东对公司及其他非控制股东的诚信义务的内容

控制股东对公司及小股东均负有诚信义务，但两者的内容颇不相同。控制股东不仅在行使表决权时负有诚信义务，而且在基于其股东资格以其他方式对公司决策和业务执行活动行使影响力时，亦负有诚信义务。

控制股东与董事对公司所负的义务亦有异同。就相同之处而言，控制股东应与董事对公司负有同样内容和同等程度的忠实义务。不确认控制股东对公司负有与董事相同的忠实义务，就很难真正避免控制股东将一己之私凌驾于公司利益之上。就相异之点而言，控制股东对公司业务执行问题行使表决权时应有的注意程度与董事对公司所负善管义务的注意程度颇不相同。这是因为，在公司法中，企业所有与经营相分离，除全体股东对公司履行出资义务、控制股东对公司负有忠实义务外，一般股东并不负有与董事同样的善管义务。但控制股东毕竟在股东大会中拥有举足轻重的表决力，对于公司利益具有广泛而深远的影响力，自然不能纵容控制股东因重大过失而侵害公司利益。在这一点上，将

控制股东的注意义务理解为"通常交易上的注意义务"庶几可行。换言之，以具有普通智商和伦理观念的普通股东在相同的决策情形下应尽到的谨慎和注意程度为衡量标准。当然，作为董事和其他高管人员避风港规则的"经营判断规则"（Business Judgement Rule）亦可为控制股东提供相当保护。表决权是共益权，融权利和权限于一体。因此，控制股东在行使表决权时肩负的诚信义务是在为自己利益行使表决权的同时，不得不正当地侵害公司和其他小股东的利益。

（三）控制股东的控制力表现形式

控制股东介入公司业务执行活动的途径很多，既包括表决权的行使，也包括作为公司股东资格的影响力。例如，控制股东凭仗其巨大的持股力量，对公司董事会发号施令，甚至直接决定公司的生产目标和经营政策，这些均为控制股东影响力之行使。这种影响力虽然不同于表决力，但也是源于股东权的本质，即法律允许股东所拥有的对公司利益和其他股东利益介入的权限或地位。因此，控制股东在基于其股东资格行使其影响力时，亦对公司负有诚信义务。由于对公司业务执行发挥影响力的控制股东非常类似于董事的地位，甚至可以说是公司的事实董事，故此种股东对公司所负的诚信义务应与董事对公司所负的义务为同一解释。

控制股东滥用权利损害公司或其他股东利益的行为包括但不限于明火执杖地侵占公司的合法财产和商业机会，或间接地通过与公司从事不公允的关联交易而攫取公司和全体股东的正当财富。控制股东滥用股东权利给公司或其他股东造成损失的，应依法承担赔偿责任。此处的赔偿责任应理解为侵权法中的损害赔偿责任，损害赔偿范围应以实际损失为度。

（四）关联交易的法律规制

规范关联交易行为，切实维护上市公司和股东的合法权益是上市公司监管制度的一个重要内容。关联交易本是一个中性的概念，也是公司实践中无法回避的市场现象。在公司起步初期，在局外人并不了解该公司资信状况的情况下，公司股东和高管等关联方与公司实施的关联交易有时发挥着雪中送炭的积极作用。问题在于，公司股东和高管等关联方有可能滥用关联交易制度，掠夺公司财富，损害公司小股东和债权人的合法权益。

立法者一般对关联交易采取允许存在、严加规制的监管态度。合法的关联交易应同时满足信息透明、对价公允、程序严谨的三大监管要求。阳光是最好的防腐剂。信息透明是遏制不当关联交易的关键措施。信息披露义务人违反信息披露义务的，遭受损害的投资者有权向虚假陈述行为人提起民事损害赔偿之诉；对价明显不公允或显失公平的，公司有权依据《合同法》行使撤销权，小股东也有权挺身而出，为捍卫公司利益而提起股东代表诉讼；程序不严谨的，股东还可依据新《公司法》第22条关于瑕疵公司决议的救济之道请求法院予以撤销。

四、揭开公司面纱制度

倘若控制股东滥用投资自由，滥用公司法人独立地位和股东有限责任损害公司债权人的利益，则在法律上应蒙受不利后果。我国《公司法》第20条第1款要求，公司股东应遵守法律、行政法规和公司章程，依法行使股东权利，不得滥用股东权利损害公司或其他股东的利益；不得滥用公司法人独立地位和股东有限责任损害公司债权人的利益。该条第3款规定："公司股东滥用公司法人独立地位和股东有限责任，逃避债务，严重损害公司债权人利益的，应当对公司债务承担连带责任。"此即揭开公司面纱制度。

(一) 揭开公司面纱制度概述

揭开公司面纱制度又称"公司法人资格否认"、"股东有限责任待遇之例外"、"股东直索责任"，指控制股东为逃避法律义务或责任而违反诚实信用原则，滥用法人资格或股东有限责任待遇、致使债权人利益严重受损时，法院或仲裁机构有权责令控制股东直接向公司债权人履行法律义务、承担法律责任。公司法人资格否认制度以公司法人资格之存在为前提。如果某公司自始至终未取得法人资格或法人资格存在瑕疵，就谈不上公司人格之否认。公司人格否认制度与股东有限责任制度，共同构成了现代公司制度的核心内容。但公司人格否认制度的产生要晚于公司制度数百年。

《公司法》第20条所称"公司债权人"既包括民事关系中的各类债权人，也包括劳动关系中的债权人，还包括行政关系中的特殊债权等。在纳税人滥用公司法人资格、偷漏税时，税收征收管理机关也有权援引该条规定请求公司及其背后的滥用权利股东承担缴纳税款的连带责任。债权人要主张揭开公司面纱，须就以下内容承担举证责任：（1）股东实施了滥用公司法人独立地位和股东有限责任的行为，而且构成了逃避债务的行为。（2）债权人利益受到严重损害。"严重损害"是指公司不能及时足额清偿全部或大部分债务。造成严重损害的原因不仅在于债务人公司拒绝或怠于清偿债务，更在于债务人公司滥用公司法人资格。（3）股东的滥用权利行为与债权人的损失之间存在合理的因果关系。以上三大举证责任缺一不可。

揭开公司面纱不等于说追究所有股东对公司债务的连带责任。《公司法》

第 20 条所称的"股东"既包括一人公司中的唯一股东，也包括股东多元化公司中滥用权利的控制股东，但不包括诚信慎独的股东尤其是小股东。因此，揭开公司面纱时应注意区分消极股东与积极股东。只有积极股东或控制股东才应蒙受公司面纱被揭开的不利后果。

（二）股东滥用事实的认定

"滥用"是个高度弹性化的概念。稍有不慎，合理使用就有可能被认定为滥用。而合理使用公司法人独立地位和股东有限责任恰恰是现代公司帝国得以成长壮大的制度秘笈。因此，努力消除"滥用"二字的不确定性，增强"滥用"二字的可操作性，便成为法解释学中的难点问题。从我国公司实践看，控制股东滥用公司法人独立地位和股东有限责任的情况较多。本书将最常见的情形概括为两种：

1. 股权资本显著不足（Undercapitalization）。

如果把最低注册资本门槛划入前端控制的范畴，则揭开公司面纱可纳入后端控制的范畴。美国诸州公司法已无最低注册资本制度。这意味着，美国公司法对公司债权人的保护策略是后端控制策略。为落实后端控制策略，美国法院在司法实践中提炼出股权资本显著不足的概念，并乐意在此种情形下为保护公司的债权人而揭开公司面纱。

所谓股权资本显著不足，是指股东投入公司的股权资本与公司从债权人筹措的债权资本之间明显不成正比例的公司资本现象。其中的"股权资本"是指被告股东在内的股东投入公司的股权资本总额，而债权资本是指公司从包括原告债权人在内的所有债权人筹措的债权资本，而不限于主张揭开公司面纱的特定债权人的债权数额。股权资本显著不足既包括股东出资低于最低注册资本的情况，也包括股东出资虽高于最低注册资本、但显著低于该公司从事的行业性质、经营规模（包括营业额、销售量）、雇工规模和负债规模所要求的股权资本的情况。此时法院或仲裁机构应毫不犹豫地揭开此类公司的面纱，责令背后的控制股东对公司债务负连带责任。

当然，法院或仲裁机构在考虑股东投入公司的股权资本的充足性时，还应兼顾股权资本的替代化风险抵御措施，如责任保险范围的充分性等。倘若一家公司的股权资本及其为赔偿用户等债权人的潜在损失而购买的责任保险共同作用，足以保护公司的债权人，则法院或仲裁机构可以不揭开公司面纱。

2. 股东与公司之间人格的高度混同。

在股东对公司的过度控制下，股东与公司之间人格的高度混同现象错综复杂。具体说来，有以下几种表现形式：（1）股东与公司之间在资产或财产边界方面的混淆不分。(2)股东与公司之间在财务方面的混淆不分。(3)股东与公司之间在业务方面的混淆不分。(4)股东与公司之间在机构方面的混淆不分。(5)股东与公司之间在人员方面的混淆不分、母子公司之间的董事、经理和其他高级管理人员交叉任职过多过滥。(6)子公司的机关陷入瘫痪状态,母公司直接操纵子公司的决策活动。(7)其他方面的人格混同。为慎重起见,法院或仲裁机构在认定股东与公司之间人格的高度混同的事实时,应严格掌握标准,不宜因为存在单一的、非关键的混淆现象就遽然否定公司法人资格。

除了股权资本显著不足以及股东与公司之间人格的高度混同,控制股东滥用公司法人独立地位和股东有限责任的情况还有其他表现形态。例如,有人建议控制股东操纵下的公司拒不清算,也可视为揭开公司面纱的情况。

(三)揭开公司面纱的法律效果

揭开公司面纱的效力仅限于特定当事人间的具体法律关系,具有浓郁的相对性与特定性,而不具有绝对性与对世性。即使某公司的法人资格被否认,也并不意味着该公司的法人资格在其他法律关系中被否认。这与公司因解散、破产而清算,从而在制度上绝对、彻底丧失法人资格的情形大相径庭。因此,公司人格否认法理的适用条件和法律效果比起彻底消灭公司法人资格要缓和、温和得多。公司人格否认的不利后果只能降落于有过错的当事人(尤其是控制股东)头上,而不殃及无辜当事人,尤其是不能伤及其他善良的中小股东。

从现代各国公司法的经验看,股东有限责任依然是原则,揭开公司面纱依然是例外。尽管《公司法》第20条第3款将揭开公司面纱制度上升为成文法律制度,但并不等于说揭开公司面纱已成公司法的基本原则。我国引进了揭开公司面纱制度,法院和仲裁机构仍要原则上尊重公司的法人资格,严格把握否认公司资格的构成要件,将否认公司法人资格的情形控制在例外情形下,避免揭开公司面纱的判决遍地开花。揭开公司面纱制度成文化的作用不仅在于揭开公司面纱,更在于预防揭开公司面纱制度之滥用。公司法人资格可否定、也可不否定的情况,应坚决不否定。

第六节 股东资格的确认

保护股东权的首要前提是确认股东资格。在争夺股权的纠纷中,主张股东资格的证据既有实际出资证明,也有股权转让合同、公司章程、股东名册、出资证明书和工商登记等。

一、认定股东资格的源泉证据

2005 年《公司法》，尤其是第 33 条明确了甄别真假股东的标准。人民法院和仲裁机构应将证明股东资格的证据区分为三个不同的层次：源泉证据、效力证据与对抗证据。

源泉证据也称基础证据，是指证明股东取得股权的基础法律关系的法律文件。源泉证据一分为二：（1）股东原始取得股权的出资证明书；（2）继受取得股权的证据。

2005 年《公司法》第 32 条规定，"有限责任公司成立后，应当向股东签发出资证明书"；第 74 条扩大了出资证明书的适用范围："公司应在股权转让后注销原股东的出资证明书，向新股东签发出资证明书。"这意味着，有限责任公司不仅在其成立后向原始股东签发出资证明书，而且在其存续期间也要对继受取得股权的新股东签发出资证明书。

源泉证据与其他证据（包括效力证据和对抗证据）之间的关系是源与流、因与果的关系。一旦取得了合法有效的源泉证据，权利人就可要求公司变更股东名册，确认自己的股东资格；在股东名册变更之后，权利人有权要求公司协助办理股东变更登记手续。倘若公司向股东签发出资证明书以后，未及时将自己载入股东名册，股东可诉请法院强制公司协助办理股东名册。至于公司的消极不作为源于恶意或重大过失，在所不问。换言之，未载入股东名册、但持有源泉证据的当事人也可对公司主张股权。

二、认定股东资格的效力证据

对上市公司而言，此类证据是证券登记结算公司的股权登记资料；对非上市公司而言，此类证据是公司备置的股东名册。股权的实质是股东与公司之间的法律关系。股权具有请求权、相对权的色彩。因此，股东名册对股东资格的确认具有推定的证明力。在册股东可据此向公司主张股权；依法取得股权的未在册股东有权请求公司变更股东名册、修改公司章程，登录自己的姓名或名称。

公司有义务备置股东名册、并应股东之请求变更股东名册。股东有权请求公司履行此种法定协助义务。例如，《公司法》第 33 条第 1 款要求有限责任公司置备股东名册，第 2 款授权记载于股东名册的股东依股东名册主张行使股东权利。第 97 条要求股份有限公司将股东名册置备于本公司，第 98 条允许股东查阅股东名册，第 140 条强调记名股票转让后由公司将受让人的姓名或名称及住所记载于股东名册。

根据该法第 74 条规定，公司应在股权转让后注销原股东的出资证明书，向新股东签发出资证明书，并相应修改公司章程和股东名册中有关股东及其出资额的记载。对于非上市的股份有限公司原则上也应参照这一原则办理。上市公司的股东有权请求证券登记结算公司办理股权确认手续。

问题在于，在实践中，有些公司的股东名册制度并不规范。股东名册造假的现象有可能出现，在此情况下，任何股东均有权请求公司根据源泉证据备置股东或变更股东名册；公司拒绝为之者，股东有权诉诸人民法院。换言之，公司没有股东名册并不妨碍股东资格的确认以及股东权利之行使。

与房屋产权证的法律效力相似，股东名册仅在无相反证据的情况下具有推定的证明力。易言之，在有相反的源泉证据时，股东名册可被推翻。因此，源泉证据决定效力证据的变更，而不是相反。

倘若公司出于恶意或过失未把受让人载入股东名册，具有相应源泉证据的受让人可对公司主张股权，可诉请法院强制公司协助变更股东名册，将权利人录入股东名册。倘若受让方从转让方取得的持股比例尚未载入股东名册，受让方也可请求公司变更股东名册，载明自己的真实持股比例。

股东提起股东代表诉讼时，倘若实质股东的姓名或名称纵使未经登记，但有股权信托协议、股权转让协议等证据可证明其实质股东资格，则具备原告股东资格的实质股东有权提起股东代表诉讼。对于其他股权的行使，也应作如是解释。

股东名册还具有公司免责的法律效力。公司对股东名册记载的股东履行了义务，公司就可依法免责，从而避免双重给付导致的不利后果。倘若股权转让合同约定，本合同自签字之日起生效；自该日起的股东权利亦应由受让方行使。但在办理股东名册变更之前，公司向股东名册记载的转让方分配了股利，则受让方不得请求公司向自己给付股利，只能请求转让方将其取得的股利交付受让方。

三、认定股东资格的对抗证据

对抗证据主要指在公司登记机关登记在案的章程等登记文件。2005 年《公司法》第 33 条第 3 款规定：公司应将股东的姓名或名称及其出资额向公司登记机关登记；登记事项发生变更的，应办理变更登记。未经登记或变更登记的，不得对抗第三人。

协助办理股权变更登记手续是公司的一项法定协助义务。在实践中，倘若股权受让方被载入股东名册，但公司登记机关的股权变更登记手续没有办理，则该当事人有权请求公司前往公司登记机关，协助办理股权变更登记手续。公司不予申请登记的，出资人或受让人可向人民法院提起诉讼，请求公司履行申请登记义务。股东向公司主张权利，公司仅以其未在公司登记机关办理股东登记抗辩的，人民法院对其抗辩不予支持。

作为对抗证据的公司登记机关登记文件，虽不是股东资格的效力证据，但具有对抗第三人的效力。当然，此处的"第三人"不包括善意第三人，只包括主观上存在恶意或重大过失的第三人。与公司备置的股东名册相比，公司登记机关的登记资料具有较高的透明度。因此，根据外观主义法理，善意第三人理应受到礼遇。例如，在某股权信托关系中，甲为名义股东，乙为实质股东。在没有办理股权信托登记的情况下，善意第三人丙信赖名义股东甲，并从甲受让了前述信托股权。在这种情况下，乙只能依据股权信托协议追究乙的违约责任，而不能请求并返还信托股权。

根据《公司登记管理条例》第 9 条的规定，有限责任公司股东或股份有限公司发起人的姓名或名称，以及认缴和实缴的出资额、出资时间、出资方式属于法定的公司登记事项，而股份有限公司的股东并非法定的公司登记事项。又根据《公司登记管理条例》第 35 条的规定，有限责任公司股东转让股权的，应自转让股权之日起 30 日内申请变更登记，并应提交新股东的主体资格证明或自然人身份证明；有限责任公司的自然人股东死亡后，其合法继承人继承股东资格的，公司应依照前款规定申请变更登记；有限责任公司的股东或股份有限公司的发起人改变姓名或名称的，应自改变姓名或名称之日起 30 日内申请变更登记。

可见，有限责任公司的股东变更时，公司有义务前往公司登记机关办理股东变更登记；但股份有限公司股东变动时，公司无须办理股东变更登记，因而公司股东资格很难从公司登记机关求证。

四、各种证据相互冲突时的解决思路

以上各种证据相互冲突时，应在保护善意第三人的前提下，尊重源泉证据的效力。假如在某股东资格确认之诉中，某有限责任公司的股东甲依据公司法和公司章程规定的程序将其所持股权转让给乙。在该纠纷中亦不存在善意第三人。乙有权持股权转让协议要求公司变更股东名册、修改公司章程，公司不得以股东名册、公司章程的效力高于股权转让协议为由拒绝办理；甲继而有权要求公司前往公司登记机关协助办理股东变更登记，将乙登记为公司股东。一旦

善意第三人出现，结果则大不相同。假定乙在向甲支付股权转让价款后急于要求公司变更股东名册、前往公司登记机关办理股东变更登记，致使股权转让方甲仍然被公司登记机关的登记文件确认为公司股东。善意第三人丙信赖甲为公司股东，并与甲签订了股权转让合同。丙作为善意第三人有权从甲受让股权，并有权请求公司将乙扫地出门，并通过股东名册之变更、公司章程之修改、公司登记资料之变更将丙自己确认为公司股东。为预防证据冲突带来的法律风险，原始取得和继受取得股权的当事人应在获得源泉证据以后，尽快请求公司将自己的姓名或名称载入公司的股东名册，并请求公司前往公司登记机关办理股东变更登记。源泉证据、效力证据与对抗证据之间的内容越是趋于一致，权利人取得的股东地位就越稳固。

第七节　股东的账簿查阅权

一、股东的账簿查阅权的概念

股东的账簿查阅权是指股东在查阅公司财务会计报告之外享有的查阅公司会计账簿的权利。中外各国小股东的维权实践表明，知情权是股东行使一系列权利的前提和基础。知情权不仅行使成本低，而且在扶持小股东的弱势地位、监督大股东与管理层慎独方面效果良好。小股东之所以在大股东和管理层面前沦为弱者，主要源于小股东与大股东和管理层之间在占有公司财务信息和经营信息方面的不对称。账簿查阅权滥觞于美国。美国的普通法和诸州的成文法均认许此种权利。[①] 1950 年，日本修改其《商法典》时，从美国导入此制，以期加强股东权之保护。

为强化股东的知情权，改善中小股东的信息供给，提升中小股东的弱势地位，新《公司法》第 34 条广泛借鉴欧美和日本等国的先进立法经验，明确授权股东查阅公司会计账簿。该条在第 1 款重申股东有权查阅、复制公司章程、股东会会议记录、董事会会议决议、监事会会议决议和财务会计报告的同时，在第 2 款进一步明确规定："股东可要求查阅公司会计账簿。"由于立法者将查账权界定为单独股东权，对股东的持股比例与持股期限未作限制规定，因此查账权的权利行使门槛非常低。从理论上说，任何一名诚信股东都有权行使查

---

① See Harry G. Henn & John R. Alexander, *Laws of Corporations*, West Publishing Co., 1983, p. 536-p. 550.

账权。

二、股东的账簿查阅权的作用

股东行使查账权有助于提高公司在股东中间的透明度，从而规范公司治理和经营行为。查账权的这一积极作用甚至有可能大大超越其对查账股东的个体维权作用。在控制股东和管理层参与会计账簿的前期制作的情况下，立法者允许小股东参与会计账簿的后期查阅，至为公平。

股东行使查账权还有助于帮助控制股东监督控制股东选任的公司高管。公司高管是公司和全体股东的代理人，本应效忠于公司和全体股东。如何保持控制股东对其推荐的公司高管的有效控制一直是公司投资与治理中的难题。小股东通过行使查账权，就可督促公司高管洁身自好，从而降低了控制股东对公司高管的监督成本。

三、股东查账程序和滥用预防

股东查阅公司会计账簿应遵循适当的程序。新《公司法》第 34 条第 2 款对此规定：股东要求查阅公司会计账簿的，应向公司提出书面请求，说明目的。公司有合理根据认为股东查阅会计账簿有不正当目的，可能损害公司合法利益的，可拒绝提供查阅，并应自股东提出书面请求之日起 15 日内书面答复股东并说明理由。公司拒绝提供查阅的，股东可请求人民法院要求公司提供查阅。

首先，有意查账的股东应向公司提出书面请求而非口头请求，并适当说明查账目的。股东提出书面请求的制度设计目的有二：一则为公司预留备置会计账簿的必要准备时间；二则便于公司提前发现股东滥用查账权的蛛丝马迹，从而抗辩滥权股东的查账请求。查账目的应清晰明了。笔者认为，股东在查阅公司账簿之前对公司内部的记账和会计处理状况特别是对公司内部究竟设有何种任意性会计账簿和会计文件一无所知，不能苛求股东在请求书中对查阅对象叙述得过于具体。只要股东在请求书中叙明其查阅账簿的具体理由和目的即可，不必叙明其查阅的具体对象。

其次，由公司对股东查账目的进行实质审查，以判断查账目的是否正当。倘若公司有合理根据认为股东查阅会计账簿有不正当目的，可能损害公司合法利益，就可拒绝提供查阅。此处的"合理根据"乃指真实、合法、相关的证据而言。换言之，公司要就其主张的"股东查阅会计账簿有不正当目的，可能损害公司合法利益"承担举证责任。所谓"正当目的"，指与维护基于股东地位而享有的利益具有直接联系的目的。与正当目的相对的为非正当目的，其包括但不限于股东为公司的竞争对手刺探公司秘密，进而图谋自己或第三人的不正当竞争利益；为敲诈公司经营者而吹毛求疵、寻找公司经营中的细微技术瑕疵等。

再次，公司即使拒绝提供查阅，也应遵循程序公正的理念，自股东提出书面请求之日起15日内书面答复股东并说明理由。拒绝理由仅限于股东查阅会计账簿有不正当目的、可能损害公司合法利益的情形。倘若公司拒绝或怠于在前述期限内书面答复股东并说明理由，则股东有权诉请法院强制公司提供会计账簿查阅。

最后，倘若拟查账股东认为自己查阅会计账簿的目的正当，不可能损害公司合法利益，有权举证推翻公司的怀疑。

倘若公司无正当理由拒绝股东行使账簿查阅权时，股东救济途径有三：一是请求法院责令公司为股东提供特定公司账簿；二是向公司负责账簿保管的负责人请求赔偿损失（含诉讼费用）；三是在遇有重大、紧急事由时，可申请法院对公司账簿采取诉讼保全措施。对于无理拒绝股东账簿查阅权的公司经营者，还应追究其法律责任。

四、股东查账的方式

公司应无偿为股东提供会计账簿。会计账簿有电子版或备份时，股东可自费请求公司予以拷贝、打印或发送到股东指定的电子邮件地址；无电子版时，股东可自费复印、誊写（抄录）、拍照、扫描。股东查阅账簿既可由本人为之，亦可获得律师、会计师或其他代理人协助。为平衡股东与公司利益，行使查阅权的股东自应保守公司的商业秘密。

五、股东可否查阅公司的原始会计凭证

有人问，倘若股东在查阅会计账簿后为解疑释惑，可否查阅原始会计凭证？对此，存在两种观点。一种观点认为，既然公司法对此未作规定，就应解释为股东无权查阅原始会计凭证；另一种观点认为，既然会计账簿可查阅，就可查阅会计账簿背后的原始会计凭证。

鉴于会计账簿并非无源之水、无本之木，而是依据原始会计凭证制作，笔者认为股东有权在股东查阅会计账簿的同时，请求查阅赖以制作会计账簿的公司原始凭证。

六、原股东可查阅公司的会计账簿

老股东在转让股权后的合理期限内怀疑股权转让价格由于控制股东和管理层操纵公司财务活动而过低的，仍有权查阅公司的会计账簿和原始凭证，进而决定是否行使撤销股权转让合同的权利。

首先，允许前股东查阅公司会计账簿是诚实信用原则在公司法领域的必然要求。对此，可采取举轻明重的解释方法。我国《合同法》第92条根据诚实信用原则确认了当事人的后合同义务："合同的权利义务终止后，当事人应遵循诚实信用原则，根据交易习惯履行通知、协助、保密等义务"。鉴于《合同法》调整的合同关系往往是一次性的、松散的交易关系，此种松散的合同关系尚且遵循诚实信用原则；鉴于《公司法》调整的股权关系是团体性的、密集的团体关系，《公司法》更应确认公司对其前股东所负的诚信义务（可称之为"后股东义务"）。

其次，允许前股东查阅公司会计账簿有助于前股东对显失公平的股权转让合同行使撤销权。这是由于，老股东的股权转让价款往往与公司的净资产密切相关，倘若老股东无权查账，则作为受让方的控制股东或公司高管也可能上下其手，故意压低公司净资产和股权价值，而允许前股东查账则有利于股东获取行使撤销权的充分证据，进而从反面督促作为受让方的控制股东或公司高管诚信行事。

第八节　股东的分红权

一、股东分红权的概念

股东分红权，即股东的股利分配请求权，指股东基于其公司股东的资格和地位所享有的请求公司向自己分红的权利。股利分配请求权的性质可从抽象意义与具体意义两个层面上予以探讨。

抽象的股利分配请求权，指股东基于其公司股东的资格和地位而享有的一种股东权权能。获取股利是股东投资的主要目的，也是公司作为营利法人的本质要求。抽象的股利分配请求权是股东所享有的一种固有权，不容公司章程或公司治理机构予以剥夺或限制。但此种固有权的内容并非必然相同，尤其当公司发行以不同顺序或数额分享股利分配的数种股份时表现得较为明显。又由于公司的经营具有风险性，股东的股利分配请求权劣后于第三人对于公司之债权，股东在每一特定年度能否分得股利、分得几何，均为未知数，故抽象的股利分配请求权为一种期待权。

具体的股利分配请求权，又称股利金额支付请求权，指当公司存有可资分红的利润时，股东根据股东大会分派股利的决议而享有的请求公司按其持股类别和比例向其支付特定股利金额的权利。具体的股利分配请求权的性质有三：（1）债权性。由具体的股利分配请求权所具有的债权性，又可引申出此种权利的不可侵性和与股东权分别转让的可能性。（2）社团性。具体的股利分配请求权虽然是债权，但与第三人的债权不同，具有强烈的社团性色彩，此种债权源于股东资格或地位所蕴含的抽象股利分配请求权。（3）既得权性。抽象的股利分配请求权与具体的股利分配请求权既相区别，又相联系。后者源于从前者所涌流出来的，而前者又源于股东的资格和地位。

二、股利的概念和种类

股利指公司依法定条件和程序从其可资分配的利润中向股东所支付的财产利益。

以其具体表现形式为准，可分为现金股利、股份股利和其他财产股利。（1）现金股利指公司以现金向股东分配的股利。现金既包括人民币（本币），也包括外币。现金股利是运用最普遍的股利形式。（2）股份股利又称"送股"，指公司以本公司股份向股东分配的股利。股份股利一般是向同种类的股东所分配的，对普通股东分配普通股份，对优先股东分配优先股份。但若经股东大会以特别决议形式通过决议，亦可对普通股东分配优先股份，对优先股东分配普通股份。此种交叉分配股份股利的结果是，改变了普通股东与优先股东原有的利益分配格局即持股类别与比例结构。故法律应对此种做法设定严格的程序要件。另外，对普通股东分配普通股份一般不会影响优先股东的自益权，而对优先股东分配优先股份则由于优先分红和剩余财产的股份的增多而会影响普通股东的自益权。（3）其他财产股利是公司以上述形式之外的其他财产向股东分配的股利，如本公司的产品、服务、本公司握有的除自己股份之外的有价证券、本公司拥有的流动资产及其他财产等均在其内。

以其分配频度为准，股利分为常规股利和特别股利。（1）常规股利是公司在每年的一定时期向股东分配的股利。常规股利一般采取现金支付方式。（2）特别股利是公司向股东临时分配的、难以期望下年度再次分配的股利。特别股利既可采取现金形式，也可采取现金之外的其他财产股利形式。在分配常规股利同时附随分配的特别股利有时被称为"额外股利"。

三、股利分配要件

股东有限责任对股东是一种特权，而对债权人来说却意味着风险。因此，为加强债权人保护，各国公司法往往规定严格的股利分配要件。

（一）股利分配之实质要件

为贯彻资本维持原则，保护公司债权人，不仅公司资本的减少要遵循严格的法律规定，而且不能用公司资本向股东分红，否则便意味着向股东返还了出资，从而损害了资本维持原则。因此，股利分配的资金来源只能求诸公司的利润。

依《公司法》第 167 条规定，公司分配当年税后利润时，应提取利润的10% 列入公司法定公积金。公司法定公积金累计额为公司注册资本的 50% 以上的，可以不再提取；公司法定公积金不足以弥补以前年度亏损的，在依照前款规定提取法定公积金之前，应先用当年利润弥补亏损；公司从税后利润中提取法定公积金后，经股东会或股东大会决议，还可以从税后利润中提取任意公积金；公司弥补亏损和提取公积金后所余税后利润，有限责任公司依照《公司法》第 35 条的规定分配；股份有限公司按照股东持有的股份比例分配，但股份有限公司章程规定不按持股比例分配的除外。可见，股利分配的资金来源为当年税后利润弥补亏损、提取法定公积金与任意公积金后的余额。

（二）股利分配之程序要件

股利分配与否、分红几何，既取决于公司是否有可资分配的利润，还取决于公司的意思表示。只有当公司宣布分红时，股东的具体股利分配请求权才得以产生。许多国家的公司法将分红的决策机构界定为股东会；但美国诸州公司法则界定为董事会。①

我国《公司法》第 38 条第 1 款第 6 项和第 100 条将分红的决策机构界定为股东会，股东会有权"审议批准公司的利润分配方案和弥补亏损方案"。但依据该法第 47 条第 5 项和第 109 条第 4 款，董事会有权制定公司的利润分配方案和弥补亏损方案。既然股东会的分红决议往往由董事会提出分红决议方案，董事会当然会对股东会的分红决议产生决定性影响。公司股东大会作出分红决议时必须遵守法定程序。这对于充分保护股东的分红权，限制董事会滥权，颇具重要意义。

---

① ［美］R. W. 汉密尔顿：《公司法》第 4 版，中国人民大学出版社 2001 年版，第380 页。

四、法院原则上不宜干预公司股利分配政策的实体内容

股东的营利状况既取决于公司的营利状况，也取决于公司的股利分配政策。公司股利分配政策极其复杂，属于公司自治和商业判断的范畴。因为，此种政策要受制于公司的投资战略、股东的投资风格、公司的类别、公司的盈利能力与发展潜力、金融市场环境及税法等多种因素的影响。换言之，股利分配与否，不仅取决于公司是否有可资分配的利润，还取决于公司的意思。在我国，分红政策由股东大会决定。当然，股东大会的判断又有可能受到两种股利分配理念的影响：一是股东近期财富最大化的理念；二是股东远期财富最大化的理念。究竟选择哪种理念，要看股东在股东大会表决时的角逐状况而定，本身无合法与违法之别，法院不宜干涉。

既然公司分红与否、分红之多寡原则上是公司自治和股东自治的范畴，法院就不宜越俎代庖。因为，法院原则上缺乏对分红的妥当性进行司法审查的正当依据和专业判断能力。但这并不等于说，股利分配行为完全游离于司法权的审查范围之外。我国《公司法》将股利分配决定权确定由股东大会行使。人民法院对股利分配行为进行司法审查的落脚点在于股东会决议的程序性瑕疵。倘若股东会决议存在程序性瑕疵，股东自然可向法院提起公司决议撤销之诉。倘若股东会决议的内容违反了法律和行政法规中有关利润分配顺序的强制性规定，股东自然可向法院提起公司决议无效确认之诉。

五、法院例外干预公司股利分配政策的必备条件

人民法院和仲裁机构原则上不宜干预公司的分红政策。但当股利分配政策沦为控制股东或经营者排挤中小股东的手段时，法院应破例对于遭受排挤之苦的中小股东提供法律救济。

参酌主要国家的判例与学说，本着公司利益与股东利益相兼顾、股东长期利益与短期利益相平衡的原则，法院例外干预公司的分红政策时应至少满足以下三个条件：

1. 公司提取任意公积金是否具有必要性。

对此，应综合考虑公司的经营状况、财务状况、证券市场和金融市场状况、产品或服务市场状况和国民经济总体形势等因素，判断公司提取一定数额的公积金是否为公司渡过经营难关、进一步发展与壮大所必需。

2. 公司提取任意公积金是否具有合理性。

3. 公司提取任意公积金是否符合股东平等原则。

股东平等原则要求大小股东按其各自持股比例同受公司提取任意公积金导致的甘苦，大股东不得以任何途径（如接受公司财产赠与、与公司开展关联交易、取得过高薪酬等）从公司获得小股东不能获得的财产利益。若公司提取任意公积金的行为缺乏以上任何一个要件，就构成过分提取任意公积金的行为，构成公司利益最大化理论的滥用，人民法院即可根据被压制小股东的诉讼请求，运用司法权干预公司的分红政策，保护股东的分红权。

强制分派股利之诉在美国运用的较为广泛。只不过绝大多数胜诉的判例是围绕闭锁型公司展开的。但并不等于说，这些胜诉的判例中没有一个与公众型公司有关。英国1985年《公司法》第459条亦允许股东以公司事务执行构成不公正侵害为由，向法院提起诉讼、取得法院令状。而法院的令状（Order）当然包括强制公司向股东分派股利在内。

第九节 股东的退股权

一、股东退股权的概念

股东的退股权，又名异议股东股份收买请求权（Appraisal Right），是指股东会作出严重影响股东利害关系的决议时，股东有权请求公司购回自己的股份。该制度最早源于美国，并被加拿大、意大利、德国、西班牙、日本、韩国等立法例所确认。《公司法》第75条在我国公司法历史上首次确认了股东的退股权。根据该条规定，凡有限责任公司有该条规定的三种法定情形之一的，对股东会该项决议投反对票的股东就可请求公司按照合理的价格收购其股权。无论是哪种情形，其共同点都是有可能加大股东投资风险，直接动摇股东的投资预期。该条规定的退股制度也适用于外商投资的有限责任公司包括中外合资经营企业。至于股份有限公司的股东，根据该法第143条规定，股东因对股东大会作出的公司合并、分立决议持异议，要求公司收购其股份的，公司必须收购该股东持有的本公司股份。

我国新《公司法》允许的退股范围依然有限。其中，股份有限公司股东的法定退股情形更少。例如，根据新《公司法》第143条规定，股份有限公司股东的法定退股情形仅仅是该股东对股东大会作出的公司合并、分立决议持异议，至于公司转让主要财产并非股东退股的法定事由。因此，有必要借鉴先进立法经验，在未来公司法修改时进一步予以拓展。

二、股东退股权的作用

确认股东的退股权对维护中小股东权益至关重要。现代公司的股东会运作往往实行资本多数决原则。但严格贯彻资本多数决原则的结果是，小股东的投资预期有可能因为股东会的决议而发生突然变化。例如，公司决定与其他一家竞争力不强的公司合并时，有可能与小股东的投资理念（包括风险偏好）发生冲突。小股东即使在股东大会上投反对票，也无法阻挡股东大会的决议。为帮助小股东控制合格规避投资风险，实现大小股东的利益平衡，有必要确认股东的退股权。

确认股东的退股权对公司的控制股东也有好处。因为法律为持不同投资意见的小股东预留退出通道之后，小股东可轻而易举地通过行使股份买取请求权而退出公司。如此一来，控制股东当然可以将自己的利益和意志上升为公司的意志。一方面，控制股东享有控制权；另一方面，中小股东享有退出权，二者各得其所，共同构成了和谐的公司控制权格局。当然，为了避免小股东退出公司对公司的资本信用乃至于整体商业信誉的负面作用，控制股东和公司管理层在推行自己偏好的公司决策时也应三思而行。

确认股东的退股权也是尊重股东营利性的理性选择。股东营利性与股东分红权的实现方式，既包括股东经由股东大会的分红决议获得公司自愿分配的红利，也包括股东经由人民法院的强制分红判决而获得合理红利，还包括股东分红未果时的退出。

三、股东退股的条件

新《公司法》第75条规定了股东退股的三大法定情形。兹分述如下。

（一）长期不分红

新《公司法》第75条第1款第1项规定的第一种股东法定退股情形是，"公司连续5年不向股东分配利润，而公司该5年连续盈利，并且符合本法规定的分配利润条件"。由此可见，股东退股必须同时满足以下三个条件，三者缺一不可：

（1）公司连续5年不向股东分配利润。

（2）公司在5年内连续盈利。倘若公司在5年内连续亏损，股东可否退股？回答是否定的。理由之一是，公司吸引股东留在公司的文化理念是同甘共苦。如果说公司5年内连续盈利、但不分红的情况下允许股东退股，是为了弘扬"同甘"的理念；那么在公司5年连续亏损的情况下不允许股东退股，是为了弘扬"共苦"的理念。理由之二是,在公司连年亏损的情况下,为了保护公司债权人利益,也不允许股东退股。理由之三是,投资有风险,一旦公司连年亏损,股东当然不能退股。

(3)公司在5年内均符合《公司法》规定的分红条件。新《公司法》第167条规定了公司向股东分配红利的法定条件。

新《公司法》第75条第1款第1项规定的退股情形仅适用于有限责任公司的股东,而不适用于股份有限公司的股东。

(二)公司合并、分立、转让主要财产

这是新《公司法》第75条第1款第2项规定的股东退股条件。公司合并与分立是公司实践中的常见公司重组策略。

不慎重的公司转让主要财产足以威胁公司的存在基础,足以对公司运营的前景产生重大影响,足以从根本上动摇股东的投资预期。"主要财产"包括两个类型:一是从财产价值看,公司转让的财产价值在公司净资产中所占比例较高(如达到公司净资产30%以上);二是从用途、效能与重要性看,公司转让的财产属于公司的核心业务资产。当然,哪些公司财产属于"主要财产"在不同产业、不同规模的公司中仍要具体情况具体分析。

概括起来,无论是公司合并,还是公司分立,抑或转让主要财产,都是涉及公司生死存亡的重大决策,也是与股东利益尤其是中小股东休戚相关的重大问题,严重影响着股东在投资初期的投资预期。因此,立法允许相关股东退股。

· 根据《公司法》第143条,股份有限公司股东的法定退股情形仅仅是该股东对股东大会作出的公司合并、分立决议持异议。遇有公司转让主要财产的情形,股东只能通过股权转让告别公司。

(三)公司生命的延展

根据新《公司法》第75条第1款第3项规定,公司章程规定的营业期限届满或章程规定的其他解散事由出现,股东会会议通过决议修改章程使公司存续,也是股东的法定退股事由之一。公司在依据公司章程应予解散的情况下,也可基于多数股东的自由意思予以顺延。

延长公司寿命,符合企业维持原则,有利于提升雇员、公司高管、广大股东与其他利益相关者的福祉。但公司寿命之延长不仅破坏了股东当初投资于公司的投资预期,而且会带来不确定的投资风险,更会由于股东迟迟不能收回投资而耽搁甚或延误在其他产业或公司中的投资计划。同样,股东在这一情形下的退股权只适用于有限责任公司的股东,而不适用于股份有限公司的股东。

四、股东退股的程序

《公司法》第 75 条第 1 款未规定退股股东的持股比例与持股期限。但仅具备该条规定的法定退股情形并不当然导致股东自动退股。相反,股东退股应依循相应的正当程序。

首先,在发生法定退股情形时,股东应对股东会的相关决议投反对票。根据新《公司法》第 75 条第 1 款规定,只有立场坚定的反对派股东才有资格退股。因此,在股东会召开时,反对股东的投票应旗帜鲜明,不能左右摇摆。为避免空口无凭,股东会的主持人应安排工作人员如实记录反对股东的投票事实。

其次,反对股东应优先启动与公司的谈判程序,并在协商未果时向人民法院提起诉讼。根据新《公司法》第 75 条第 2 款规定,自股东会会议决议通过之日起 60 日内,股东与公司不能达成股权收购协议的,股东可自股东会会议决议通过之日起 90 日内向人民法院提起诉讼。

股东与公司启动股权收购协议的谈判程序并非必要的前置程序,而是立法者推出的一个倡导性规定。倘若股东跨越与公司的协商程序,迳行向人民法院提起诉讼亦无不可。人民法院不宜以原告股东尚未与公司协商谈判为由拒绝立案。

五、退股价格的确定

应鼓励公司与股东通过契约自由的谈判手段发现能为双方共同接受的合理转让价格。无论是以公司上一财务年度末的净资产为基准,还是以股东退股时的净资产为基准,抑或以公司在股东退股之前前三年财务会计报告中的净资产的平均值为基准,甚或以股东与公司自愿约定的第三价格为基准,均无不可。

如果双方当事人协商未果,拟退股股东当然可诉诸法院,请求法院指定一家具有法定资质的资产评估机构评估公司在股东退股之时的净资产。因此,人民法院在退股权诉讼中的核心裁判难点在于退股对价的确定。笔者认为,根据公司净资产和反对股东的持股比例,就可计算出反对股东股份的转让价格。由于上市公司的股票价值随时均可确定,因此上市公司股东可要求公司直接参酌股票的市场价格支付退股对价,而无须借助资产评估机构的专业活动。

第十节　股东代表诉讼提起权

一、股东代表诉讼提起权的概念和性质

股东代表诉讼，指当公司拒绝或怠于通过诉讼追究公司董事、监事、高管、控股股东、实际控制人和第三人对公司所负的义务或责任时，具备法定资格的股东有权依据法定程序以自己名义、但为了公司利益而提起诉讼。股东代表诉讼提起权是一种共益权。股东提起代表诉讼的诉讼原因属于公司整体；代表诉讼获胜的结果往往导致公司利益之取得或损失之避免，而这种结果又间接使公司股东、债权人和职工受益。

代表诉讼提起权在有限责任公司属于单独股东权，而在股份有限公司属于少数股东权。根据新《公司法》第152条规定，有限责任公司的任何股东，不论持股期限多长、持股比例几何，均可具备原告股东资格。立法者之所以如此设计制度，主要是为了鼓励小股东监督公司正常运营、维护公司整体利益。至于股份有限公司的股东，原告股东必须是连续180日以上单独或合计持有公司1%以上股份的股东。立法者之所以如此设计，主要是为了防止个别居心不良的投机股东滥用权利。

二、股东代表诉讼的被告范围

根据《公司法》第152条规定，股东代表诉讼的被告既包括董事，也包括监事、经理和其他公司经营者；既包括公司内部人，也包括公司外的第三人；既包括民事主体，也包括行政机构。

原告股东提起的股东代表诉讼既包括民事诉讼，也包括行政诉讼。当原告股东对侵害公司合法权益的民事主体提起代表诉讼时，该诉讼属民事诉讼的范畴，适用民事诉讼程序；而当原告股东对侵害公司合法权益的行政机关提起代表诉讼时，该诉讼属行政诉讼的范畴，适用行政诉讼程序。

三、原告股东提起代表诉讼的资格

依照《公司法》第152条提起代表诉讼的股东既包括记名股东，也包括无记名股东。代表诉讼制度中的原告不仅应理解为狭义的名义股东，而且应包括实质股东，如股权信托（含表决权信托）中的受益人、证券投资基金券的持有人等。实质股东提起股东代表诉讼时，即使其姓名或名称未载入股东名册

或公司登记机关的登记资料，倘若有证据证明其实质股东的资格，也有权利提起股东代表诉讼。

提起代表诉讼的原告既包括普通股东，也包括特别股东，尤其是无表决权股东。由于代表诉讼提起权与表决权是股东享有的两种平行的共益权，不得借口此类股东无表决权而限制或剥夺其代表诉讼提起权。

若股东在提起代表诉讼后死亡或消灭，则自然人股东的继承人或法人股东的概括承继人可续行代表诉讼。因为股东的继承人或概括承继人在取得股份后，就变成作为真正原告的公司的新股东，与代表诉讼当然存在着间接利害关系。

2006年4月28日最高人民法院《关于适用〈中华人民共和国公司法〉若干问题的规定》(一) 第4条指出，《公司法》第152条规定的180日以上连续持股期间，应为股东向人民法院提起诉讼时，已期满的持股时间。笔者将其理解为从股东向人民法院提起代表诉讼之日起向前追溯180日，原告依然是公司的股东。此处的"连续"，是指毫不中断的意思。提起代表诉讼的原告股东只需在起诉时连续180日持股即可，而不必在不当行为发生时就具备股东资格。

四、股东提起代表诉讼的前置程序：竭尽公司内部救济规则

根据新《公司法》第152条规定，原告股东可书面请求监事会、董事会、执行董事向人民法院提起诉讼；监事会、董事会、执行董事收到前款规定的股东书面请求后拒绝提起诉讼，或自收到请求之日起30日内未提起诉讼，或情况紧急、不立即提起诉讼将会使公司利益受到难以弥补的损害的，原告股东方有权为了公司的利益以自己的名义直接向人民法院提起诉讼。此即竭尽公司内部救济规则。

竭尽公司内部救济规则的主要作用表现在，可向公司提供由公司亲自出面提起诉讼的机会，因为公司毕竟是真正的原告。如果公司决定接受股东建议，亲自出马向责任人提起诉讼，则可节省股东提起代表诉讼的时间和费用；如果公司通过诉讼外途径（如协商、调解）能更好地维护公司利益，则公司和股东都可免掉讼累；如果股东提出的诉讼请求缺乏事实依据，公司有机会向股东作出澄清，从而避免误解和不必要诉讼活动。

根据新《公司法》第152条规定，原告股东应区分两种情况分别向不同的公司机关提出落实公司诉权的请求：董事和高级管理人员执行公司职务时违反法律、行政法规或公司章程的规定，给公司造成损失的，原告股东应请求监事会对其提起诉讼；监事执行公司职务时违反法律、行政法规或公司章程的规

定，给公司造成损失的，原告股东应请求董事会或执行董事对其提起诉讼。至于控股股东、实际控制人和第三人作为被告的，股东可请求董事会对其提起诉讼。第三股东对董事会或监事会提出上述请求时，应以书面形式为之。书面请求中应载明原告股东欲提起代表诉讼的诉讼请求、主要事实和理由。董事会或监事会经过审查，可决定由公司自己直接提起诉讼，或采取其他补救措施（如通过协商追究过错行为人的责任）。在这两种情形下均无股东提起代表诉讼之余地。

倘若监事会、董事会、执行董事拒绝了股东的书面请求，或自收到请求之日起 30 日内既不告知股东公司准备提起诉讼，也不告知股东公司不准备起诉，则适格股东有权直接挺身而出，启动股东代表诉讼程序。在第一种情况下，原告股东提起诉讼时应向法院出示董事会或监事会拒绝提起诉讼的书面请求；而在第二种情况下，原告股东提起诉讼时应向法院出示其至少在 30 日之前向董事会或监事会送达书面请求的有关证据（如公证送达文书、特快专递收据等）。原告股东应认真留存其向董事会或监事会送达书面请求的有关证据。

《公司法》第 152 条根据诚实信用原则和公平原则也设计了绿色通道制度。倘若情况紧急、不立即提起诉讼将会使公司利益受到难以弥补的损害的，原告股东有权为了公司的利益以自己的名义直接向人民法院提起诉讼，而无须坐等一个月之后才能有所作为。此类紧急情况包括但不限于公司债权即将罹于诉讼时效，被告正在隐匿、转移或毁损公司财产等。

根据《公司法》第 152 条规定，原告股东只需请求董事会（不设董事会时的执行董事）或监事会（不设监事会时的监事），而无须请求股东大会就是否提起股东代表诉讼作出决议。倘若允许股东大会作出撤诉决议，势必从根本上窒息小股东对控制股东及其支持下的公司高管提起的股东代表诉讼。

第六章 股权转让

股权转让既能促成财富流转，又能促成财富的创造；既能确保老股东顺利退出公司，又能促成新股东平稳加盟；既能降低公司资源的交易成本，又不妨碍公司的正常经营。股权转让指向的公司既包括有限公司，也包括股份公司（含上市公司）。与有限公司相比，股份公司尤其是上市公司的股权流通性更强。

第一节 有限责任公司股权转让合同的效力

一、股权转让合同的成立生效主义原则及其例外

依《合同法》第44条，依法成立的合同自成立时生效；法律、行政法规规定应办理批准、登记等手续生效的，依照其规定。鉴于《公司法》与《合同法》在股权转让合同规制方面是特别法与一般法的关系，认定股权转让合同的效力应坚持成立生效主义为原则，批准生效主义或登记生效主义为例外的司法态度。虽然批准生效主义或登记生效主义旨在贯彻社会公共政策目标、捍卫国家利益和社会公共利益，但股权转让合同毕竟为私法行为，为弘扬契约自由精神，鼓励股权流转，确认批准或登记生效的强制规定越少越好。当然，股权转让合同的批准主要限于国家股权和外商投资企业股权转让等情形。

成立生效主义原则允许买卖双方依意思自治原则，通过附条件或附期限的方式控制股权转让合同的效力。① 例如，当事人可约定合同自其办理公证之日起生效。

---

① 《合同法》第45条规定，"当事人对合同的效力可以约定附条件。附生效条件的合同，自条件成就时生效。附解除条件的合同，自条件成就时失效"；第46条规定："当事人对合同的效力可以约定附期限。附生效期限的合同，自期限届至时生效。附终止期限的合同，自期限届满时失效。"

二、一股多卖的效力

横向的一股多卖指某股东就同一股权分别与多名买方签订股权转让合同。失信股东的一股多卖行为往往欺诈多名买方，并导致激烈的新股东资格确认争讼。由于卖方在客观上只能履行其中一份合同，对其他买方而言必然陷入事实上或法律上履行不能的境地，从而招致对后者的违约责任或缔约过错责任。裁判者首先要从诸多买方中筛选出善意相对人，将此类股权买卖合同的撤销权交给善意相对人；若有多名善意买方、且其均不行使撤销权，而主张自己享有股东资格的，裁判者应根据公司股东名册或其他足以认定公司已接纳该股东的替代证据，从中筛选出公司股东；其他买方虽然不能被确认为股东，但有权根据股权买卖合同追究卖方的违约责任。

纵向的一股多卖指买卖双方签署股权买卖合同之后，买方又有可能将其未取得的股权转卖给第二买主，第二买主又有可能将自己未取得的股权卖给第三买主，依此类推。对纵向的一股多卖行为，只要各方当事人意思表示真实，作为合同标的物的股权真实合法、不属于禁止或限制流转范畴，买卖合同并不因买卖层次过多而当然无效。如果买卖合同对股权交付期限的约定环环相扣，彼此协调，也不会产生违约问题。如果发生了违约行为，守约方可以追究违约方的违约责任。

三、股东出资瑕疵对股权转让效力的影响

笔者认为，出资瑕疵的股东与足额出资的股东应享有不同权利、承担不同义务，股东出资充分与否对股东权利必然产生影响。出资瑕疵的股东既然载明于公司股东名册或公司登记机关文件，就应享有一定的权利、承担一定的义务，而不应一概否认其股东身份的存在。股权转让的实质是股东资格或股东身份的转让。因此，出资瑕疵的股东仍然有权将其有瑕疵的股东资格或股东身份转让给第三人。但不能由于股东在公司股东名册或公司登记机关登记在册，就否认出资瑕疵事实对股东权利的影响，否认该类股东的出资差额补充责任。出资的瑕疵必然导致股东权的瑕疵。

买方承受的股东资格受制于卖方的股东资格。卖方的股东资格由于出资瑕疵存在瑕疵的，买方的股东资格也存在瑕疵。此种瑕疵是否会影响股权转让合同的效力，应具体分析。如果卖方在签订股权转让合同时，将自己出资瑕疵的事实如实告知买方，买方知道或应知这一事实，仍然受让卖方出让的股份，则股权转让合同有效，而且买方与卖方应就瑕疵出资导致的民事责任承担连带责

任。如果卖方在签订股权转让合同时，隐瞒了自己出资瑕疵的事实，致使买方签订股权转让合同时不知道这一事实，并因此而受让股权，则买方有权以被欺诈为由请求人民法院或仲裁机构撤销或变更股权转让合同。

四、无效或可撤销的股权转让合同的处理

与一般交易合同尤其是普通商品买卖合同不同，股权转让合同的签订与实际履行不仅直接影响转让双方之间的利益格局，而且间接波及合同外的利益相关者（包括公司、债权人、劳动者）的切身利益。因为，股权转让合同一旦履行，不仅转让双方之间发生对价的对待给付，而且买方有可能参与公司的实际经营管理，改变公司的经营理念、经营方针，甚至从根本上扭转公司原有的经营与财务状况。倘若股权转让合同嗣后被确认无效或撤销，必然在转让双方及其公司利益相关者之间掀起轩然大波。为尊重转让双方的契约自由，促成和成全股权交易活动，人民法院或仲裁机构应尽量维持股权转让合同的效力。具体说来，在确认股权转让合同无效时，应严格把握合同无效的构成要件；在撤销股权转让合同时，对可撤销也可不撤销的股权转让合同，应尽量不撤销。在有机会弥补股权转让合同的效力瑕疵时，应尽量允许当事人弥补瑕疵，将有瑕疵的股权转让合同转化为有效的股权转让合同。

根据《合同法》第58条的规定，合同无效或被撤销后，因该合同取得的财产，应予以返还；不能返还或没有必要返还的，应折价补偿。有过错的一方应赔偿对方因此所受到的损失，双方都有过错的，应各自承担相应的责任。可见，返还财产（折价补偿）与赔偿损失乃股权转让合同被确认无效或撤销之后的主要处理措施。

就返还财产而言，转让双方都应将其从对方取得的财产予以返还，从而将合同双方当事人之间的利益关系恢复到无效合同缔结前的状态。就赔偿损失而言，转让双方对由于自己过错而给对方造成的实际财产损失（包括直接财产损失与间接财产损失）应承担赔偿责任。当然，赔偿的损失仅限于返还财产之后仍无法消弭的财产损失。买方在实际经营管理公司期间不法侵害公司合法权益的行为不仅导致公司利益直接受损，而且导致股东利益间接受损。在这种情况下，只要公司遭受的损害获得了赔偿，卖方作为股东的利益损失也将获得补偿。在计算卖方作为原告股东的持股期间时，卖方的股东资格视为未中断。

五、公司章程条款对股权转让行为的影响

基于公司自治与股东自治精神，公司法允许有限责任公司章程对股权转让

自由予以限制或鼓励。例如，新《公司法》第 72 条第 3 款规定："公司章程对股权转让另有规定的，从其规定。"又如，新《公司法》第 76 条一方面原则允许自然人股东死亡后由其合法继承人继承股东资格，另一方面在但书条款中允许公司章程另作相反规定。据此，章程条款可以约定："因继承取得股权的，经全体股东半数以上同意，取得股东资格。未取得同意的，必须依照公司法有关股权转让的限制性规定转让股权。"

但公司章程的规定不得违反法律和行政法规中的强制性规定，不得侵害股东的固有权。例如，公司章程不得禁止股东转让股权。又如，公司章程不得禁止股东依法退股。再如，公司章程不得授权股东会随时作出决议，无故开除某股东的股东资格，或无故强迫某股东向股东会决议指定的股东出让股权。

第二节　有限责任公司股权变动的效力

一、股权转让合同与股权变动的效力关系

合同生效的时间不同于合同项下股权的变动时间。如同物权行为独立于债权行为，股权变动行为亦卓然独立于股权转让合同。法院或仲裁机构不得以股权变动尚未发生为由否认股权转让合同的效力。生效的股权转让合同仅产生卖方将其所持股权让渡给买方的合同义务，而非导致股权的自动、当然的变动。纵使股权转让合同生效，倘若卖方拒绝或怠于协助买方将合同项下的股权过户给买方，股权仍属于卖方，只不过买方有权根据《合同法》追究卖方的违约责任。

股权转让合同与股权变动的效力既有区别，也紧密相连。从逻辑上看，取得股权是买方缔约履约的目的，缔约履约是取得股权的手段。鉴于股权变动以股权转让合同生效为前提，买方欲圆满取得股权，应重视缔约履约的细节管理尤其是尽职调查工作。鉴于公司内部登记生效主义与公司外部登记对抗主义的法律意义，买方还要关注股权变动自身的法律规则，及时跨越公司内部登记与公司外部登记的双重法律门槛，以避免股权受让目的的落空。

二、股权变动效力的界定

受让方关注股权转让合同的效力，更关注股权变动的效力。《公司法》第 74 条规定："转让股权后，公司应当注销原股东的出资证明书，向新股东签发出资证明书，并相应修改公司章程和股东名册中有关股东及其出资额的记

载。"此处的"转让股权后"当指股权转让合同生效后。因此，从逻辑关系上看，股权转让合同生效在前，注销（签发）出资证明书、修改公司章程和股东名册中有关股东及其出资额的记载在后。

除了公司内部的股权登记变动行为，该法第33条第3款还规定了公司外部的股权登记变动行为："公司应当将股东的姓名或者名称及其出资额向公司登记机关登记；登记事项发生变更的，应当办理变更登记。未经登记或者变更登记的，不得对抗第三人。"

可见，公司无论是在公司内部登记变动中，还是在公司外部登记变动中，都扮演着承上启下的重要角色。只不过，公司内部登记的变动主体是公司，而公司外部登记的变动主体是公司登记机关。接踵而至的问题是，股东权何时发生变动？是以股权转让合同生效之时为准，还是以公司将受让方载入股东名册之时为准，抑或公司在公司登记机关办理股东变更登记之时为准，在司法实践中，易生歧义。

结合前述两条的立法原意，兼顾受让方的缔约目的与善意第三人的信赖利益，应当对股权变动采取公司内部登记生效主义与公司外部登记对抗主义相结合的态度。就公司内部关系而言，公司股东名册的变更登记之时视为股权交付、股东身份（股东投资权利、义务、风险和收益）开始转移之时。就公司外部关系而言，公司登记机关的股权变更登记行为具有对抗第三人的效力。此种态度一方面有利于受让方取得和行使股权；另一方面，也有利于对善意第三人的保护。

三、公司内部登记生效主义

所谓公司内部登记生效主义，指公司内部的股权登记变动之时即为股权变动之时。其法理依据在于，股权关系是股东与公司之间的法律关系，只有公司最清楚自己的股东姓甚名谁。基于此，只能以公司将受让方载入股东名册之时或者公司向新股东签发出资证明书之时作为股权变动之时。

根据2005年《公司法》第74条的规定，转让股权后，公司应当注销原股东的出资证明书，向新股东签发出资证明书，并相应修改公司章程和股东名册中有关股东及其出资额的记载。可见，办理公司内部股东名册变更的直接后果是导致股权的变动。

就公司内部的股权登记变动程序而言，股权转让合同生效后，受让方有权向公司出示其股权转让合同，并请求公司向自己签发出资证明书，将公司章程和股东名册中的"转让方"的股东身份替换为"受让方"的股东身份。协助受让方办理公司内部的变更登记手续，是股权转让所在公司根据 2005 年《公司法》第 74 条肩负的一项法定义务。倘若公司怠于或者拒绝办理内部变更登记手续，受让方有权对其提起诉讼，请求法院责令公司继续履行法定协助义务。受让方因此而遭受实际损失的，有权请求公司予以赔偿。即使公司已经向转让方履行了义务（如参会通知义务、股利给付义务），仍不得免除公司对受让方的协助义务。根据《合同法》第 60 条第 2 款规定的合同附随义务，转让方也有义务提供协助，如向公司交还出资证明书、确认其已向受让方转让股权的事实。

四、公司外部登记对抗主义

公司外部登记对抗主义，指在公司登记机关的股权变更登记行为具有对抗第三人的效力。就公司外部关系而言，股权转让合同原则上自合同成立之日起生效（履行批准或登记生效手续的除外）、股东权自公司股东名册变更登记之日起移转，但由于股东身份及其持股比例的变更属于公司公示事项，公司应当前往公司登记机关办理股权转让合同登记手续。此种登记从性质上看，属于对抗第三人的效力。

《公司法》第 33 条第 3 款一方面要求"公司应当将股东的姓名或者名称及其出资额向公司登记机关登记；登记事项发生变更的，应当办理变更登记"；另一方面，从反面明确了公司外部股权登记变动行为的对抗效力："未经登记或者变更登记的，不得对抗第三人。"所谓对抗第三人的效力，指股权变动信息经由公司登记机关披露给社会公众以后，应当推定社会公众知道或者应当知道这些披露信息。此处的"第三人"相对公司以及转让方之外的民事主体而言，仅指善意第三人，不包括恶意第三人以及具有重大过失的第三人。

《公司法》第 33 条第 3 款之所以采取公司外部登记对抗主义的立法态度，是由于公司登记机关的登记文件的公信力和证明力高于公司内部的股东名册或出资证明书，善意第三人（包括潜在的股东权受让方和公司的债权人）有权信赖公司登记机关的登记文件。

《公司登记管理条例》第 35 条第 1 款规定，"有限责任公司股东转让股权的，应当自转让股权之日起 30 日内申请变更登记，并应当提交新股东的主体资格证明或者自然人身份证明"。其中的"转让股权之日"显然指"股权过户之日"或者"公司股东名册变更之日"。办理股东变更登记的义务主体为公司，而非股权转让方或者受让方。当然，受让方有权督促公司及时前往公司登记机关办理股东变更登记手续。倘若公司拒绝或者怠于办理，则属违反法定义务的行为，受让方有权向法院对公司提起及时办理股东变更登记手续之诉。公司登记机关也应随时应公众之请求，开放查阅有关股东身份的登记资料。

第三节　有限责任公司股东向非股东
转让股权的特殊限制规则

一、限制规则之一：其余老股东的同意权与否决权

为使有限责任公司股东的股权转让自由更具有弹性和效率，预防股权转让中的"卡壳"现象，《公司法》第72条第2款规定："股东向股东以外的人转让股权，应当经其他股东过半数同意。股东应就其股权转让事项书面通知其他股东征求同意，其他股东自接到书面通知之日起满30日未答复的，视为同意转让。其他股东半数以上不同意转让的，不同意的股东应当购买该转让的股权；不购买的，视为同意转让。"

反对股东超过合理期限未与拟出让股东签订股权转让协议的，参酌《合同法》第94条第4项有关迟延加催告的解除合同规则，出让股东有权催告反对股东在合理顺延的期限内（如7日内）与其签约；若反对股东仍然拒绝或怠于签约，则出让股东有权向非股东转让股权。

二、限制规则之二：老股东的优先购买权

为维系有限责任公司股东之间的人合性，《公司法》第72条第3款规定了老股东的优先购买权，并明确了优先购买权的行使方法："经股东同意转让的股权，在同等条件下，其他股东有优先购买权。两个以上股东主张行使优先购买权的，协商确定各自的购买比例；协商不成的，按照转让时各自的出资比例行使优先购买权。"

根据契约自由的精神，出让股东可与反对股东另行协商确定更高或更低的价格。倘若无法达成一致意见，出让股东有权要求反对股东以出让股东对第三人的报价购买股权；倘若反对股东拒绝，则视为其放弃优先购买权。

三、侵害老股东同意权与优先购买权的股权转让合同的效力

在有限责任公司的语境下，股东向非股东转让股权时，必须尊重其余股东的同意权与优先购买权。倘若有限责任公司股东向非股东转让股权的行为未尊重老股东同意权与优先购买权，则股权转让合同应界定为可撤销合同。因为，

这类合同违反了公司法有关出让股东行使处分权的法定限制条款，侵害了其余股东的法定优先购买权；而且其他股东是否有意、是否具有财力行使优先购买权并不确定。为早日安定股权交易秩序，可参照《合同法》第55条有关撤销权除斥期间的规定，将股东行使撤销权的除斥期间锁定为1年，自买方记载于公司股东名册之日起算。

原告股东在提起撤销股权转让合同之诉时，可一并提出由自己行使优先购买权的诉讼请求。这是由于，原告股东提起撤销合同之诉的主要动机源于优先购买权。至于购买价格，除非出让股东与购买股东另有相反约定，应以被撤销的股权转让合同约定的价格为准。这样，既可以预防出让股东的道德风险（例如，向其余股东作出转让款虚高的虚假陈述），也可提高股权转让效率。那么，允许原告股东一并提出行使优先购买权的诉讼请求是否会害及其他股东的同意权和优先购买权？回答是否定的。因为，倘若其他股东也珍惜、在意优先购买权，也可以通过诉讼为之。倘若多名股东主张优先购买权，可由其协商确定各自的持股比例；无法协商确定的，可根据原告股东在其共同持股比例中的相对份额确定。

四、老股东坚持受让部分股权，导致非股东放弃购买其余股权的问题

倘若股东甲向第三人转让股权时，股东乙仅愿意按照该股权转让合同规定的价款和其他条件对股东甲出让的部分股权行使优先购买权，但拒绝或无力受让股东甲出让的全部股权。但如此一来，有可能导致第三人不愿受让股东甲持有的剩余股权。在这种情形下，股东甲可否拒绝股东乙就部分股权行使优先购买权？具体说来，将蕴涵控制权的股权拆分出售对买卖双方都存在许多弊端：首先，卖方的股权转让自由受到限制，出售控制权的溢价利益被剥夺；其次，买方的价款负担虽然大幅降低，但享有的控制权价值已大幅衰减，有志于购买控制股权的潜在买方必然望而却步。

鉴于股权比例高意味着出资金额高、转让价款高、控制力强，应当尽量兼顾股东乙的优先购买权与股东甲的股权转让自由；倘若无法同时兼顾，应优先保护股东甲的股权转让自由。具体说来，可区分以下三种情况：（1）如果股东乙仅愿意按照该合同约定价款对部分股权行使优先购买权，而第三人只愿意受让全部股权、而不愿意受让剩余股权时，股东甲可拒绝股东乙的优先购买权，并将其股权转让给第三人。（2）如果股东乙仅愿意对部分股权行使优先购买权，第三人也愿受让剩余股权，股东甲应将其所持股份一分为二，分别让渡给股东乙与第三人。（3）如果股东乙愿按照合同约定价款对全部股权行使

优先购买权，此种优先权应受到尊重。

第四节　外商投资有限责任公司股权转让的特殊规则

一、特殊的转让规则

与《公司法》有关股权转让的规定相比，我国《中外合资经营企业法》及其实施条例对中外合资经营企业的股权转让规定了特别的生效程序。根据2005年《公司法》第218条的规定，外商投资的有限责任公司和股份有限公司适用公司法；有关外商投资的法律另有规定的，适用其规定。因此，判断外商投资企业股权转让行为是否生效，应当严格遵守《中外合资经营企业法》及其实施条例的特别规定。

《中外合资经营企业法实施条例》第20条规定了中外合资经营企业的股权转让程序："合营一方向第三者转让其全部或者部分股权的，须经合营他方同意，并报审批机构批准，向登记管理机构办理变更登记手续。合营一方转让其全部或者部分股权时，合营他方有优先购买权。合营一方向第三者转让股权的条件，不得比向合营他方转让的条件优惠。违反上述规定的，其转让无效。"

可见，中外合资经营企业股东权转让行为欲生效离不开四个步骤：（1）签署股权转让协议；（2）征得合营他方同意；（3）报请审批机构批准；（4）前往公司登记管理机构办理变更登记。这四个步骤缺一不可，旨在维护外商投资有限责任公司作为外商投资企业的特殊性以及股东之间的人合性，保持审批机构对中外合资经营企业股东身份的有效监管。从总体来看，中外合资经营企业股东转让股权的程序比起一般的有限责任公司要复杂些。

属于有限责任公司的外商投资企业既有中外合资经营企业，也有中外合作经营企业。为论述方便，本节仅以中外合资经营企业为例予以剖析。

二、未经审批机构批准的股权转让协议的效力

未经审批机构批准的股权转让协议的效力如何？无效抑或未生效？《中外合资经营企业法实施条例》第20条指出，违反审批规定的股权"转让无效"。由于《中外合资经营企业法实施条例》为行政法规，《合同法》第52条又将违反法律、行政法规的强制性规定的合同视为无效，许多法院或者仲裁机构裁判此类股权转让协议无效。这也是司法实践中的通常做法。

《合同法》第 44 条规定："依法成立的合同，自成立时生效。法律、行政法规规定应当办理批准、登记等手续生效的，依照其规定。"因此，外商投资公司的股权转让只有获得审批机构的批准才能生效。又根据最高人民法院1999 年 12 月 19 日发布的《关于适用〈中华人民共和国合同法〉若干问题的解释（一）》第 9 条第 1 款的规定，依照《合同法》第 44 条第 2 款的规定，法律、行政法规规定应当办理批准手续，或者办理批准、登记等手续才生效，在一审法庭辩论终结前当事人仍未办理批准手续的，或者仍未办理批准、登记等手续的，人民法院应当认定该合同未生效。依反对解释，必须办理批准手续才生效的合同，倘若在一审法庭辩论终结前当事人办理了批准手续，则该合同应当认定有效。

再参酌 2005 年 12 月 26 日最高人民法院印发的《第二次全国涉外商事海事审判工作会议纪要》第 88 条规定，"外商投资企业的股权转让合同，应当报经审查批准机关审查批准，在一审法庭辩论终结前当事人未能办理批准手续的，人民法院应当认定该合同未生效"。

最高人民法院的上述司法解释和司法态度既体现了尊重审批机关对外商投资企业的股权转让合同依法监管的理念，又体现了成全股权转让双方当事人意思自治的思想，可谓对《合同法》第 44 条规定的忠实解释。笔者认为，应当将未经审批机构批准的股权转让协议视为已成立、未生效的行为。

三、股权转让合同的效力与股权变动效力的区分

股权转让合同究自何时起生效，是自批准之时，还是自登记之时开始生效，对转让双方的权利义务以及外商投资企业的正常运营影响甚大。

为充分贯彻公权力对私法行为的适度干预，并早日确定转让双方之间的权利义务关系，笔者认为，应当严格区别股权转让合同的效力与股权变动的效力。其中，股权转让合同自股权转让合同被审批机构批准之日开始生效，而非股东名册变更之日，亦非公司登记机关办理股东变更登记之日。毕竟，股权变动以及股权变动事实的公示仅是合同履行的结果，而非合同生效的条件。恰恰在审批机构审批之日，转让双方的契约自由获得了公权力的首肯。

至于股权变动的效力，应当补充适用 2005 年《公司法》第 33 条的规定，将股东名册变更之日视为股权变动之日，而将公司登记机关办理股东变更登记之日视为可以有效对抗第三人之日。对此，对外贸易经济合作部与国家工商行政管理局 1997 年发布的《外商投资企业投资者股权变更的若干规定》第 3 条规定，"企业投资者变更股权应遵守中国有关法律、法规，并按照本规定经审

批机关批准和登记机关变更登记。未经审批机关批准的股权变更无效"。但是该条没有规定未经登记机关变更登记的股权变更无效。更重要的是,《外商投资企业投资者股权变更的若干规定》第 20 条规定:"股权转让协议和修改企业原合同、章程协议自核发变更外商投资企业批准证书之日起生效。协议生效后,企业投资者按照修改后的企业合同、章程规定享有有关权利并承担有关义务。"

可见,审批机关的批准是中外合资经营企业股权转让合同生效的前置程序。至于公司登记机关变更登记手续的目的仅在于确认股权变动的事实、保护善意第三人。股权转让未在公司登记机关办理变更登记手续,原则上并不影响其法律效力。

第五节　股份有限公司的股份上市

一、股份上市的概念、种类与作用

股份上市,指把股份在证券交易所挂牌交易的行为。股份上市的实质是把股份纳入证券交易所集中交易的客体,方便证券公司和证券投资者买卖上市股份,从而加速上市股份证券的流转和流通,更好地发挥证券市场在优化资源配置中的积极作用。

股份上市主要有两种途径:一是初始上市,即由拟上市公司向证券交易所提出申请,由证券交易所依法审核同意,并由双方签订上市协议;二是借壳上市,即非上市公司通过收购一家上市公司的控制股份而实现间接上市的目的。

二、股票上市程序

股份有限公司申请其股票上市交易,是关系到证券投资者利益和证券市场安全的大事。因此,股份有限公司申请其股票上市交易不是一般的民事行为,不能完全适用契约自由原则,仅由证券交易所和股份有限公司说了算。

申请证券上市交易,应当向证券交易所提出申请,由证券交易所依法审核同意,并由双方签订上市协议。申请股票的上市交易,应当聘请具有保荐资格的机构担任上市保荐人。

申请股票上市交易,应当向证券交易所报送下列文件:(1)上市报告书;(2)申请股票上市的股东大会决议;(3)公司章程;(4)公司营业执照;(5)依法经会计师事务所审计的公司最近 3 年的财务会计报告;(6)法律意见书和上市保荐书；（7）最近一次的招股说明书；（8）证券交易所上市规则规定的其他文件。

股票上市交易申请经证券交易所审核同意后，签订上市协议的公司应当在规定的期限内公告股票上市的有关文件，并将该文件置备于指定场所供公众查阅。签订上市协议的公司除公告前条规定的文件外，还应当公告下列事项：（1）股票获准在证券交易所交易的日期；（2）持有公司股份最多的前十名股东的名单和持股数额；（3）公司的实际控制人；（4）董事、监事、高级管理人员的姓名及其持有本公司股票和债券的情况。

三、股票上市条件

2005年《证券法》第50条规定了股份有限公司股票上市的条件：（1）股票经国务院证券监督管理机构核准已公开发行；（2）公司股本总额不少于人民币三千万元；（3）公开发行的股份达到公司股份总数的25%以上；公司股本总额超过人民币四亿元的，公开发行股份的比例为10%以上；（4）公司最近3年无重大违法行为，财务会计报告无虚假记载。但证券交易所可以规定高于前款规定的上市条件，并报国务院证券监督管理机构批准。国家鼓励符合产业政策并符合上市条件的公司股票上市交易。

具备上市条件的公司应否上市，应当审慎权衡。不上市有助于简化股东关系，避免股东人数激增引发的股东纠纷，避免公司信息披露的繁琐与成本。上市有助于提升公司的知名度和透明度，增强公司的融资能力。

四、股票暂停上市与终止上市

上市公司有下列情形之一的，由证券交易所决定暂停其股票上市交易：（1）公司股本总额、股权分布等发生变化不再具备上市条件；（2）公司不按照规定公开其财务状况，或者对财务会计报告作虚假记载，可能误导投资者；（3）公司有重大违法行为；（4）公司最近3年连续亏损；（5）证券交易所上市规则规定的其他情形。

上市公司有下列情形之一的，由证券交易所决定终止其股票上市交易：（1）公司股本总额、股权分布等发生变化不再具备上市条件，在证券交易所规定的期限内仍不能达到上市条件；（2）公司不按照规定公开其财务状况或者对财务会计报告作虚假记载，且拒绝纠正；（3）公司最近3年连续亏损，在其后一个年度内未能恢复盈利；（4）公司解散或者被宣告破产；（5）证券交易所上市规则规定的其他情形。

上市公司对证券交易所作出的不予上市、暂停上市、终止上市决定不服的，可以向证券交易所设立的复核机构申请复核。

五、上市公司的信息披露义务

基于证券市场的公开透明原则，上市公司必须依照法律、行政法规的规定，公开其财务状况、经营情况及重大诉讼，在每会计年度内半年公布一次财务会计报告。发行人、上市公司依法披露的信息，必须真实、准确、完整，不得有虚假记载、误导性陈述或者重大遗漏。上市公司董事、高级管理人员应当对公司定期报告签署书面确认意见；上市公司监事会应当对董事会编制的公司定期报告进行审核并提出书面审核意见；上市公司董事、监事、高级管理人员应当保证上市公司所披露的信息真实、准确、完整。

上市公司及其高管违反了信息披露义务，应当承担相应的法律责任。上市公司公告的财务会计报告、上市报告文件、年度报告、中期报告、临时报告以及其他信息披露资料，有虚假记载、误导性陈述或者重大遗漏，致使投资者在证券交易中遭受损失的，上市公司应当承担赔偿责任；上市公司的董事、监事、高级管理人员和其他直接责任人员以及保荐人、承销的证券公司，应当与上市公司承担连带赔偿责任，但是能够证明自己没有过错的除外；上市公司的控股股东、实际控制人有过错的，应当与发行人、上市公司承担连带赔偿责任。

第六节　股份有限公司的股份转让

一、股份转让的概念与作用

股份转让，指股东将其所持股份及其蕴涵的股东权移转于他人的民事行为。受让人因此成为公司新股东，取得股东权。股份转让有助于股份有限公司股东回收投资。虽然股东可在法定条件下依法定程序通过公司减少资本、公司回购自己股份等方式脱离公司，但是这些退出方式的适用范围极其狭窄，权利行使成本过高。与之相比，股份转让则是一种最简便易行的股权投资退出通道。

成千上万的股份转让行为汇聚成了现代化的多层次的证券交易市场尤其是证券交易所的集中交易市场。证券交易所和集中交易系统的出现反过来又进一步推动了股份转让行为的自由化、高效化。股份转让有助于为潜在的股东提供进入特定公司股权投资的绿色通道。

二、股份自由转让原则

股份自由转让原则，指股东有自主决定是否转让其所持股份、何时转让、转让给何人、转让多少股份、转让价格几何。除非法律另有规定，任何人均不得强制股东出让其股东权。我国《公司法》第138条亦规定，"股东持有的股份可以依法转让"。确认股份自由转让原则既方便现有股东离开公司变现投资收益，又方便潜在投资者加入公司追求投资收益。根据股东有限责任原则，公司财产为公司债权人唯一担保，股东原则上不能退股。既然股东不能退股，立法者就要允许股东退出公司，承认股份自由转让原则。这样，在公司经营业绩滑坡、证券市场低迷时，股东可以急流勇退，抛出股份，从而控制自己的投资风险；而在公司经营业绩辉煌、证券市场强劲时，股东可以转让其股份，从而博取股份买卖差价。股东买卖股份的动因可能不止于公司经营业绩与证券市场的因素，还会基于对自身财力状况、投资战略、投资计划、投资偏好等诸种因素的综合考虑，随时作出买卖股份的投资决策。潜在投资者也可随时进入具有投资价值的公司。

股份自由转让原则还有利于完善公司治理。股东对公司经营者不满时，面临两种对策：一是在股东大会上用手投票，行使表决权；二是在证券交易场所用"脚"投票，抛售所持股份。如果股东不愿费时耗力地通过股东大会罢免经营者或者改变公司经营方针，抛售股份则是成本低廉的短平快的自我保护策略。

股份自由转让原则是股份公司的本质要求，也是强行性法律规范中的效力规定。违反该原则、限制股份自由转让的公司章程条款、股东大会决议、董事会决议应归于无效。股东大会或董事会决议无权强制股东将其股份转让给第三人，更无权开除小股东。

三、集中竞价交易转让与非集中竞价交易

以其交易是否采用集中竞价机制为准，股份转让可分集中竞价交易与非集中竞价交易。非集中竞价交易包括协议转让（包括大宗交易）、行政划拨、司法裁判、赠与、继承、共有财产分割等方式。《公司法》第139条规定，"股东转让其股份，应当在依法设立的证券交易场所进行或者按照国务院规定的其他方式进行"。这里的"其他方式"主要包括协议转让。非集中竞价交易行为在办完相关手续后，仍要在证券登记结算公司办理清算过户。集中交易是流通

性最高的股权转让方式之一，但不是唯一的转让方式。《外国投资者对上市公司战略投资管理办法》也肯定外国投资者可以通过协议转让方式进行战略投资，取得上市公司 A 股股份。中国证监会《关于上市公司股权分置改革的指导意见》第 20 条指出，要完善协议转让和大宗交易制度，平衡市场供求。

针对股票的集中交易方式，《证券法》第 39、40 条进一步明确要求，依法公开发行的股票应当在依法设立的证券交易所上市交易或者在国务院批准的其他证券交易场所转让。而证券在证券交易所上市交易，应当采用公开的集中交易方式或者国务院证券监督管理机构批准的其他方式。上市公司的股票，依照有关法律、行政法规及证券交易所交易规则上市交易（《公司法》第 145条）。《证券法》第三章专门就证券交易的一般规定、证券上市、持续信息公开和禁止的交易行为等内容作了详细规定。

四、无记名股票的转让

《公司法》第 141 条规定，"无记名股票的转让，由股东将该股票交付给受让人后即发生转让的效力"。因此，股票的交付即移转股票的占有，不是单纯的对抗要件，而是权利移转的生效要件。股票占有人可被推定为合法的股东。依《物权法》动产物权的设立和转让，自交付时发生效力，但法律另有规定的除外（第 23 条）。动产物权转让前，权利人已经依法占有该动产的，物权自法律行为生效时发生效力（第 25 条）。动产物权转让前，第三人依法占有该动产的，负有交付义务的人可以通过转让请求第三人返还原物的权利代替交付（第 26 条）。动产物权转让时，双方又约定由出让人继续占有该动产的，物权自该约定生效时发生效力（第 27 条）。动产的以上交付方法原则上适用于股票的交付。就上市公司股票而言，由于证券登记结算机构是法定的股票托管机构，当证券登记结算机构将转让人的股票划入受让人的账户之时，即应视为股票交付之时。

五、记名股票的转让

记名股票之转让除了与无记名股票之转让一样须有转让的意思表示和股票交付外，尚有自己的特点。我国《公司法》第 140 条第 1 款规定，记名股票，由股东以背书方式或者法律、行政法规规定的其他方式转让；转让后由公司将受让人的姓名或者名称及住所记载于股东名册。可见，除法律或行政法规另有规定外，股东转让记名股票时须在股票背面签名以示其愿将股票所表明的股份移转于被背书人，此即记名股票的背书行为。背书为记名股票的唯一转让方式。受让人取得被背书的股票时，即成为该股票的合法持有人，取得股东资格，并可据以对抗第三人。记名股票的背书转让与无记名股票转让相比，转让节奏放慢了，但对保护股份转让的妥当性与安全性来说不失为妥当之道。

办理股东名义过户的法律效力在于，股票受让人只要办理了股东名义过户程序，即可被赋予形式上的股东资格。基于此种资格，新股东即可向公司行使权利，公司亦把具备此种形式资格的股东作为股东对待，而无须证明其为实质性股东，只要公司对此不存恶意或重大过失，即发生公司免责的效力。可见，无论是记名股票的受让人，抑或无记名股票的受让人，虽然可对抗第三人，但欲取得形式上的股东资格，从而据以对抗公司，均应办理股东名义过户手续。倘若股票持有人的前手未办理股东名义过户手续，则该股票持有人无权直接请求公司将自己的姓名或名称及其联系地址载入股东名册。

股东名义过户手续仅为高效、低成本地妥善处理股份受让人与公司关系而设。因此，股东名义过户手续仅为对抗公司要件，而非股份转让的生效要件。倘若受让人没有及时将其姓名或名称及其联系地址载入股东名册，公司固然有权拒绝承认股票持有人的股东身份，但转让人与受让人之间的股份转让合同效力不因此而受影响。受让人仍享有股东名义更换请求权，仍有权将其所持股份以背书方式转让给第三人，但不得以其受背书转让而行使股东大会参加权和股利分取请求权等权利。

由于股东名册的过户手续能为股票受让人提供形式上的股东资格，故作为受让人的股东依法享有股东名义更换请求权。此项权利应为我国《公司法》第145条第2款的题中应有之义，且应理解为固有权。当股票受让人请求公司办理股东名义更换手续时，公司除有正当的客观性理由（如在股东名册闭锁的场合、或者公司有充分证据证明股票持有人并非真正权利人），不得拒绝；否则，应对提出此种请求的股东负损害赔偿责任，且应承担公法责任（主要为行政处罚）。股东名义更换请求权，可由受让人自己单独行使，无须转让人之协助。

但在股东大会召开前20日内或者公司决定分配股利的基准日前5日内，不得进行前款规定的股东名册的变更登记。但法律对上市公司股东名册变更登记另有规定的，从其规定（《公司法》第140条第2款）。在这一期间内，记名股东仍可自由转让其股份，只不过不能办理股份过户手续而已。既然不得进行股东名册的变更登记，纵使受让人提出申请，也不产生变更登记之效力。只有股东大会召开前20日以前记载于股东名册的股东始能出席股东大会并行使与表决权相联的其他权利，只有公司决定分配股利的基准日前5日以前记载于股东名册的股东始能行使股利分配请求权。之所以如此，旨在早日确定有权参加股东大会、以及有权受领股利的股东身份，提高公司的运作效率。

倘若记名股票被盗、遗失或者灭失，股东可以依照《民事诉讼法》规定的公示催告程序，请求人民法院宣告该股票失效。人民法院宣告该股票失效后，股东可以向公司申请补发股票（《公司法》第 144 条）。

第七节　股份有限公司股份转让的法律限制

一、发起人转让股份的限制

为强化公司发起人对公司和其他投资者的责任感，落实公司设立的严格准则主义精神，预防公司发起人在设立公司过程中投机钻营、赚取发起报酬和其他特别利益、不当转嫁投资风险，《公司法》第 142 条第 1 款规定，"发起人持有的本公司股份，自公司成立之日起 1 年内不得转让"。

若发起人违反规定期限与他人订立股份转让合同，则该合同归于无效；但受让人为善意第三人的，转让合同例外有效。善意受让人应当同时满足以下两大条件：（1）受让人在主观上有足够理由信赖转让方具有股权、但不具备发起人身份；（2）受让人在客观上支付了合理对价。发起人亦不得通过减资手段违反股东平等原则，专门消除自己的股份，以达到和转让股份相同的目的。

《公司法》对发起人转让股份的限制既及于发起人，也及于发起人的继承人或通过合并、分立而概括承受其权利义务关系的法人。为将该限制贯彻到底，《公司法》第 129 条第 4 款要求发起人的股票标明"发起人股票"字样。

为预防原始股东的道德风险、保护受让股份的投资者的投资安全，公司公开发行股份前已发行的股份，自公司股票在证券交易所上市交易之日起一年内亦不得转让（《公司法》第 142 条第 1 款）。

二、董事、监事和高级管理人员转让股份的限制

2005 年新《公司法》和《证券法》本着宽严相济、疏堵结合的指导思想，对上市公司董事、监事、高级管理人员买卖本公司股票的时点和比例作了限制性规定。为贯彻落实《公司法》、《证券法》中的前述规定，加强对上市公司董事、监事和高级管理人员所持本公司股份及其变动的管理，中国证监会于 2007 年 4 月 5 日发布了《上市公司董事、监事和高级管理人员所持本公司股份及其变动管理规则》（以下称《规则》）。为进一步明确办理程序，深圳证

券交易所和中国证券登记结算有限责任公司深圳分公司根据《公司法》、《证券法》、《规则》于 2007 年 5 月 9 日共同发布了《深圳证券交易所上市公司董事、监事和高级管理人员所持本公司股份及其变动管理业务指引》。

上市公司董事、监事和高级管理人员所持本公司股份包括登记在其名下的所有本公司股份，既包括 A 股、B 股，也包括在境外发行的本公司股份。上述人员所持本公司股份既包括登记在其名下的所有本公司股份，也包括其从事融资融券交易时记载在其信用账户内的本公司股份。《规则》将"转让"界定为通过集中竞价、大宗交易、协议转让等方式主动减持所持股份的行为，不包括因司法强制执行、继承、遗赠、依法分割财产等原因导致的股份变动情形。

公司董事、监事、高级管理人员应当向公司申报所持有的本公司的股票及其变动情况，在任职期间每年转让的股票不得超过其所持有本公司股票总数的 25%。上市公司当年没有新增股份时，上市公司董事、监事和高级管理人员以上年末其所持有本公司发行的股份为基数，计算其中可转让股份的数量。上市公司当年新增股份时，要区分两种情况分别对待当年新增股票：因转增股本等形式进行权益分派导致董事、监事和高级管理人所持本公司股份增加的，可同比例增加当年可转让数量；因其他原因（因上市公司公开或非公开发行股份、实施股权激励计划等）新增股份的，新增无限售条件股份当年可转让 25%，新增有限售条件的股份不能减持，但计入次年可转让股份的计算基数。

为避免上市公司董事、监事和高管人员利用信息优势为自我牟利，《规则》第 13 条借鉴中国证监会发布的《上市公司股权激励管理办法（试行）》，禁止上市公司董事、监事和高管人员在以下期限买卖本公司股票：（1）上市公司定期报告公告前 30 日内；（2）上市公司业绩预告、业绩快报公告前 10 日内；（3）自可能对本公司股票交易价格产生重大影响的重大事项发生之日或在决策过程中，至依法披露后 2 个交易日内；（4）证券交易所规定的其他期间。

鉴于发起人及其利害关系人往往在公司成立后担任公司的董事、监事、高级管理人员，为预防董事、监事、高级管理人员在公司设立阶段发生道德风险，其所持本公司股票自公司股票上市交易之日起 1 年内不得转让（《公司法》第 142 条第 2 款）。为预防董事、监事、高级管理人员在任期内发生道德风险，此类人员离职后半年内不得转让其所持有的本公司股票。公司章程可以对公司董事、监事、高级管理人员转让其所持有的本公司股票作出其他限制性规定。基于公司自治精神，上市公司章程可对董事、监事和高级管理人员转让其所持本公司股份规定更长的禁止转让期间、更低的可转让股份比例或者附加其他限制转让条件(《规则》第 4 条)。为强化诚实信用原则对公司代理人的约束作用，董事、监事和高级管理人员承诺一定期限内不转让的，作出前述承诺的董事、监事和高级管理人员在该期间内即不得转让其所持股份(《规则》第 4 条)。除上述情形外，在法律、法规、中国证监会和证券交易所相关规定的其他情形下，上市公司董事、监事和高级管理人员亦不得转让所持本公司股份(《规则》第 4 条)。

上市公司董事、监事和高级管理人员违法买卖本公司股票，由中国证监会依照《证券法》的有关规定予以处罚。违反法律规定，在限制转让期限内买卖证券的，责令改正，给予警告，并处以买卖证券等值以下的罚款。对直接负责的主管人员和其他直接责任人员给予警告，并处以 3 万元以上 30 万元以下的罚款。此处的法律规定就包括《公司法》第 142 条的规定。上市公司的董事、监事、高级管理人员、持有上市公司股份 5% 以上的股东，违反《证券法》第 47 条的规定买卖本公司股票的，给予警告，可以并处 3 万元以上 10 万元以下的罚款。除了承受行政处罚外，上市公司的董事、监事、高级管理人员违法转让股份、给投资者造成损失的，还应当承担民事赔偿责任和缴纳罚款、罚金，其财产不足以同时支付时，先承担民事赔偿责任。

三、股份转让的其他期限性限制

除了公司法对股份转让的期限限制，《证券法》对股份转让也作了期限性限制。

(一) 禁止短线交易

为避免大股东利用其持股优势兴风作浪，危害广大投资者和公司利益，《证券法》第 47 条对大股东的短线交易行为采取了否定态度，也是对股份转让的期限限制。上市公司董事、监事、高级管理人员、持有上市公司股份 5% 以上的股东，将其持有的该公司的股票在买入后 6 个月内卖出，或者在卖出后 6 个月内又买入，由此所得收益归该公司所有，公司董事会应当收回其所得收益。但是证券公司因包销购入售后剩余股票而持有 5% 以上股份的，卖出该股票不受 6 个月时间限制。公司董事会不按照前款规定执行的，股东有权要求董事会在 30 日内执行。公司董事会未在上述期限内执行的，股东有权为了公司的利益以自己的名义直接向人民法院提起诉讼。公司董事会不按照第一款的规定执行的，负有责任的董事依法承担连带责任。可见，持股比例达到 5% 的大股东的短线交易行为虽然有效，但要承受不利的后果，公司对大股东的短线交易所得享有归入权。就公法责任而言，上市公司的董事、监事、高级管理人员、持有上市公司股份5%以上的股东从事短线交易、买卖本公司股票的，给予警告，可以并处3万元以上10万元以下的罚款。

（二）证券市场从业人员的股份转让期限限制

为杜绝握有监管重权和特别信息优势的当事人实施内幕交易和其他非法交易行为，《证券法》第37条严禁证券交易所、证券公司、证券登记结算机构从业人员、证券监督管理机构工作人员和法律、行政法规禁止参与股票交易的其他人员，在任期或者法定限期内，直接或者以化名、借他人名义持有、买卖股票，或者收受他人赠送的股票。任何人在成为此类人员时，其原已持有的股票，必须依法转让。

（三）证券服务机构及其从业人员的股份转让期限限制

为了保持审计、资产评估或者证券律师等机构和人员的公信力，确保广大投资者的证券交易机会均等，为股票发行出具审计报告、资产评估报告或者法律意见书等文件的证券服务机构和人员，在该股票承销期内和期满后6个月内，不得买卖该种股票。除前款规定外，为上市公司出具审计报告、资产评估报告或者法律意见书等文件的证券服务机构和人员，自接受上市公司委托之日起至上述文件公开后5日内，不得买卖该种股票。为股票的发行、上市、交易出具审计报告、资产评估报告或者法律意见书等文件的证券服务机构和人员违反前述规定买卖股票的，由中国证监会责令依法处理非法持有的股票，没收违法所得，并处以买卖股票等值以下的罚款。

（四）内幕人员的股权转让期限限制

为落实证券市场的公开、公正与公平，《证券法》禁止内幕交易行为。证券交易内幕信息的知情人和非法获取内幕信息的人，在内幕信息公开前，不得买卖该公司的证券或者泄露该信息，或者建议他人买卖该证券。内幕交易行为给投资者造成损失的，行为人应当依法承担赔偿责任。

（五）要约收购时的股权转让期限限制

投资者持有或者通过协议、其他安排与他人共同持有一个上市公司已发行的股份达到5%时，应当在该事实发生之日起3日内，向国务院证券监督管理机构、证券交易所作出书面报告，通知该上市公司，并予公告；在上述期限内，不得再行买卖该上市公司的股票。投资者持有的股份达到5%后，其所持该上市公司已发行的股份比例每增加或者减少5%，应当依照前款规定进行报告和公告。在报告期限内和作出报告、公告后2日内，不得再行买卖该上市公司的股票。在上市公司收购中，收购人持有的被收购的上市公司的股票，在收购行为完成后的12个月内不得转让。以上规定旨在预防收购人的机会主义行为，保护目标公司公众投资者的合法权益。

（六）证券违法行为被调查人的股权转让期限限制

在调查操纵证券市场、内幕交易等重大证券违法行为时，经国务院证券监督管理机构主要负责人批准，可以限制被调查事件当事人的证券买卖，但限制的期限不得超过 15 个交易日；案情复杂的，可以延长 15 个交易日。

四、国有股转让的限制

国务院《关于推进资本市场改革开放和稳定发展的若干意见》明确指出："积极稳妥解决股权分置问题。"经国务院批准，中国证监会于 2005 年 4 月 29 日发布了《关于上市公司股权分置改革试点有关问题的通知》，宣布启动股权分置改革试点工作。

虽然国有股的流通性在股权分置改革以后将会空前增强，但国有股的转让仍将存在法律的特别限制。例如，《证券法》第 83 条规定，"国有企业和国有资产控股的企业买卖上市交易的股票，必须遵守国家有关规定"。又如，《证券法》第 101 条第 1 款规定，"收购上市公司中由国家授权投资的机构持有的股份，应当按照国务院的规定，经有关主管部门批准"。

五、《反垄断法》的限制

为预防企业经济支配力量的过度集中，维护自由竞争原则，确保公平交易，我国《反垄断法》第 3 条将具有或者可能具有排除、限制竞争效果的经营者集中列为垄断行为的三个基本类型之一。第 20 条又将经营者通过取得股权或者资产的方式取得对其他经营者的控制权作为经营者集中的核心内容之一。根据第 21 条，经营者集中达到国务院规定的申报标准的，经营者应当事先向国务院反垄断执法机构申报，未申报的不得实施集中。但经营者集中有下列情形之一的，可以不向国务院反垄断执法机构申报：（1）参与集中的一个经营者拥有其他每个经营者 50% 以上有表决权的股份或者资产的；（2）参与集中的每个经营者 50% 以上有表决权的股份或者资产被同一个未参与集中的经营者拥有的。

六、合同的限制

如果公司与股东签订了股份转让限制合同，原则上应当认定无效，除非合同内容不妨碍股东收回出资；如果第三人与股东、或者股东与股东签订了股份转让限制合同，原则上应当认定有效。一方面，股东不得退股；另一方面，公司与股东之间的合同又剥夺股东转让股份以回收投资的机会，无异于将股东赶入进退维谷的窘境。因此，公司与股东签订的股份转让限制合同应属无效。倘若合同内容不妨碍股东收回出资，或虽限定股东转让的期限和受让人范围，但就股东受此限制而给予股东充分、对待的给付，则合同效力应例外得到确认。至于第三人与股东、或者股东与股东签订的股份转让限制合同，更是契约自由的体现，应予尊重。

七、小规模家族公司章程之限制

在股东人数较多的大规模股份公司尤其是上市公司中，应当坚决贯彻股东自由转让的原则，不允许股份公司章程限制股份自由转让性。但在小规模家族公司中适度限制股份转让的受让方，规定股份转让应当取得公司同意，并赋予其他股东优先受让权，合乎公司大多数股东的利益，亦不会对拟转让股份的股东乃至社会产生弊害。但限制股份转让的公司章程条款应在投资者成为本公司股东之前明确告知，不应隐瞒，以便投资者事先有所警觉。但允许闭锁性股份公司章程对股权转让自由予以适当限制，乃为股份公司之例外，非为常态，更非原则。对全部上市公司以及大多数非上市股份公司，仍应坚决贯彻股权转让自由原则，不容公司章程排斥或限制。

八、公司成立之前股份转让的限制

依我国《公司法》第130条的规定，股份有限公司成立后，即向股东正式交付股票。公司成立前不得向股东交付股票。因此，在公司成立之前，发起人或者认股人不得转让其未来的股东资格。尽管公司成立在即，发起人或认股人的身份很快就转化为股东，但万一公司设立失败，那么允许股东资格的转让只能殃及许多无辜的受让人。为保护受让人免遭不必要的欺诈之苦，公司法乃作此种设计。

《证券法》第37条对股份转让的标的物也作了严格限制："证券交易当事人依法买卖的证券，必须是依法发行并交付的证券。非依法发行的证券，不得买卖。"转让不法股份的行为不仅不能对抗公司，自身也归于无效。这是《证券法》针对上市公司股票转让所作的限制，旨在维护受让人的合法权益。

九、公司取得自己股份的禁止

公司收购本公司股份，指公司购买自身已发行在外的股份的法律行为。鉴于公司取得自己股份有可能引发一些不利的法律后果，为预防公司取得自己股份后给股东、债权人和市场竞争秩序可能导致的弊害，一些国家的公司立法例对自己股份之取得一般采取限制或禁止的立法态度。

我国《公司法》第 143 条亦原则禁止公司收购本公司股份。公司既不得在设立或发行新股之际认购自己的股份使公司成为自己的股东，也不能在公司存续期间回购自己的股份。禁止自己股份之取得，从解释论上而言，尚包括禁止子公司取得母公司股份在内。我国《公司法》对公司收购自己股份采取了原则禁止、例外允许的态度。

公司合法购买自己股份的例外情形包括：

（1）公司为减少公司注册资本、注销股份而取得自己的股份。公司在此种情况下购买本公司股份严格履行法定的减资程序（含债权人异议制度），不致危害债权人。公司收购本公司股份后，应当自收购之日起 10 日内注销。

（2）与持有本公司股份的其他公司合并。由于公司合并属于股东大会的决策权限，公司在此种情况下取得自己股份应当经股东大会决议。公司取得本公司股份后，应当在 6 个月内转让或者注销。

（3）将股份奖励给本公司职工。公司在此种情况下收购的本公司股份不得超过本公司已发行股份总额的 5%；用于收购的资金应当从公司的税后利润中支出；所收购的股份应当在 1 年内转让给职工。为协调职工利益与股东利益之间的冲突，公司在此情况下取得自己股份应当经股东大会决议。

（4）股东因对股东大会作出的公司合并、分立决议持异议，要求公司收购其股份。在此种情形下公司购买本公司股份乃属公司为保护小股东而履行的法律义务。公司取得本公司股份后，应当在 6 个月内转让或者注销。

（5）公司为实现债权而取得自己股份。倘若甲公司对乙享有债权、乙又持有甲公司发行的股份，甲公司为实现债权可通过拍卖程序取得乙持有的甲公司股份。与此相似，甲公司通过代物清偿亦可取得自己股份。此种情形并不危及公司财产之稳固。

（6）公司无偿取得自己股份。此种情形并不导致公司资产减少，也不产生股份投机主义行为。

（7）公司以自己名义为他人之计算而取得自己股份。此种情况包括代购取得及信托取得。代购取得指证券公司接受购买委托预约，为委托者之计算而取得本公司之股份（例如，某上市券商根据客户委托购买本公司的股份）；信托取得，指信托公司为委托者之计算而接受本公司发行的股份作为信托财产。这两种情况并不损害资本维持原则。

（8）公司为消灭自己债务而取得自己股份。公司为消灭自己在通常营业活动中产生的债务而取得自己股份作为对公司债权人的代物清偿。此种情形并不损害公司债权人的利益。

（9）公司为防止重大且急迫的损害而有必要取得自己股份。

与其他股东持有的股份不同，公司持有的自己股份所蕴含的权利在行使时应当接受一定的限制。就共益权而言，公司不得就自己股份享有表决权和其他共益权。否则，势必助长公司经营者滥用自己股份的共益权与经营权，侵害其他股东的利益。公司取得自己股份的自益权也受一定限制。（1）由于公司解散后不再具有法人资格，公司无法享有公司剩余财产分配请求权。（2）就分红权而言，公司持有的本公司股份不得分配利润（《公司法》第167条第6款）。（3）在股份分割与股份合并的场合下，股份分割、合并的法律效果及于自己股份，公司有权接受股份及金钱。（4）由于股份股利为股利分配之一种，公司可就自己股份取得股份股利。（5）公司可就自己股份享有新股认购优先权。

十、接受本公司的股票作为质押权标的的禁止

公司接受本公司的股票作为质押权的标的将会产生公司购买自己股份同样的弊端，我国《公司法》第143条第4款规定，"公司不得接受本公司的股票作为质押权的标的"。公司不得以公司名义、为公司之计算而接受本公司股票作为质押权的标的，也不得以他人名义、为公司之计算接受本公司的股票作为质押权的标的。

公司违法接受以自己股份为质押权标的时，有过错的董事和高级管理人员应当对公司或其债权人和股东承担民事责任。就公司接受自己股份为质押权标的的民事法律效果而言，既然此种行为为绝对无效，则质押权设定者和质押权人均可主张其无效。

第八节　非法证券活动的整治

一、非法证券活动的主要形式与特征

非法发行股票和非法经营证券业务（以下简称非法证券活动），危害社会稳定和金融安全。当前，非法证券活动的主要形式为：一是编造公司即将在境内外上市或股票发行获得政府部门批准等虚假信息，诱骗社会公众购买所谓"原始股"；二是非法中介机构以"投资咨询机构"、"产权经纪公司"的名义，未经法定机关批准，向社会公众非法买卖或代理买卖未上市公司股票；三是不法分子以证券投资为名，以高额回报为诱饵，诈骗群众钱财。

非法证券活动是一种典型的涉众型的违法犯罪活动。非法证券活动具有以下特征：一是按照最高人民检察院、公安部《关于经济犯罪案件追诉标准的规定》，绝大多数非法证券活动都涉嫌犯罪。二是花样不断翻新，隐蔽性强，欺骗性大，仿效性高，蔓延速度快、易反复。三是案件涉及地域广，涉案金额大，涉及人员多，同时资产易被转移，证据易被销毁，人员易潜逃，案件办理难度大。四是不少案件涉及境外资本市场，办理该类案件政策性强，专业水平要求高。

二、认定非法证券活动的法律界限

国务院办公厅于 2006 年 12 月 12 日下发了《关于严厉打击非法发行股票和非法经营证券业务有关问题的通知》（以下简称国办发［2006］99 号文）明确指出，要严禁擅自公开发行股票，严禁变相公开发行股票，严禁非法经营证券业务。但前提条件是，如何划分股份发行与转让过程中合法与非法的界限、罪与非罪、此罪与彼罪的界限。我国刑事法治遵循罪刑法定、无罪推定和疑罪从无三项基本原则。基于罪刑法定原则，无论是司法解释还是部门规章只能在法律授权的范围内对刑法条款作出解释，而不能在刑法之外创设任何刑事犯罪的罪名和刑罚。对此，国办发［2006］99 号文和最高人民法院、最高人民检察院、公安部、中国证监会于 2008 年 1 月 2 日下发的《关于整治非法证券活动有关问题的通知》（以下简称《通知》）均尝试作出界定。

（一）擅自或变相公开发行股票的认定

根据《证券法》第 10 条的规定，非公开发行是指向不超过 200 人的特定对象发行股份的行为；当事人非公开发行证券时不得采用广告、公开劝诱和变相公开方式。国办发［2006］99 号文将非公开发行解释为，"向特定对象发行股票后股东累计不超过 200 人"；并进一步扩大了公开劝诱的方式："非公开发行股票及其股权转让，不得采用广告、公告、广播、电话、传真、信函、推介会、说明会、网络、短信、公开劝诱等公开方式或变相公开方式向社会公众发行。严禁任何公司股东自行或委托他人以公开方式向社会公众转让股票。"

与非公开发行相对的是公开发行。国办发［2006］99 号文明确指出，向特定对象转让股票，未依法报经证监会核准的，转让后，公司股东累计不得超过 200 人；向不特定对象发行股票或向特定对象发行股票后股东累计超过 200 人的，为公开发行。公开发行应依法报经证监会核准；倘若未经核准擅自发行股票，就属于非法发行股票。

　　未经依法核准，擅自发行证券，涉嫌犯罪的，依照《刑法》第 179 条的规定，以擅自发行股票、公司、企业债券罪追究刑事责任。公司、公司股东违反上述规定，擅自向社会公众转让股票，应当追究其擅自发行股票的责任。公司与其股东合谋，实施上述行为的，公司与其股东共同承担责任。

　　未经依法核准，以发行证券为幌子，实施非法证券活动，涉嫌犯罪的，依照《刑法》第 176 条、第 192 条等规定，以非法吸收公众存款罪、集资诈骗罪等罪名追究刑事责任。未构成犯罪的，依照《证券法》和有关法律的规定给予行政处罚。

　　（二）非法经营证券业务的认定

　　根据《证券法》规定，任何单位和个人经营证券业务，必须经证监会批准。具体说来，股票承销、经纪（代理买卖）、证券投资咨询等证券业务由证监会依法批准设立的证券机构经营，未经证监会批准，其他任何机构和个人不得经营证券业务。

　　当事人未经批准、擅自从事证券业务的，属于非法经营证券业务，应予以取缔；涉嫌犯罪的，依照《刑法》第 225 条规定，以非法经营罪追究刑事责任。对中介机构非法代理买卖非上市公司股票，涉嫌犯罪的，应当依照《刑法》第 225 条规定，以非法经营罪追究刑事责任；所代理的非上市公司涉嫌擅自发行股票，构成犯罪的，应当依照《刑法》第 179 条规定，以擅自发行股票罪追究刑事责任。非上市公司和中介机构共谋擅自发行股票，构成犯罪的，以擅自发行股票罪的共犯论处。未构成犯罪的，依照《证券法》和有关法律的规定给予行政处罚。

　　非法经营罪与擅自发行股票罪之间既有联系，也有区别。实践中，这两种犯罪行为也可能密切交织在一起。例如，有可能张三先有擅自发行股票的犯罪行为，然后李四再非法代理买卖该公司的股票。但是审理非法经营罪与擅自发行股票罪应当分别进行，审理其中的一个犯罪不必以另外一个犯罪的审理结果为前提。

　　（三）关于非法证券活动性质的认定机构

　　《通知》指出，非法证券活动是否涉嫌犯罪，由公安机关、司法机关认定。公安机关、司法机关认为需要有关行政主管机关进行性质认定的，行政主管机关应当出具认定意见。对因案情复杂、意见分歧，需要进行协调的，协调小组应当根据办案部门的要求，组织有关单位进行研究解决。

　　总体而言，国办发［2006］99 号文和《通知》有关擅自发行股票罪、非法吸收公众存款罪、集资诈骗罪与非法经营罪的界定是清晰的。当然，除了这两个规范性文件对罪与非罪、此罪与彼罪的界定之外，刑法及其配套司法解释是认定犯罪构成要件的根本法律依据。

三、非法证券活动中受害投资者的民事救济

最高人民法院、最高人民检察院、公安部和中国证监会于 2008 年 1 月 2 日下发的《通知》对广大受害投资者维权开辟了民事司法救济的通道："如果非法证券活动构成犯罪，被害人应当通过公安、司法机关刑事追赃程序追偿；如果非法证券活动仅是一般违法行为而没有构成犯罪，当事人符合民事诉讼法规定的起诉条件的，可以通过民事诉讼程序请求赔偿。"

原告投资者可以自己与被告存在合同关系为由，对被告提起撤销合同之诉或者违约之诉，也可以被告存在侵权行为为由，对被告提起侵权损害赔偿之诉；倘若存在违约责任与侵权责任竞合的，依据《合同法》第122条的规定，受害投资者可以从中择一行使。程序法依据是《民事诉讼法》；实体法依据是《合同法》、《民法通则》、《公司法》、《证券法》等民商事法律及其配套的法律、法规和司法解释等。受害投资者也可在司法机关追究犯罪分子刑事责任的同时，对犯罪分子提起刑事附带民事诉讼。凡直接损害投资者合法权益的行为人都有可能成为民事诉讼中的被告，包括但不限于发行公司及其发起人、董事、监事、经理和高级管理人员，非法买卖股票的中介机构和股份的出让方等。对已经非法注销登记（如未履行公告债权人的程序）的发行公司，由于已经丧失法人资格，受害投资者可对其清算义务主体（如有限责任公司的股东、股份有限公司的董事等）提起民事诉讼。中介机构与发行公司及其发起人等沆瀣一气、同谋损害投资者利益的，可以请求人民法院判令其对受害投资者承担连带责任。

受害投资者有权要求被告人赔偿其遭受的实际损失，包括直接损失（现有财产利益的丧失）与间接损失（本应获得的利益由于被告人的行为而未取得）。但根据谁主张谁举证的原则，原告投资者要对其主张的实际损失（包括向发行公司或其发起人认缴股份的金额、向前手支付的股份购买价款、支付的税金、中介费用、同期银行贷款利息）范围承担举证责任。受害投资者要就其遭受的实际损失承担举证责任，以及律师费等合理的诉讼费用支出。至于受害投资者为追究被告人的民事责任而发生的诉讼费用（如律师费）作为投资者的派生损失也应纳入实际损失的范畴。被告除依据法律规定承担连带责任外，对其他被告人的行为存在恶意串通的，也应对原告投资者承担连带损害赔

偿责任。当然，在确定受害投资者的实际损失时，人民法院享有一定的自由裁量权。笔者主张，司法机关从犯罪分子没收的广大受害投资者缴纳的股款和股权转让款应当按照受害投资者的受损比例分配于广大投资者。这也是以人为本的司法理念的具体体现。

第七章 公司治理

第一节 公司治理概述

一、公司治理的含义

公司治理（Corporate Governance）泛指公司管理层对股东和利益相关者负责的一系列的制度安排和商业实践。公司治理乃公司命运之所系。公司的治理水平的高低直接关系到股东的投资价值，关系到公司的竞争力，更关系到民族经济的竞争力。

公司良治既是一种理念，也是一种制度安排，更是一种商业实践。在理念、制度与实践之间，完善的公司治理制度对于落实公司良治理念、鼓励公司良治实践具有承上启下的核心作用。因此，优化公司治理自然成为公司法的重要使命。

二、公司良治的特征

良好的公司治理（公司良治）的核心特征主要包括以下几个方面。

1. 公司治理应当具备透明度。

透明度强调公司对股东的信息披露义务。上市公司固然要真实、准确、完整、及时、公平地依法履行信息披露义务，非上市公司也要对其股东履行信息披露义务。与公司信息披露义务相对的是股东的知情权。上市公司与非上市公司的股东皆有知情权。非上市公司股东可以获取的信息甚至可以超过上市公司股东。例如，《公司法》第34条明确允许有限责任公司股东请求查阅公司的会计账簿，但未明确允许上市公司股东查阅公司的会计账簿。公司良治的透明度主要针对股东而言。对债权人而言，公司治理的透明度也很重要。

2. 公司治理应当具备问责性。

问责性强调公司治理机构及公司经营者的岗位职责和决策程序清晰明确，违背岗位职责以及善尽岗位职责的赏罚分明，失信高管和股东的责任追究途径畅通。

3. 公司治理应当尊重股东价值。

尊重股东价值，就是要强调弘扬股权文化，为股东创造满意的投资回报。从权力的来源看，公司治理的权力来源于股东；从公司治理的目标来看，公司治理的权力要为了股东利益而行使；从权力的行使过程来看，公司治理的权力要由股东参与行使。股东参与公司治理的法律途径既包括表决权，也包括知情权、建议权、监督权、诉权和股权转让自由等。

4. 公司治理应当弘扬股东平等精神。

公司治理不仅要体现同股同权的股东形式平等原则，也要体现禁止控制股东压榨小股东的股东实质平等原则。

5. 公司治理应当强化公司社会责任。

公司不能仅以最大限度地为股东们赚钱作为自己的唯一存在目的，还应最大限度地关心股东利益之外的社会利益，包括消费者利益、职工利益、债权人利益、中小竞争者利益、当地社区利益、环境利益、社会弱者利益及整个社会公共利益等内容。公司的社会责任是公司社会性的体现。公司的社会性与公司的营利性相对。公司承担社会责任就是要成为有良心的公司、受人尊重的公司。公司社会责任条款已经写进我国《公司法》第5条的规定。

6. 公司治理应当具备民主性。

公司治理的民主性就是要强调公司民主、股东民主，强调治理机构之间的相互分工、相互配合、相互监督与相互制衡。既要强调民主决策，也要强调民主监督。

三、公司机关的概念与特征

公司机关泛指根据法律或公司章程的规定，对内经营管理公司事务，对外代表公司实施法律行为，行使权利、履行义务的个人和集体。公司机关是公司维持其人格的组织基础，是公司得以存在与开展业务活动的保障。正是因为如此，公司机关制度成为传统公司治理制度的核心内容甚至全部内容。

公司机关具有以下特征：（1）公司机关是公司的对内决策、对内监督和对外代表机构。（2）公司机关是替代公司作出并执行意思表示的机构。公司机关在法律、章程规定的范围内从事的民事法律行为就是公司的行为，这些行为不需要公司的特别授权，并由公司承受这些行为的法律效果。（3）公司机关的活动具有连续性。作为公司机关的自然人发生变更时，继任者仍要受前任者的行为约束。我国《合同法》第76条规定，"合同生效后，当事人不得因姓名、名称的变更或法定代表人、负责人、承办人的变动而不履行合同义务",即揭明此旨。

四、公司机关的分类

以其活动方式为准,公司机关分为独任制机构与合议制机构,前者如董事长、总经理,后者如股东大会和董事会。

以其设立依据为准,公司机关分为法定机构(如股东大会、董事会、监事会)和任意机构(如公司咨询机构、常务董事)。前者是依据法律和行政法规设立的公司机关,而后者是依据公司章程或股东会决议、董事会决议而设立的公司机关。

以其职能为准,公司机关分为权力机构(股东会)、经营决策机构(董事会或执行董事)、经营执行机构(总经理)与监督机构(监事会或执行监事)。

以其繁简程度为准,公司机关分为正式机关(例如股东会、董事会与监事会)与简式机关(如一人股东、执行董事与执行监事)。

以其活动期限为准,公司机关分为常设机构(如董事会)和非常设机构(如专门问题调查委员会)。

五、我国的公司机关架构

根据我国《公司法》,股东组成股东大会,股东大会定时或临时地就公司经营中的基本事项作出意思决定。为贯彻股东大会的决定,股东大会选任董事组成董事会。董事会就基本事项之外的其他经营事项作出决定。董事会选举董事长作为公司的法定代表人,聘任经理负责实施董事会决议。董事会还负责监督董事、经理的业务执行行为。股东除通过股东大会对董事会、董事长和经理进行监督外,还选任监事监督董事和经理的业务执行行为。上市公司还要设立独立董事和董事会秘书岗位。

我国公司机关中的董事会和监事会各自独立地对股东大会负责,监事会虽然对董事会负有监督之责,但监事会既非董事会的上位机构,亦非董事会的组成部门。我国上市公司既设监事会,又设独立董事。

第二节 股东会制度

一、股东会的概念、特点和类型

股东会是由众股东对公司重大事项作出意思决定的公司权力机关。公司治理权的根基在股东民主与股东权利。而股东会就是股东民主与股东权利得以发挥作用的主要平台。

股东会具有以下特点：

（1）股东会是公司的权力机关。依《公司法》第37条和第99条的规定，公司股东会由全体股东组成，是公司的权力机构。

（2）股东会是公司的法定必备机关，而非任意机关。即使一人公司可以不设股东会，也将一人股东拟制为股东会的化身。

（3）股东会是公司的常设机关，而非临时机关。因为，董事会、监事会或适格股东均可随时依法定条件与程序召集股东会。

（4）股东会是会议体机关，而非法定代表人、董事长或总经理那样的独任制机关。因此，股东会会议的召集与表决要弘扬程序严谨、内容合法的主旋律，以提高股东会决策的民主化与科学化。

根据《公司法》第40条和第101条的规定，股东会分为定期股东会和临时股东会。其中，定期会议是指依照法律或章程在股东期限召集的股东会。例如，有限责任公司的定期会议应当依章程规定按时召开；股份有限公司年度股东会制度更表明股份公司股东至少每年应当召开一次股东会。《上市公司章程指引》第42条要求上市公司的年度股东大会于上一会计年度结束后6个月内举行。临时会议是公司根据适格主体的提议、为讨论涉及公司和全体股东重大利益的事项而召开的非定期会议。

二、股东会的职权

依《公司法》第38条、第100条的授权，股东会享有11项职权：（1）决定公司的经营方针和投资计划。（2）选举和更换非由职工代表担任的董事、监事，决定有关董事、监事的报酬事项。至于选举和更换职工董事、职工监事的决策权则归属职工代表大会、职工大会。（3）审议批准董事会的报告。（4）审议批准监事会或监事的报告。（5）审议批准公司的年度财务预算方案、决算方案。（6）审议批准公司的利润分配方案和弥补亏损方案。（7）对公司增加或减少注册资本作出决议。（8）对发行公司债券作出决议。（9）对公司合并、分立、解散、清算或变更公司形式作出决议。（10）修改公司章程。（11）公司章程规定的其他职权。

为避免控制股东滥用资本多数决，维护上市公司和中小股东的合法财产权益，新《公司法》第122条规定了股东会的特别决策事项：（1）上市公司在1年内购买重大资产超过公司资产总额30%的决策；（2）上市公司在1年内出售重大资产超过公司资产总额30%的决策；（3）上市公司在1年内担保金额超过公司资产总额30%的决策。此处的"重大资产"或者"担保总额"并不拘泥于单项合同项下的金额，而包括由若干合同构成、但合计总额超过前述比例的各种情形。单项合同项下的金额超过公司资产总额30%的，固然由股东会作出决议；即使单项合同项下的金额未超过公司资产总额30%、但多项合同项下的金额之和超过公司资产总额30%的，也要由股东会作出决议。

三、股东会的召集人与主持人

（一）董事会

《公司法》第102条规定股东大会会议由董事会召集，董事长主持；董事长不能履行职务或者不履行职务的，由副董事长主持；副董事长不能履行职务或者不履行职务的，由半数以上董事共同推举一名董事主持；董事会不能履行或者不履行召集股东大会会议职责的，监事会应当及时召集和主持；监事会不召集和主持的，连续90日以上单独或者合计持有公司10%以上股份的股东可以自行召集和主持。该法第102条增加了股份有限公司股东的持股期间要求，旨在避免资本规模庞大的股份有限公司的小股东滥用权利。

新《公司法》不仅明确赋予副董事长和半数以上董事选定的董事在董事长怠于或拒绝履行职权时自动代行股东会、董事会的主持权，而且增设了小股东的股东会主持权，明确允许股东自行主持临时股东大会。小股东首次获得了股东会的自行召集权和主持权，而非仅仅享有旧《公司法》规定的召集请求权。

（二）监事会

依《公司法》第41条第2款、第102条第2款的规定，董事会或执行董事不能履行或不履行召集股东会会议职责的，监事会或不设监事会的公司的监事应当及时召集和主持。可见。在董事会失灵的情况下，监事会有必要发挥启动股东会召集程序的特别作用。

（三）适格股东

倘若董事会为第一顺位的股东会召集人，监事会为第二顺位的股东会召集人，适格股东则为第三顺位的股东会召集人。倘若监事会或监事与董事会拒不召集和主持，则股东可以自行召集和主持。适格股东的条件因公司类型之不同而略有区别：在有限责任公司为"代表1/10以上表决权的股东"；在股份有限公司为"连续90日以上单独或合计持有公司10%以上股份的股东"。

依《公司法》第 39 条规定，有限责任公司的首次股东会会议由出资最多的股东召集和主持。股东自行召集和主持的临时股东大会，董事、监事和高级管理人员也应密切配合，包括协助召集股东获取股东名册，保证会议的正常召开。会议所必需的费用由本公司承担。除了股东会的自行召集权和主持权之外，适格股东还享有召集请求权。究竟行使何种权利，宜由股东自己权衡行使权利的成本与收益而定。

（四）清算组

清算组是公司处于清算状态时的临时公司机关。在履行清算职责的范围内，清算组亦可召集股东会。例如，依《公司法》第 187 条的规定，清算组在清理公司财产、编制资产负债表和财产清单后，应当制定清算方案，并报股东会、股东大会或人民法院确认。这就需要清算组召集股东会。

召开股东大会时，倘若会议主持人违反议事规则使股东大会无法继续进行，经现场出席股东大会有表决权过半数的股东同意，股东大会可推举一人担任会议主持人，继续开会（《上市公司股东大会规则》第 27 条第 4 款）。

四、召开临时股东会会议的法定情形

为了预防有限责任公司的董事会在召集临时股东会方面的消极不作为，提升其他董事、股东抑或监事的话语权，《公司法》第 40 条第 2 款规定："代表 1/10 以上表决权的股东，1/3 以上的董事，监事会或不设监事会的公司的监事提议召开临时会议的，应当召开临时会议。"这意味着，只要有了合格的临时股东会召集请求，董事会必须毫无条件地予以召集。

《公司法》第 101 条着力于激活临时股东大会的召集程序。有下列情形之一的，应当在 2 个月内召开临时股东大会：（1）董事人数不足本法规定人数或公司章程所定人数的 2/3 时；（2）公司未弥补的亏损达实收股本总额 1/3 时；（3）单独或合计持有公司 10% 以上股份的股东请求时；（4）董事会认为必要时；（5）监事会提议召开时；（6）公司章程规定的其他情形。

新《公司法》增加了召集临时股东大会的新事由："公司章程规定的其他情形。"这就使得公司章程得以自由设计启动临时股东大会召集程序的原因。例如，公司章程可以规定，当公司股价跌至一定幅度时，必须召集临时股东大会。因此，新《公司法》第一次赋予了适格董事、股东或监事在启动临时股东会召集程序方面的权力。面对适格董事、股东或监事的召集建议权，董事会必须毫无条件地及时予以召集。

五、股东会的通知程序

（一）有限责任公司股东会的通知程序

《公司法》第42条第1款规定，召开股东会会议，应当于会议召开15日前通知全体股东；但是，公司章程另有规定或全体股东另有约定的除外。公司章程或全体股东协议既可缩短，也可延长会议的通知期限。

（二）股份有限公司股东会的通知程序

依《公司法》第103条第1款的规定，股东大会会议通知的发送期限有不同要求：（1）召开年度股东会会议的，应当将会议召开的时间、地点和审议的事项于会议召开20日前通知各股东；（2）召开临时股东会会议的，应当于会议召开15日前通知各股东；（3）发行无记名股票的，应当于会议召开30日前公告会议召开的时间、地点和审议事项。

（三）通知的内容

股东大会会议通知应当载明会议召开的时间、地点和审议的事项。根据《上市公司章程指引》第55条，上市公司股东大会的通知包括以下内容：（1）会议的时间、地点和会议期限；（2）提交会议审议的事项和提案；（3）以明显的文字说明：全体股东均有权出席股东大会，并可以书面委托代理人出席会议和参加表决，该股东代理人不必是公司的股东；（4）有权出席股东大会股东的股权登记日；（5）会务常设联系人姓名，电话号码。

依《公司法》第103条第3款的规定，股东大会不得对通知中未列明的事项作出决议。倘若股东大会对通知中未列明的事项作出了决议，就属于召集程序存在瑕疵的股东会决议，股东有权请求法院予以撤销。

六、股东和监事会提案

依《公司法》第103条第2款的规定，单独或合计持有公司3%以上股份的股东，可以在股东大会召开10日前提出临时提案并书面提交董事会；董事会应当在收到提案后2日内通知其他股东，并将该临时提案提交股东大会审议。临时提案的内容应当属于股东大会职权范围，并有明确议题和具体决议事项。

就股东行使提案权的条件而言，该条将股东的持股比例界定为3%以上。之所以如此，旨在确保提案股东在股东会提案和决议中具有合理的利害关系，预防持股甚微的小股东滥用提案权。虽然该条规定的股东提案门槛高于提起股东代表诉讼的门槛，但未如新《公司法》第152条第1款那样要求股东满足

180 日的持股期限。之所以如此,乃出于鼓励股东踊跃提案、积极参与股东大会的考虑。就股东提案的时间限制而言,该条要求股东的提案时间控制在股东大会召开 10 日前,以避免由于股东提案的拖沓而窒碍股东大会的效率。

就股东提案的效力而言,该条要求董事会在收到提案后 2 日内通知其他股东,并将该临时提案提交股东大会审议。可见,董事会无权过滤股东的提案,必须毫无条件地将股东提案提交股东大会审议。

依《公司法》第 54 条,监事会、不设监事会的公司的监事也有权向股东会会议提出提案。

七、股东表决规则

股东会会议表决时,股东按其出资比例或持股比例表决。就有限责任公司而言,股东会会议由股东按照出资比例行使表决权;但是,公司章程另有规定的除外。此外,股东会的议事方式和表决程序,除公司法有规定的外,由公司章程规定。就股份有限公司而言,股东或其代理人出席股东大会会议,所持每一股份有一表决权。但是,公司持有的本公司股份没有表决权,亦不计入出席股东大会有表决权的股份总数。

(一)资本多数决规则

资本多数决规则,是指股东会决议原则上由出资比例或持股比例达到多数以上的股东们的赞同才能作出决议。但股东会决议事项的重要程度不同,资本多数决的具体要求也有不同。特别重要的股东会事项须以绝对资本多数决的方式作出决议,其他事项仅须以简单资本多数决的方式作出决议。前者为特别决议,后者为普通决议。从稳妥严谨的角度以及弘扬股东民主的角度看,特别决议的范围似乎越大越好。但是,特别决议范围越大,意味着股东会决议"卡壳"的概率提高了,以至于出现议而不决、甚至久议不决的现象。因此,特别决议只能控制在法律和公司章程确定的范围内。

股东会会议作出修改公司章程、增加或减少注册资本的决议,以及公司合并、分立、解散或变更公司形式的决议,必须经代表 2/3 以上表决权的有限责任公司股东通过(《公司法》第 44 条第 2 款),或经出席会议的股份有限公司股东所持表决权的 2/3 以上通过(第 104 条第 2 款)。可见,此类股东会决议为特别决议;其他股东会决议在章程没有相反规定的情形下均为普通决议。

(二)代理投票

股东可以亲自出席股东大会,也可以委托代理人代为出席和表决。《公司法》第 107 条规定,股东可以委托代理人出席股东大会会议,代理人应当向公司提交股东授权委托书，并在授权范围内行使表决权。该条规定适用于股份有限公司制度，也适用于有限责任公司。股东代理人不限于公司的其他股东。非股东的自然人也可成为股东代理人。

股东出具的委托他人出席股东大会的授权委托书一般应当载明下列内容：(1) 代理人的姓名；(2) 是否具有表决权；(3) 分别对列入股东大会议程的每一审议事项投赞成、反对或弃权票的指示；(4) 委托书签发日期和有效期限；(5) 委托人签名（或盖章）。委托人为法人股东的，应加盖法人单位印章。为避免代理人越权行事，委托书应注明如果股东不作具体指示，股东代理人是否可以按自己的意思表决。

董事会、独立董事和符合相关规定条件的股东可以征集股东投票权（《上市公司章程指引》第 76 条第 3 款）。投票权征集应采取无偿方式进行。公开征集人应向被征集人充分披露信息。

（三）关联股东回避表决制度

关联股东回避表决制度，是指与股东会表决事项存在关联关系的股东不得参与该事项的表决。违反表决权排除制度的投票一律无效。

我国《公司法》并未建立全面的关联股东表决权排除制度，仅在第 16 条第 3 款规定了股东回避表决的一种法定情形：公司为公司股东或实际控制人提供担保的，必须经股东会或股东大会决议，但该股东或受该实际控制人支配的股东不得参加前款规定事项的表决，该项表决由出席会议的其他股东所持表决权的过半数通过。

此外，《上市公司章程指引》第 79 条和《上市公司股东大会规则》第 31 条第 1 款规定，股东大会审议有关关联交易事项时，关联股东不应当参与投票表决，其所代表的有表决权的股份数不计入有效表决总数；股东大会决议的公告应当充分披露非关联股东的表决情况。公司应当根据具体情况在章程中制定有关联关系股东的回避和表决程序。

从长远看，有必要在《公司法》中建立关联股东在股东大会上的回避表决制度，这既是对国际惯例的借鉴，也是对我国关联股东表决权排除经验的总结。

（四）累积投票制

股东累积投票权，指股东大会选举董事或监事时，每一股份拥有与应选董事或监事人数相同的表决权，股东拥有的表决权可以集中使用。

累积投票（Cumulative Voting）与非累积投票（Non-cumulative Voting）或直接投票（Straight Voting）相对。后者指股东持有的每一股份最多只有一个表决权，而且股东将其全部表决权集中投向一个候选人时其拥有的投票权总数不超过其股份总数。可见，累积投票制度的本质是一股多票，而直接投票制度的本质是一股一票。

《公司法》第106条规定："股东大会选举董事、监事，可以依照公司章程的规定或股东大会的决议，实行累积投票制。"由于董事监事选举是公司自治的范畴，立法者未对累积投票采取强制态度，而采取了鼓励态度。《上市公司章程指引》第82条第4款要求公司在章程中规定董事、监事提名的方式和程序以及累积投票制的相关事宜。

八、股东会决议记录

依《公司法》第42条第2款和第108条的规定，无论是有限责任公司，还是股份有限公司的股东会都要对所议事项的决定作成会议记录，以使得股东会决议内容明确，便于操作与执行。略有不同的是，对有限责任公司股东会决议而言，出席会议的股东应当在会议记录上签名；对股份有限公司股东会决议而言，主持人、出席会议的董事应当在会议记录上签名。会议记录应当与出席股东的签名册及代理出席的委托书一并保存。

九、董事、监事与公司高管列席股东大会的义务

新《公司法》第151条规定："股东会或股东大会要求董事、监事、高级管理人员列席会议的，董事、监事、高级管理人员应当列席并接受股东的质询。"这就为股东对董事、监事、高级管理人员行使质询权奠定了坚实的法律基础。倘若股东会或股东大会拒绝董事、监事、高级管理人员列席会议，则董事、监事、高级管理人员无权出席股东会或股东大会。

董事、监事、高级管理人员有权利，也有义务出席股东大会。出席股东大会是董事会与监事会组成人员的权利，因为他们有权在股东大会上为自己的行为申辩；同时也是他们的义务，因为他们有义务接受任何一名股东有可能在股东大会上提出的质询。临时股东大会的召集股东应当意识到：公司董事会职权在新一届董事会成员被选举出来之前不得中断。当董事会成员被临时股东大会的召集股东拒之门外时，董事会成员有权以公司名义对该股东提起民事诉讼，要求法院强制股东允许董事会成员出席临时股东大会；对于临时股东大会在排除董事会成员参加的情形下作出的股东大会决议，董事会有权以公司名义要求法院撤销该股东大会决议。

新《公司法》不仅确认了董事、监事、高级管理人员列席股东大会的义

务，也确认了股东质询权。董事、监事和高级管理人员的说明义务与股东的质询权相对。任何股东均有权就公司经营管理事项质询董事、监事、高级管理人员。除质询与会议议题和议案无关、质询涉及公司商业秘密不能在股东大会上公开外，董事、监事、高级管理人员应现场予以答复或说明；董事、监事、高级管理人员须另作调查，延期答复的除外。倘若董事、监事、高级管理人员无正当理由拒绝答复，股东有权请求法院责令董事、监事、高级管理人员答复，否则法院有权责令股东大会休会，直至董事、监事、高级管理人员答复为止。

十、股东会规则自治

新《公司法》第44条第1款规定："股东会的议事方式和表决程序，除本法有规定的外，由公司章程规定。"公司章程可以在不违反公司法中的强制性规定的情况下，自由设计详细的、具有可操作性的股东会召开和表决的程序规则，包括但不限于开会通知、参会者登记、提案审议、股东质询、股东讨论、股东辩论、投票、计票、监票、表决结果的宣布、会议决议的形成、会议记录及其签署、公告等内容。

在实践中，我国许多上市公司还根据《上市公司股东大会规范意见》的要求，聘请律师出席并见证股东大会，对股东大会的召集程序、召开程序、参会人员资格、表决程序的合法性等问题出具法律意见。一些公司还同时聘请公证人员出席股东大会，对股东大会的有关事项进行公证。

十一、程序严谨、内容合法的八字方针

为了贯彻新《公司法》激活股东大会的立法意图和制度设计，公司、股东、董事、监事、高级管理人员都要进一步规范股东会活动。

（一）程序严谨

程序严谨是指股东会会议的召集程序、表决方式不仅应当遵守法律、行政法规中的程序规则，而且应当遵守公司章程中的程序规则。根据新《公司法》第22条第2款的规定，凡是程序上违反法律、行政法规和公司章程的股东会决议，是可撤销决议。新《公司法》第104条第2款规定："股东大会作出决议，必须经出席会议的股东所持表决权过半数通过。"依文字解释，凡在股东会会议签到簿上签到的股东或其代理人所持的股份均应被计入出席会议的股东或其代理人所代表的表决权总数。签到后又退席的股东所持的股份也应被计入出席会议的股东或其代理人所代表的表决权总数，而不应被排斥在外。

为了提高股东决策的效率，新《公司法》第38条第2款对有限责任公司

股东会规定：对前款所列事项（股东会决策事项，笔者注）股东以书面形式一致表示同意的，可以不召开股东会会议，直接作出决定，并由全体股东在决定文件上签名、盖章。此举既有助于大大节约股东决策成本，也有助于充分体现全体股东的真实意思表示，更为杜绝甚至圆满解决以后的纷争提供了书证。适用该条款时应当严格恪守三大要求：一是全体股东对特定决策事项一致表示同意；二是股东的一致同意采取书面形式，不能采取口头形式，以示慎重；三是每位股东均在决定文件上签名、盖章。

（二）内容合法

内容合法是指股东会会议的实体内容应当遵守法律、行政法规中的强制性规定，遵循诚实信用原则，不得损害他人的合法权益。

第三节　董事会制度

一、董事会的法律地位与组成

（一）董事会的法律地位

依据《公司法》第二章第二节与第四章第三节规定，董事会是由董事组成的、就公司经营的一般事项作出意思决定的公司必备、常设的合议制业务执行机构。在公司的治理架构中，董事会位于股东会与经理层的中间层，处于承上启下的地位。由于董事会是一个集体决策机构，董事会权限的行使应当以会议方式为之。

由于董事会是一个经营意思决定机关，而非公司的代表机关，因此董事会决议的对外法律效力需要借助法定代表人或代理人的意思表示行为。

（二）董事会的组成

董事会由董事构成。董事会的规模因公司规模与公司的组织形式有所不同。（1）有限责任公司董事会成员为3人至13人。（2）股东人数较少或规模较小的有限责任公司，可以设1名执行董事，不设董事会。执行董事可兼任公司经理。（3）股份有限公司设董事会，其成员为5人至19人。以上有关董事人数的法律规定为倡导性规定，而非强制性规定，更非效力规定。因此，超出以上人数的董事选举仍属合法有效。

董事会的成员通常由股东会选举产生，但在法定情形下由职工选举产生。（1）两个以上的国有企业或两个以上的其他国有投资主体投资设立的有限责任公司，其董事会成员中应当有公司职工代表；其他有限责任公司董事会成员中可以有公司职工代表。董事会中的职工代表由公司职工通过职工代表大会、职工大会或其他形式民主选举产生。（2）国有独资公司董事会成员中应当有公司职工代表，董事会成员由国有资产监督管理机构委派；但董事会成员中的职工代表由公司职工代表大会选举产生。（3）股份有限公司董事会成员中可以有公司职工代表。董事会中的职工代表由公司职工通过职工代表大会、职工大会或其他形式民主选举产生。

董事任期由公司章程规定，但每届任期不得超过 3 年。董事任期届满，连选可以连任。董事任期届满未及时改选，或董事在任期内辞职导致董事会成员低于法定人数的，在改选出的董事就任前，原董事仍应当依照法律、行政法规和公司章程的规定，履行董事职务。

二、董事会的职权

新《公司法》第 47 条和第 109 条第 4 款规定的董事会职权包括：（1）召集股东会会议，并向股东会报告工作；（2）执行股东会的决议；（3）决定公司的经营计划和投资方案；（4）制订公司的年度财务预算方案、决算方案；（5）制订公司的利润分配方案和弥补亏损方案；（6）制订公司增加或减少注册资本以及发行公司债券的方案；（7）制订公司合并、分立、解散或变更公司形式的方案；（8）决定公司内部管理机构的设置；（9）决定聘任或解聘公司经理及其报酬事项，并根据经理的提名决定聘任或解聘公司副经理、财务负责人及其报酬事项；（10）制定公司的基本管理制度；（11）公司章程规定的其他职权。上述职权可以分为三类：一是决策权；二是人事权；三是监督权。因为董事长由董事会选举和罢免，经理由董事会聘任和解聘，董事会当然有权对董事长和经理进行监督。此种监督既含对业务执行的合法性监督，也含对业务执行的妥当性监督。

三、董事会会议的召集

（一）召集权主体

董事会是公司经营管理决策的大脑，董事长则是董事会大脑中的中枢神经。为鼓励董事会会议的及时召集，预防董事会会议召集不能的情况，切实将竞争机制引向董事会，新《公司法》规定了多元化、有序化的董事会会议召集权主体。首先，《公司法》第 48 条和第 110 条第 2 款均规定董事长是召集和主持董事会会议的第一责任主体。对于董事长而言，召集董事会会议不仅是权力，更是义务与职责。其次，《公司法》第 48 条和第 110 条第 2 款均规定了董事长拒绝、怠于或不能召集董事会会议的救济措施。董事长不能履行职务或不履行职务的，由副董事长召集和主持；副董事长不能履行职务或不履行职务的，由半数以上董事共同推举一名董事履行职务。

除了董事们的召集权，《公司法》第 111 条还授权股份有限公司代表 1/10 以上表决权的股东、1/3 以上董事或监事会，可以提议召开董事会临时会议。董事长应当自接到提议后 10 日内，召集和主持董事会会议。对于董事会成员在股东会上当选后的首次董事会会议由谁召集与主持，《公司法》并无明文规定。笔者认为，可由当选时获得股东表决数量最多的董事召集与主持。倘若该董事拒绝或怠于召集或主持，可由半数以上董事共同推举一名董事履行职务。

（二）董事会会议的召集程序

就股份有限公司而言，董事会每年度至少召开两次会议，每次会议应当于会议召开 10 日前通知全体董事和监事。董事会召开临时会议，可以另定召集董事会的通知方式和通知时限。

就有限责任公司而言，只要在合理的期限内通知其他董事即可。但也不排除有限责任公司公司章程基于公司自治精神规定"召开董事会会议，应当于会议召开 10 日以前通知全体董事"。

鉴于监事有权根据《公司法》第 55 条列席董事会会议，并对董事会决议事项提出质询或建议，因此召集董事会的通知不仅应当送达各位董事，还应送达各位监事。

四、董事会会议的议事方式与表决程序

（一）公司章程自治

由于大多数有限责任公司股东较少、经营规模较小，新《公司法》对有限责任公司董事会会议的议事规则规定得较为简略，而是授权公司章程对此作出量体裁衣的设计。《公司法》第 49 条第 1 款明确规定："董事会的议事方式和表决程序，除本法有规定的外，由公司章程规定。"立法者对股份有限公司的董事会的议事方式和表决程序虽然规定得较为详细，但也允许公司章程在法律允许的范围内作出详细规定。

（二）最低董事出席人数的法定要求

股份有限公司董事会会议应有过半数的董事出席方可举行。之所以如此，是为了提高董事会的出席率，提升决策的科学化与民主化。

（三）董事代理投票

股份有限公司董事会会议，应由董事本人出席；董事因故不能出席，可以书面委托其他董事代为出席，委托书中应载明授权范围。可见，董事在缺席董事会会议时职能委托其他董事代为出席，而不能委托董事之外的其他人代为出席。

（四）董事会会议的书面通讯表决

董事会会议通常采取面对面的现场会议方式，一旦遇有紧急情况，董事会很难迅速决策。因此，实践中的董事会临时会议采用书面通讯表决方式开会。所谓董事会书面通讯表决，是指公司分别向董事会成员送达审议议案或传阅审议议案，董事在会议通知规定的有效期限内，在议案表决书及会议决议上亲笔签字表决。

董事会书面通讯表决的关键点有四：一是要尽量限制书面通讯表决方式，因为书面通讯表决方式无法取代现场会议的互动交流与切磋争鸣。二是要充分尊重董事的知情权。公司不仅要向董事们送达议案，也要送达为董事决策所必需的背景资料。三是要充分尊重董事决策的必需时间。四是确保董事投票的真实性。董事以传真或电子邮件方式将议案表决书及决议发回公司后，原件也应随后寄回公司，以备存档。

（五）一人一票规则与少数服从多数规则

董事会决议的表决实行一人一票的民主决策规则。董事长作为董事会的一名成员，也只能行使一票表决权。

董事会决议的表决实行少数服从多数规则。在董事会作出特别决议时，实行简单多数决规则；在董事会作出特别决议时，实行绝对多数决规则。我国《公司法》仅规定了简单多数决规则，但并不妨碍公司章程对于董事会的特定事项实行绝对多数决规则。例如，《公司法》第 112 条第 1 款规定：董事会作出决议必须经全体董事的过半数通过。此处的"全体董事"究竟指董事会的全体成员，抑或出席董事会的全体董事？笔者认为，参酌国际公司法惯例，应当解释为出席董事会的全体董事。董事会决议与股东会决议的表决规则之所以不同，是由于董事会成员为公司和广大股东的受托人，贵在经营管理智慧，只有一人一票规则才能实现董事们的科学决策；而股东作为公司的投资者，只有一股一票才能体现投资收益与投资风险之间的正比关系。

（六）会议记录

为规范董事会的决策程序，强化董事的决策责任，董事会应当对所议事项的决定作成会议记录，出席会议的董事应当在会议记录上签名。

五、董事的决策责任

《公司法》第 113 条第 3 款规定董事应当对董事会的决议承担责任。董事会的决议违反法律、行政法规或公司章程、股东大会决议，致使公司遭受严重损失的，参与决议的董事对公司负赔偿责任。但经证明在表决时曾表明异议并记载于会议记录的，该董事可以免除责任。董事对公司的赔偿责任的性质乃为违反诚信义务（包括忠诚义务与勤勉义务）的侵权行为。

董事对错误的董事会决议承担赔偿责任的条件有四个：（1）董事参加了董事会，并没有旗帜鲜明地投票反对错误的董事会决议。（2）董事会决议违反了法律、行政法规或公司章程、股东大会决议。（3）错误的董事会决议给公司造成严重损失，而非一般损失。（4）董事的赞同或弃权行为与公司损失之间存在因果关系。

六、利害关系董事回避表决制度

新《公司法》第 125 条规定了利害关系董事在董事会上的回避表决制度："上市公司董事与董事会会议决议事项所涉及的企业有关联关系的，不得对该项决议行使表决权，也不得代理其他董事行使表决权。该董事会会议由过半数的无关联关系董事出席即可举行，董事会会议所作决议须经无关联关系董事过半数通过。出席董事会的无关联关系董事人数不足三人的，应将该事项提交上市公司股东大会审议。"

因此，关键在于如何确定关联关系。此处的"利害关系"即"关联关系"。根据新《公司法》第 217 条第 4 项的规定，关联关系泛指公司控股股东、实际控制人、董事、监事、高级管理人员与其直接或间接控制的企业之间的关系以及可能导致公司利益转移的其他关系。此种关系的外延甚广，可以包括但不限于财产关系、人身关系、持股关系、雇佣关系、合伙关系、委托关系、买卖关系、租赁关系、承包关系等利害关系；既包括直接的关联关系，也包括间接的关联关系。

凡是决议事项涉及的企业与某董事有关联关系的，董事就应自行回避。倘若该董事不自觉回避，董事会其他成员、监事会和任何股东都有权要求其回避。否则，该董事参与通过的董事会决议就是程序存在瑕疵的可撤销决议。

倘若利害关系董事人数甚众，致使出席董事会的无关联关系董事人数不足三人，为稳妥、严谨起见，也为确保广大股东的利益不受不当决策之苦，在此种情况下，只能由股东大会取代董事会作出决策。虽然股东大会的运作成本高于董事会，但为了充分尊重和弘扬和谐社会的公平价值，也只能作出上述选择。

该条规定在《公司法》第四章"股份有限公司的设立和组织机构"中的第五节"上市公司组织机构的特别规定"之中，从体系解释的角度看，利害关系董事回避表决制度仅限于上市公司的治理框架。对此，笔者主张应对该条规定作扩张解释，从而将其适用于各类公司的董事会决议。

七、董事会专门委员会制度

（一）董事会专门委员会的法律地位

为确保董事会的运作效率，《上市公司治理准则》第六节规定了董事会专门委员会制度。其中，第 52 条授权上市公司董事会按照股东大会的有关决议，设立战略、审计、提名、薪酬与考核等专门委员会。各专门委员会对董事会负责，各专门委员会的提案应提交董事会审查决定。

（二）董事会专门委员会的组成

专门委员会成员全部由董事组成。为发挥独立董事的监督优势，避免独立董事沦为稻草人，具有监督职能的审计委员会、提名委员会、薪酬与考核委员会、诉讼等专门委员会之中独立董事应占多数并担任召集人。审计委员会中至少应有一名独立董事是会计专业人士。至于董事会下设的具有经营决策职能的投资委员会、战略委员会，理应吸收内部董事和外部关联董事参加，但其构成比例略低于独立董事。

美国学者克莱恩认为，内部董事参与投资委员会的程度与公司经营绩效成正比。①《上市公司治理准则》第 52 条要求独立董事在审计委员会、提名委员会、薪酬与考核委员会中占多数并担任召集人，而未要求独立董事在战略委员会中占多数。因此，公司董事会可以自主决定战略委员会、投资委员会等专门委员会的主要成员是独立董事还是内部董事。关键是要充分发挥内部董事在参与公司长期发展战略和重大投资决策方面的建设性作用。

（三）董事会专门委员会的工作条件

为解决专门委员会专业知识匮乏的实际问题，增强专门委员会独立履行职责的能力，各专门委员会可以聘请中介机构提供专业意见，有关费用由公司承担。

---

① April Klein, *Firm Performance and Board Committee Structure*, 41 J. L. & Econ. 277 (1998).

八、董事会秘书制度

新《公司法》第124条规定:"上市公司设董事会秘书,负责公司股东大会和董事会会议的筹备、文件保管以及公司股东资料的管理,办理信息披露事务等事宜。"董事会秘书制度源于对我国上市公司董事会秘书实践的总结。中国证监会和国家经贸委2002年1月9日发布的《上市公司治理准则》和中国证监会2004年12月7日发布的《关于加强社会公众股股东权益保护的若干规定》规定了董事会秘书的法律地位。

董事会秘书制度源于美国。但美国公司法中仅有"公司秘书"(Secretary of the Corporation)制度,而无"董事会秘书"制度。我国的董事会秘书制度实乃美国公司秘书制度的翻版,二者并无实质区别。而且,美国公司中不存在监事会,公司秘书实际上只服务于董事会;而在我国公司中虽然存在监事会,但由于董事会秘书的定语为"董事会",因此我国公司的董事会秘书亦只服务于董事会。

董事会秘书堪称上市公司的行政中枢。董事会秘书的职责可以分为以下几类:(1)负责公司股东大会和董事会会议的筹备、召集和表决的程序管理工作。(2)负责股东会决议、董事会决议和其他重要公司文件的保管。(3)负责信息披露的具体操作事项。(4)协助独立董事工作。

《上市公司治理准则》第90条要求经理人员应对董事会秘书的工作予以积极支持;任何机构及个人不得干预董事会秘书的工作。为维持董事会秘书的独立性,确保董事会秘书公允地履行职责,《上市公司治理准则》第23条禁止上市公司的董事会秘书在控股股东单位担任除董事以外的其他职务。

第四节　董事长制度

一、董事长的法律地位和产生方法

董事长是公司的法定、必备、常设的一元化业务执行机关。董事长是董事会的核心组成人员,对于董事会的正常运转负有重大责任。但董事长不是凌驾于董事会之上的领导者。

董事会仅设董事长一人,可以设副董事长。但董事长的产生方法有所不同。(1)有限责任公司董事长的产生办法较为宽松自由,可由公司章程自由规定。(2)股份有限公司董事长和副董事长由董事会以全体董事的过半数选举产生。(3)国有独资公司董事长、副董事长由国有资产监督管理机构从董事会成员中指定。

董事长的任期与其他董事相同,原则上不超过本届董事会的任期,除非下一届董事会无法正常及时地选举产生。

二、董事长的法定职权

(一)主持股东会

股东会的召集权主体不同于主持权主体。有限责任公司设立董事会的,股东会会议由董事会召集,董事长主持。召集权主体的作用在于作出召开股东会会议的决策,主持权主体的作用在于负责股东会会议的程序管理事务,包括但不限于担任司仪、控制和合理分配会议时间、维持股东会会议秩序。

(二)召集和主持董事会

董事长既是董事会会议的召集权主体,也是董事会会议的主持权主体。

(三)董事会上的一票表决权

董事长在董事会表决时与其他董事一样平等地行使一票表决权,从而强化董事会民主决策。但在董事会表决出现赞成与反对旗鼓相当、僵持不下局面时,应允许公司章程授权董事长破例行使第二次表决权,以打破决策的僵局。

(四)检查董事会决议的实施情况

该职权虽规定于《公司法》第四章"股份有限公司的设立和组织机构"之中,但也适用于有限责任公司的董事长。因为股份有限公司与有限责任公司虽有诸多差异,但董事长的岗位性质有许多近似之处。而且,为确保董事会决议得到经理层不折不扣的执行和落实,也有必要允许董事长对照董事会决议的具体内容,督促经理层逐条予以落实。当然,董事长行使检查权时不能直接干预公司的日常经营管理事务。

董事长的以上四大法定职权主要围绕董事会决策以及董事会决策的执行监督而展开。

三、董事长职务的代理

综合《公司法》第48条、第102条第1款与第110条第2款规定,董事长不能履行职务或不履行职务的,由副董事长主持;副董事长不能履行职务或不履行职务的,由半数以上董事共同推举一名董事履行职务。

能够代理董事长履行职务的主体仅限于副董事长和董事。而且,代行董事长职务的副董事长和董事要严格按照由副董事长至普通董事的优先顺序确定,只有当副董事长不能履行职务或不履行职务时，其他董事才能登场代行董事长职务。

副董事长和董事可以代行的职务范围包括董事长依法可以行使的全部职责，包括主持股东会会议、召集和主持董事会、在董事会上行使表决权、监督董事会决议实施情况。

四、公司的法定代表人

公司的法定代表人是指依法自动享有对外代表公司实施法律行为的自然人。公司法定代表人是独任制的公司机关。

根据 1993 年《公司法》，董事长为公司唯一的、绝对的、当然的法定代表人。问题在于，一概由董事长担任公司法定代表人容易导致公司经营活动的僵化。为扩大公司选择法定代表人的自治空间，新《公司法》第 13 条规定："公司法定代表人依照公司章程的规定，由董事长、执行董事或者经理担任，并依法登记。公司法定代表人变更，应当办理变更登记。"

法定代表人越权签署合同的行为为越权代表行为。《合同法》第 50 条规定："法人或者其他组织的法定代表人、负责人超越权限订立的合同，除相对人知道或者应当知道其超越权限的以外，该代表行为有效。"该条规定可称为"越权代表制度"，旨在维护交易安全，在法定条件下例外将法定代表人的越权代表行为或无权代表行为视为有权代表行为，并对其签署的合同赋予法律效力。倘若公司能够举证相对人并非善意，则法定代表人的越权代表行为无效，其越权签署的合同亦归无效。

第五节 总经理制度

一、总经理的地位

总经理有广、狭二义。狭义的总经理仅指由董事会聘任、并对公司日常经营事务负总责的高级管理人员。广义的总经理既包括总经理，也包括冠以"总经理"之称的公司中层高级管理人员，如部门总经理、部门总监。本节讨论的总经理仅限于狭义的总经理。

公司总经理是公司常设的辅助业务执行机关。相对于董事会而言，总经理处于辅助业务执行机关的地位。在实践中，董事会往往负责业务经营的决策，而总经理往往负责业务经营的执行，并对公司日常经营管理事务负总责，是整个经营团队的负责人。

公司总经理是公司的高级雇员。作为公司的高级劳动者，总经理履行劳动合同约定的义务，行使劳动合同约定的权利，享受《劳动法》、《劳动合同法》等相关法律的保护。

公司总经理是公司的代理人。基于总经理与公司之间的劳动关系以及《公司法》的规定，产生了总经理的代理人地位。总经理作为公司的代理人享有《公司法》授予的法定代理权限、公司章程和董事会授予的委托代理权限。

《公司法》第50条规定："有限责任公司可以设经理，由董事会决定聘任或者解聘。"有限责任公司的资本规模和经营规模千差万别，股东和董事的经营才干和经理状况又有不同，有限责任公司可以从本公司的具体情况出发决定是否设经理岗位。公司不设经理、也不设立董事会的，可以设执行董事。执行董事兼具董事会与总经理的职权。《公司法》对股份有限公司和国有独资公司采取了强制设立经理的态度。该法第69条规定："国有独资公司设经理，由董事会聘任或者解聘。"该法第114条规定："股份有限公司设经理，由董事会决定聘任或者解聘。"

从总体而言，经理既独立于董事会，又受制于董事会。具体说来，经理既独立行使法定经营权限，又在许多方面受制于董事会。（1）在人事任免上，经理由董事会聘任或解聘，并对董事会负责。（2）在决策权的配置上，董事会仍就既非公司基本事项、亦非日常生产经营中琐碎事项的中观事项享有决策权。（3）在对外代表权上，董事长可以根据新《公司法》第13条以及公司章程规定处于公司法定代表人的重要地位。（4）在对内业务执行上，董事长也是业务执行机构。

在经营者兼任上，董事亦可兼任经理。根据新《公司法》第51条规定，股东人数较少或规模较小的有限责任公司，可以设一名执行董事，不设董事会。执行董事可以兼任公司经理。根据该法第69条第2款的规定，经国有资产监督管理机构同意，董事会成员可以兼任经理。根据该法第115条规定，股份有限公司董事会也可决定由董事会成员兼任经理。

二、总经理的职权

《公司法》第50条第1款和第114条第2款规定了总经理的八项职权：（1）主持公司的生产经营管理工作，组织实施董事会决议；（2）组织实施公司年度经营计划和投资方案；（3）拟订公司内部管理机构设置方案；（4）拟订公司的基本管理制度；（5）制定公司的具体规章；（6）提请聘任或解聘公司副经理、财务负责人；（7）聘任或解聘除应由董事会聘任或解聘以外的负责管理人员；（8）董事会授予的其他职权。公司章程对经理职权另有规定的，从其规定。立法理念是，立法者担心有些公司的经理滥用职权，遂将是否压缩、扩张以及如何压缩扩张的自由裁量权回归公司股东。

三、董事长与总经理的角色区分

除英国伦敦证券交易所要求公司的董事长由外部非执行董事担任外，许多国家的立法者对是否允许董事长兼任总经理也语焉不详。因此，在实践中，董事长兼任总经理或 CEO 的现象在许多国家较为普遍。原因有二：董事长兼任总经理或 CEO 符合公司自治的精神；而且，董事长兼任总经理或 CEO 有利于提高决策和执行的效率。

笔者认为，从合法性看，董事长有权兼任总经理、法定代表人。但对其妥当性，应当具体情况具体分析。具体说来，在中小规模的公司尤其是家族公司，董事长兼任总经理、法定代表人亦无不可，但在规模庞大的公司尤其是上市公司，应当实行董事长与总经理互相分离的原则。换言之，董事长可以兼任法定代表人，但不宜兼任总经理；更不宜同时兼任总经理和法定代表人。理由有三：

理由之一在于，董事长与总经理分设有利于避免公司经营者过分专权，完善公司内部民主与制衡机制。董事长兼总经理在公司决策体系中位高权重，倘若不能慎独自律，那么对一家公司的民主治理来说就风险极高。

理由之二在于，董事长与总经理的法律角色不同，肩负的法律义务各异。具体说来，董事长的主要职责在于团结和集中全体董事会成员的智慧和经验，就公司经营管理中的重要事项作出决策。而总经理的主要职责在于团结整个经营管理团队，将董事会的中观决策付诸实施。

理由之三在于，从保护经营者自身利益的角度出发，经营者也应自觉避免董事长兼任总经理。因为，同时兼任董事长与总经理两项职务的经营者会面临两个法律角色的双重法律风险。倘若擅长决策而不长于执行的公司高管以董事长身份参与决策并无不妥，但其以总经理身份执行董事会决策时由于执行工作不当给公司造成损失，仍然要对公司承担赔偿责任。反之，倘若不擅长决策而长于执行的公司高管在执行活动中对公司无咎可责，但其仍应就其以董事长身份参与决策时的过错行为对公司承担赔偿责任。正因为如此，英国伦敦证券交易所要求董事会主席只能由非执行的外部董事担任。

当然，对于董事长不宜兼任总经理应作限定解释：不妨碍副董事长兼任副总经理，也不妨碍董事长兼任副总经理、董事兼任经理。但严格说来，董事长是否兼任总经理应由董事会决定。董事长兼任总经理虽易导致专权，但只要存在相应的、有效的权力制衡机制，并不可怕。

第六节　监事会制度

一、监事会的法律地位

监事会是现代公司治理中的法定必备监督机关。在我国，监事会是对公司的财务及业务进行监督的法定、常设监督机构。

完善监事会制度，强化监事会对公司经营者的监督，对于改善公司经营业绩、保护股东权益意义甚大。由于股东会不可能经常以集会的方式对董事会与经理层的业务决策及执行行为开展监督，股东会就有必要选任监事组成监事会对公司的业务和财务开展监督。

虽然监事会与董事会在法律上位于平等地位，但由于大多数监事（尤其是内部监事）的个人职务级别低于大多数董事，致使监事会的事实地位低于董事会。监事会身处董事会之外，对董事会和经理层的运作情况自然存在隔膜。因此，新《公司法》对于监事会制度进行了改革，既扩充了监事会的监督职权，又强化了监事会的监督手段。

二、监事会的人数与任期

监事会成员原则上由股东会选举产生。股份有限公司的股东会选举监事时，可依公司章程的规定或股东大会的决议，实行累积投票制。但在以下例外情形，监事不由股东会选举产生：（1）国有独资公司的监事会成员由国有资产监督管理机构委派；（2）监事会成员中的职工代表由公司职工代表大会选举产生。

为壮大监事会规模，兼顾小规模公司的意思自治，新《公司法》第 52 条第 1 款规定："有限责任公司设监事会，其成员不得少于三人。股东人数较少或者规模较小的有限责任公司，可以设一至二名监事，不设监事会。"立法者强力推进监事会制度建设的主旨在于建立经营权与监督权的相互制衡机制，避免控制股东与经营层的失信行为。至于"股东人数较少或规模较小"的界定留待公司自治。此处的"规模"既包括资本规模，也包括雇工规模。

股份有限公司监事会的成员也不得少于 3 人。之所以未规定更高的法定人数，乃为了尊重公司治理机构的设置自由，避免立法者的无谓不必要干预，避免公司不必要的经济负担和内部职工利益与股东利益之间的利益冲突。

国有独资公司监事会成员不得少于 5 人。

监事的任期每届为 3 年。监事任期届满，连选可以连任。监事任期届满未及时改选，或监事在任期内辞职导致监事会成员低于法定人数的，在改选出的监事就任前，原监事仍应当依照法律、行政法规和公司章程的规定，履行监事职务。

三、监事会主席

有限责任公司监事会设主席 1 人，由全体监事过半数选举产生。监事会主席召集和主持监事会会议；监事会主席不能履行职务或不履行职务的，由半数以上监事共同推举 1 名监事召集和主持监事会会议。

股份有限公司监事会设主席 1 人，可以设副主席。监事会主席和副主席由全体监事过半数选举产生。监事会主席召集和主持监事会会议；监事会主席不能履行职务或不履行职务的，由监事会副主席召集和主持监事会会议；监事会副主席不能履行职务或不履行职务的，由半数以上监事共同推举一名监事召集和主持监事会会议。

国有独资公司监事会主席由国有资产监督管理机构从监事会成员中指定。

四、职工监事

为充分体现职工代表在公司治理结构中的话语权与监督权，更好地维护职工合法权益，构建和谐的劳资关系，《公司法》要求监事会应当包括股东代表和适当比例的公司职工代表，其中职工代表的比例不得低于 1/3，具体比例由公司章程规定。监事会中的职工代表由公司职工通过职工代表大会、职工大会或其他形式民主选举产生。

五、监事会的监督职权

新《公司法》第 54 条规定的监事会职权可简称为"监察权"，包括但不限于以下一系列职权：

（1）财务检查权。监事会既可以检查本公司的财务，也可基于股东的知情权尤其是账簿查阅权，对子公司的经营、业务及财产状况进行调查。

（2）违法人员弹劾权。监事会有权对违反法律、行政法规、公司章程或股东会决议的董事、高级管理人员分别向其选任机关提出罢免的建议。

（3）违法行为纠正权。当董事、高级管理人员的行为损害公司的利益时，要求董事、高级管理人员予以纠正。既包括防患于未然的纠正行为，也包括事后补救的纠正行为。

（4）股东会召集请求权与自行召集权。提议召开临时股东会会议，在董事会不履行本法规定的召集和主持股东会会议职责时召集和主持股东会会议。监事会的股东会召集权可分为主动召集（依职权）与被动召集（依股东之请求）。

（5）提案权。监事会有权向股东会会议提出提案。

（6）诉权。应股东之请求，监事会有权对失信的董事和高级管理人员提起诉讼。监事会决定对法定代表人的董事长或总经理等人提起诉讼时，监事会主席或监事长可以被列为原告公司的法定诉讼代表人。

（7）公司章程规定的其他职权。例如，在董事、经理与公司签署合同时，代表公司实施法律行为。代表公司的监事长或监事在此种特定情形下享有对公司的代表权。

可见，监事会的监督内容既包括会计监督，又包括业务监督；既包括合法性监查，又包括妥当性检查；既包括事先监督，又包括事中监督与事后监查。监事会必须勤勉尽责地履行以上监督职责，方能不辱公司代理人的监督使命。

六、监事会的监督方式

首先，监事会、不设监事会的公司的监事发现公司经营情况异常，可以进行调查；必要时，可以聘请会计师事务所等协助其工作，费用由公司承担。此处的"等"字微言大义，包含了律师事务所等中介机构。其次，监事会、不设监事会的公司的监事行使职权所必需的费用，由公司承担（《公司法》第57条、第119条第2款）。再次，监事可以列席董事会会议，并对董事会决议事项提出质询或建议。对于监事提出的有根有据、有针对性的建议，董事会和经理层应当认真听取，不予采纳的应当书面说明理由。最后，董事、高级管理人员应当如实向监事会或不设监事会的有限责任公司的监事提供有关情况和资料，不得妨碍监事会或监事行使职权（《公司法》第151条第2款）。

为避免裁判员与运动员的角色混淆，确保监事的独立性，《公司法》第52条第4款和第118条第4款禁止董事、高级管理人员兼任监事。此处的"高级管理人员"包括经理及财务负责人等高级管理人员在内。

七、会议规则

监事虽可单独行使监督职权，但对于重大监督决策而言，仍需在监事会内部以会议体的形式作出决议。监事会会议的意义不仅在于作出决议,也在于成为监事之间沟通信息、协调监督步伐的重要信息平台。

有限责任公司的监事会每年度至少召开一次会议,监事可以提议召开临时监事会会议。监事会的议事方式和表决程序,除公司法有规定的外,由公司章程规定。监事会决议应当经半数以上监事通过。监事会应当对所议事项的决定作成会议记录,出席会议的监事应当在会议记录上签名。

与有限责任公司监事会会议规则的唯一区别在于,《公司法》第120条第1款要求监事会每6个月至少召开一次会议。

第七节 公司董事、监事、高级管理人员的约束与激励

为强化公司董事、监事、高级管理人员的诚信义务,新《公司法》专门开辟第六章规定了公司董事、监事、高级管理人员的资格和义务。

一、公司董事、监事、高级管理人员的范围

(一) 董事的种类

董事是由股东大会选举、并作为董事会成员参与公司经营决策活动的自然人。董事以其与公司间的委托合同关系或信托关系而立于公司受托人的地位。

以其是否兼任公司高管职务为准,董事可分为内部董事与外部董事。其中,外部董事以其是否具有独立性为准又可区分为独立董事与非独立董事。

以其代表的利益为准,董事可以分为股东代表董事与职工代表董事。国有独资公司、两个以上的国有企业或两个以上的其他国有投资主体投资设立的有限责任公司,其董事会成员中应当有公司职工代表。其他有限责任公司董事会成员中可以有公司职工代表。董事会中的职工代表由公司职工通过职工代表大会、职工大会或其他形式民主选举产生。

(二) 监事

监事是由股东大会选举、并作为监事会成员参与公司经营监督活动的自然人。

以其代表的利益为准,监事可以分为股东代表监事与职工代表监事。以其是否与公司存在劳动合同关系为准,监事可以分为外部监事与内部监事。

(三) 高级管理人员

高级管理人员是由董事会或总经理聘任的、从事公司日常经营管理活动的自然人。新《公司法》第217条第1项将"高级管理人员"界定为"公司的

经理、副经理、财务负责人，上市公司董事会秘书和公司章程规定的其他人员"。这里所说的"其他人员"可以囊括 CEO（首席执行官）、CFO（首席财务官）、COO（首席运营官）、CTO（首席技术官）等公司自由设立的高阶公司经营管理岗位。

二、公司董事、监事、高级管理人员的任职资格

（一）积极资格

公司董事、监事、高级管理人员的积极资格既包括《公司法》和一般民事法律规定的一般积极资格（如具备完全民事行为能力），也包括特别法设定的特别积极任职资格。例如，《证券法》第 131 条要求证券公司的董事、监事、高级管理人员正直诚实，品行良好，熟悉证券法律、行政法规，具有履行职责所需的经营管理能力，并在任职前取得国务院证券监督管理机构核准的任职资格。又如，《证券投资基金法》要求基金管理公司的经理和其他高级管理人员（不含董事、监事、独立董事）熟悉证券投资方面的法律、行政法规，具有基金从业资格和 3 年以上与其所任职务相关的工作经历；其选任或改任应报经国务院证券监督管理机构依照该法和其他有关法律、行政法规规定的任职条件进行审核。

（二）消极资格

为防范公司高管的道德风险，新《公司法》第 147 条第 1 款禁止下列人员担任公司的董事、监事、高级管理人员：

（1）无民事行为能力或限制民事行为能力；

（2）因贪污、贿赂、侵占财产、挪用财产或破坏社会主义市场经济秩序，被判处刑罚，执行期满未逾 5 年，或因犯罪被剥夺政治权利，执行期满未逾 5 年；

（3）担任破产清算的公司、企业的董事或厂长、经理，对该公司、企业的破产负有个人责任的，自该公司、企业破产清算完结之日起未逾 3 年；

（4）担任因违法被吊销营业执照、责令关闭的公司、企业的法定代表人，并负有个人责任的，自该公司、企业被吊销营业执照之日起未逾 3 年；

（5）个人所负数额较大的债务到期未清偿。

公司违反前款规定选举、委派董事、监事或聘任高级管理人员的，该选举、委派或聘任无效；董事、监事、高级管理人员在任职期间出现第 147 条第 1 款所列情形的，公司应当解除其职务。

除了《公司法》规定的前述普通消极资格，特别法也规定了特定行业的

特别消极资格。例如，根据《证券法》第 131 条第 2 款规定，有下列情形之一的当事人不得担任证券公司的董事、监事、高级管理人员：（1）因违法行为或违纪行为被解除职务的证券交易所、证券登记结算机构的负责人或证券公司的董事、监事、高级管理人员，自被解除职务之日起未逾 5 年；（2）因违法行为或违纪行为被撤销资格的律师、注册会计师或投资咨询机构、财务顾问机构、资信评级机构、资产评估机构、验证机构的专业人员，自被撤销资格之日起未逾 5 年。

对特定行业的特别任职资格，有些特别法还规定了特别任职资格取消制度，即市场禁入制度。例如，《证券法》第 233 条规定，违反法律、行政法规或国务院证券监督管理机构的有关规定，情节严重的，国务院证券监督管理机构可以对有关责任人员采取证券市场禁入的措施。所谓"证券市场禁入"是指在一定期限内直至终身不得从事证券业务或不得担任上市公司董事、监事、高级管理人员的制度。

三、公司董事、监事、高级管理人员对公司的诚信义务

由于股东无法对公司的日常经营管理活动事必躬亲，必然仰赖德高望重的贤达人士为其开展经营活动。其中，具有经营决策专长的人士担任董事，具有操作和执行才干的人士担任经理，明察秋毫、刚正不阿的人士担任监事。因此，公司高管是现代公司和全体股东仰赖的受托人。公司高管既然承人之信、受人之托，就必须对公司和全体股东履行忠诚与勤勉两大义务。因此，强化公司高管的诚信义务，平衡公司高管与公司之间、公司高管与股东之间的利益冲突是公司治理制度的重要使命。

我国通说认为，公司与其董事、监事、高级管理人员之间的关系为委托（委任）合同关系。董事、监事、高级管理人员作为受托人既要履行《合同法》规定和委托合同约定的受托义务，也要履行公司法和特别法规定的受托义务。虽然董事、监事、高级管理人员为公司服务的具体职责有所不同，但在诚实守信、勤勉尽责的问题上都具有一般性。

英美法系通常借助信托法中的信托义务（Fiduciary Duty）概念来解释公司与其董事和高级管理人员之间的法律关系。鉴于我国已于 2001 年 4 月颁布《信托法》，《信托法》为受托人设定的信托义务又高于《合同法》委托合同规则为受托人设定的受托义务，也可以信托义务概括我国公司与其董事、监事、高级管理人员之间的关系。当然，无论是用委托合同还是信托关系解释公司与其董事、监事、高级管理人员之间的关系，都是殊途同归，二者并无本质

区别。

为强化公司高管的诚信义务，新《公司法》第六章专门规定了公司董事、监事和高级管理人员的资格和义务。新《公司法》第 148 条第 1 款要求董事、监事、高级管理人员遵守法律、行政法规和公司章程，对公司负有忠实义务和勤勉义务。此即董事、监事、高级管理人员的诚信义务。此种诚信义务一分为二：一为忠实义务，二为勤勉义务。其中，忠实义务强调公司高管的道德操守和忠贞不渝，而勤勉义务强调公司高管的专业水准和敬业精神。

四、董事、监事和高级管理人员的主要失信行为

为落实董事、监事和高级管理人员的忠实义务，新《公司法》第 149 条详细列举了公司法禁止的七大失信行为。

（一）挪用公司资金

此种行为是指公司高管违反法律、公司章程规定的权限和程序，擅自将公司资金用于悖离公司资金特定使用目的的行为。

（二）将公司资金以其个人名义或以其他个人名义开立账户存储

既然是公司资金，自应以公司名义存储，不应以个人名义存储。否则，年深日久不仅导致公司高管或其亲朋好友赚取公司的资金利息，而且容易导致公司资金的不法流失，还容易导致公权力对公司监管的失序现象。

（三）违反公司章程的规定，未经股东会、股东大会或董事会同意，将公司资金借贷给他人或以公司财产为他人提供担保

公司高管擅自将公司资金借贷给他人，非法剥夺了公司的资金所有权尤其是控制权，增加了公司讨债的风险和成本。倘若公司没有合法有效的反担保手段，则公司高管擅自以公司财产为他人提供担保的行为实际上谋取了自己或其背后第三人的不当利益，但将公司推向了巨额债务的火山口上。

（四）违反公司章程的规定或未经股东会、股东大会同意，与本公司订立合同或进行交易

依反对解释，只要公司高管与本公司订立合同或进行交易的行为遵循了公司章程的规定或经过股东会、股东大会的合法决策程序（包括事先批准程序与事后追认程序），则此种合同行为或交易行为的效力就应予以尊重。

这里所说的"与本公司订立合同或进行交易"既包括公司高管自己与本公司订立合同或进行交易，也包括公司高管的配偶、子女或其他利益相关者与本公司订立合同或进行交易。

（五）未经股东会或股东大会同意，利用职务便利为自己或他人谋取属于

公司的商业机会，自营或为他人经营与所任职公司同类的业务

该项规定实质上包含两类失信行为：第一类是篡夺公司的商业机会，第二类是竞业行为。我国新《公司法》借鉴英美法系尤其是美国判例法中的重要经验，首次将"不得篡夺商业机会的义务"引入我国成文立法，具有很强的针对性。

"与所任职公司同类的业务"包括但不限于所谓"同类的营业"，可以是完全相同的商品或服务，如公司生产红葡萄酒，董事也投资设厂生产葡萄酒；"同类的营业"也可以是同种或类似、且有竞争关系或替代关系的商品或服务，如公司作为电信增值服务商提供 ADSL 宽带上网服务，而董事也投资创设公司开辟拨号上网服务。公司高管竞业的方式多种多样，既包括自己投资设立公司或其他企业，与公司展开竞争；也包括担任与公司有竞争关系的公司的高管人员。竞业的时间既可以发生于公司营业阶段，也可以发生于公司准备营业阶段或试营业阶段，还可以发生于公司暂时中止营业阶段。

该项规定仅就公司高管在职期间的行为规范而言。倘若公司高管离职，是否负有竞业禁止义务，新《公司法》并未明文规定，完全留待公司章程或公司与公司高管之间签订的协议予以确定。倘若公司章程与聘任协议未设明文规定，则公司高管可以从事与公司业务有竞争关系的就业或投资活动。

（六）接受他人与公司交易的佣金归为己有

根据《反不正当竞争法》第 8 条的规定，经营者不得采用财物或其他手段进行贿赂以销售或购买商品。在账外暗中给予对方单位或个人回扣的，以行贿论处；对方单位或个人在账外暗中收受回扣的，以受贿论处。经营者销售或购买商品，可以以明示方式给对方折扣，可以给中间人佣金。经营者给对方折扣、给中间人佣金的，必须如实入账。接受折扣、佣金的经营者必须如实入账。

新《公司法》第 148 条第 2 款还明文禁止董事、监事、高级管理人员利用职权收受贿赂或其他非法收入，侵占公司的财产。《刑法》第 163 条还规定了收受商业贿赂罪。

（七）擅自披露公司秘密

公司高管擅自向公司外部第三人披露公司的秘密，是一种有悖诚信的行为。不管泄密行为是有偿的，还是无偿的，都伤害了公司的竞争力。此处所说的"商业秘密"是一个广义的概念，包括但不限于《反不正当竞争法》第 10 条所界定的商业秘密。根据《反不正当竞争法》第 10 条第 3 款规定，"本条所称的商业秘密，是指不为公众所知悉、能为权利人带来经济利益、具有实用

性并经权利人采取保密措施的技术信息和经营信息"。技术信息包括技术诀窍（Know-how），经营信息包括客户名单、业务渠道、营销方式等。除了狭义的商业秘密，新《公司法》第149条第1款第7项禁止公司高管披露的公司秘密尚包括上市公司尚未公开披露的董事会决议、财务会计数据、董事长或总经理健康状况等。既然公司高管不得擅自向公司外部第三人披露公司秘密，公司高管自身擅自利用公司秘密也在禁止之列。

（八）违反对公司忠实义务的其他行为

除以上七大失信行为外，新《公司法》第149条第1款第8项设计了兜底条款，从而涵盖公司高管的其他失信行为。

五、强化公司高管忠实义务的其他措施

新《公司法》对经营者忠实义务的规定绝不限于第149条，而是遍及立法体系的各个角落。例如，针对公司经营者通过操纵关联关系的监守自盗现象，新《公司法》第21条禁止公司的控股股东、实际控制人、董事、监事、高级管理人员利用关联关系损害公司利益；否则，就公司造成的损失承担赔偿责任。

第70条禁止国有独资公司的董事长、副董事长、董事、高级管理人员未经国有资产监督管理机构同意在其他有限责任公司、股份有限公司或其他经济组织兼职。中共中央纪委、中共中央组织部、监察部、国务院国资委2004年12月12日联合印发的《国有企业领导人员廉洁从业若干规定》第5条也明文禁止国有企业领导人员违反规定兼任下属企业或其他企业、事业单位、行业组织、中介机构的领导职务，或经批准兼职的，擅自领取兼职工资或其他报酬。

《公司法》第116条禁止股份有限公司直接或通过子公司向董事、监事、高级管理人员提供借款。

为预防经营者自我定价过高，强化股东对代理人滥用职权的行为的监督力度，第117条要求股份有限公司定期向股东披露董事、监事、高级管理人员从公司获得报酬的情况。该条规定有助于为股东在股东大会上行使表决权、在法院行使诉权、在市场上行使"用脚投票"的权利，提供必要信息。

《公司法》第142条第2款要求公司董事、监事、高级管理人员向公司申报所持本公司的股份及其变动情况，在任职期间每年转让的股份不得超过其所持有本公司股份总数的25%；所持本公司股份自公司股票上市交易之日起1年内不得转让；上述人员离职后半年内不得转让其所持有的本公司股份；同时授权公司章程对公司董事、监事、高级管理人员转让其所持有的本公司股份作

出其他限制性规定。为避免利益冲突，《公司法》第52条第4款和第118条第4款禁止董事、高级管理人员兼任监事。

六、公司董事、监事和高级管理人员的勤勉义务

公司高管的勤勉义务又称"善良管理人的注意义务"、"勤勉、注意和技能义务"或"注意和技能义务"，指公司高管在从事公司经营管理活动时应当恪尽职守，敬业精进，深思熟虑，达到普通谨慎的同行在同类公司、同类职务、同类相关情形中所应具有的经营管理水平。

要衡量董事是否履行了勤勉义务，必须设计相应的衡量标准。单纯的主观标准仅注重公司高管是否忠诚地贡献了其实际拥有的全部能力。如此一来，公司高管的经营能力越低，法律对其勤勉义务的要求越低；反之，公司高管的经营能力越高，法律对其勤勉义务的要求越高。从另一个角度看，单纯的主观标准考虑到了公司高管间经营能力的差异，并突出了公司高管的诚信义务，因此有其合理的一面。但其不足之处是不利于督促公司高管与时俱进、不断提高自己的经营能力与工作水平。

单纯的客观标准将公司高管个人的实际知识、经验或资格弃之一隅，仅关注法律假定的一个处于相同或类似位置的普通谨慎之人在相同或类似环境下所应尽到的注意程度。同时，由于该标准实质上采取了企业家市场中高管经营水平的平均值，因而对于大多数公司高管来说也较为公平。

有鉴于单纯的主观标准与单纯的客观标准均有缺憾，笔者主张，判断公司高管勤勉义务的履行状况，应当以普通谨慎的公司高管在同类公司、同类职务、同类相关情形中所应具有的注意、知识和经验程度作为衡量标准；倘若有证据表明某公司高管的知识、经验和资格明显高于此种标准的证明时，应当以该公司高管是否诚实地贡献出了他（她）实际拥有的全部能力作为衡量标准。只有如此，才能剔除单纯的主观标准与单纯的客观标准所蕴含的缺陷，并把二者的合理内核有机地结合起来。

七、公司高管的问责机制

（一）公司对失信公司高管的归入权与损害赔偿请求权

公司高管倘若违反了对公司所负的诚信义务，则应对公司承担相应的民事责任。从公司角度而言，公司对失信公司高管享有归入权与损害赔偿请求权。

就归入权而言，新《公司法》第149条第2款规定要求董事、高级管理

人员的失信所得收入归公司所有。公司对失信公司高管取得的失信所得所享有的权利即为归入权。公司对失信公司高管取得财产的归入权仅适用于公司高管违反忠实义务的场合，而不适用于公司高管违反勤勉义务的场合。

公司的归入权既有新《公司法》第149条第2款为特别法律依据，也有《信托法》第26条的支撑。该条规定："受托人除依照本法规定取得报酬外，不得利用信托财产为自己谋取利益。受托人违反前款规定，利用信托财产为自己谋取利益的，所得利益归入信托财产。"在公司与公司高管的法律关系中，公司高管立于受托人的地位，而公司立于委托人与受益人的地位。

公司对失信高管还享有损害赔偿请求权。新《公司法》第150条规定：董事、监事、高级管理人员执行公司职务时违反法律、行政法规或公司章程的规定，给公司造成损失的，应当承担赔偿责任。鉴于高管对公司承担赔偿责任的前提是"执行公司职务时违反法律、行政法规或公司章程的规定"，鉴于违反忠实义务和勤勉义务的行为都存在故意或过失，在追究公司高管的民事赔偿责任时应当坚持过错责任原则。

(二) 追究失信高管民事责任的法律程序

若公司高管拒绝或怠于向公司承担责任，公司可直接对该公司高管提起诉讼。若公司拒绝或怠于通过诉讼追究公司高管责任，具备法定资格的股东还可依新《公司法》第152条的规定，对失信高管提起代表诉讼。

当公司高管实施公司经营范围外的活动或其他违反法律和章程的行为，致使公司有发生损害之虞时，具备法定资格的股东还可行使违法行为停止请求权。股东代表诉讼的主要功能表现为事后救济，而违法行为停止请求权的主要功能则表现为事前预防。股东还可通过行使表决权、申请政府主管部门开展行政调查、在新闻媒体上予以揭露真相等途径维护公司和全体股东的合法权益。另外，倘若上市公司的多数股东因无力追究公司高管责任而纷纷抛售股票，势必会形成对高管的无形压力，也可迫使公司追究失信高管的责任或提请公权力机关启动调查程序。

董事、高级管理人员违反法律、行政法规或公司章程的规定，损害股东利益的，股东可以向人民法院提起诉讼。此类诉讼属于直接诉讼的范畴，不同于股东代表诉讼。主要区别在于，直接诉讼的目的是维护股东自身利益，而股东代表诉讼的目的是维护公司和全体股东利益；直接诉讼的请求权基础在于股东对董事、高级管理人员的损害赔偿请求权，而股东代表诉讼的请求权基础在于公司对其董事、高级管理人员的损害赔偿请求权。

公司除依法追究公司高管的民事责任外，还可依法将其解任。对于情节严重、构成犯罪的，还可向司法机关进行举报，依法追究其刑事责任。

八、经营判断规则

经营判断规则（Business Judgment Rule）是美国法院发展出来的、免除董事就合理经营失误承担责任的一项法律制度。美国法学会《公司治理原则》第 4.01 条第 3 项将经营判断规则表述为："如果作出经营判断的董事或经理符合下述 3 项条件，就应认为其诚实地履行了本节规定的义务：（1）该当事人与所作经营判断的内容没有利害关系；（2）该当事人有正当理由相信其在当时情形下掌握的有关经营判断信息充分、妥当、可靠；（3）该当事人有理由认为他的经营判断符合公司最佳利益。"

经营判断规则符合公司经营业务的复杂性、商业决策的自身特点以及董事会的运作特点。董事会审议事项芜杂，无法就每一问题进行长时间深入细致的研究和讨论，更无暇就经营层提请董事会审议之外的其他众多事宜主动进行经营判断。该规则有利于鼓励董事在公司经营中大胆创新，更好地为公司与股东们创造价值。建议人民法院和仲裁机构在强调公司高管勤勉尽责的同时，导入经营判断规则。

第八节　独立董事制度

独立董事制度对于维护中小股东权益、完善公司治理，具有重要意义。《公司法》第 123 条要求，"上市公司设立独立董事，具体办法由国务院规定"。虽然上市公司必须设立独立董事，非上市公司包括有限责任公司也可自愿设立独立董事。可见，独立董事制度是我国上市公司治理制度中的重要内容。

一、独立董事制度的概念和起源

"独立董事"一词源于美国的"Independent Directors"，在英国被称为非执行董事（Non-executive Directors）。独立董事不兼任公司高管职务，属外部董事范畴；又不与公司存在实质利害关系，故不同于关联董事。

美国传统公司治理结构中并不存在独立董事制度。最早引入独立董事制度的联邦公司立法为 1940 年《投资公司法》。至于投资公司之外的公司，尤其是上市公司的董事会在 20 世纪 70 年代前基本由内部董事控制。此后，纽约证券交易所、全美证券商协会、美国证券交易所也纷纷要求上市公司的董事会多数成员为独立董事。① 美国密歇根州的《公司法》更是率先在各州立法者中间确立了独立董事制度。

在实践中，美国独立董事在董事会结构中的比重日渐增加。在目前上市公司董事会席位中，独立董事席位大约为 2/3。② 独立董事的作用亦日益彰显。20 世纪 90 年代，大量经营效益滑坡的公司的总裁被独立董事们掌控的董事会扫地出门。据美国一些学者对 266 家公司在 1970 年、1976 年和 1980 年董事会的结构和公司业绩的调查研究，证明公司董事会的独立性与公司业绩存在正比例关系。③

英国非执行董事制度的建立也如火如荼。英国于 1991 年 5 月成立了由凯德博雷（Adrian Cadbury）勋爵为主席、由金融报告理事会、伦敦证券交易所和会计师协会组成的专门委员会，并于 1992 年底发表了著名的《凯德博雷报告》（全称为《凯德博雷委员会有关公司治理财务方面的报告》）。该报告要求每个公司的董事会都要设立具有一定才干和数量的非执行董事，并使其观点得以影响公司的经营决策。

独立董事制度还移植到法国和日本等国，大有蓬勃扩张之势。OECD《公司治理原则》第 5 条第 5 项也要求董事会对公司事务作出客观判断时应独立于管理层，并明确要求董事会设立足够数量的非执行董事对有可能产生冲突的事项（如财务报告、提名、高管人员与董事薪酬）作出独立判断。

独立董事制度对于提高公司决策的科学性、效益性、安全性，强化公司竞争力，预防公司内部控制人渔肉公司和股东利益，强化公司内部民主机制，维护小股东和其他公司利害关系人的利益发挥了积极作用。当然，英美法系的独立董事制度并非完美无瑕。进一步完善独立董事制度也是英美法系面临的重要课题。

二、我国独立董事制度的建立健全

1997 年中国证监会发布的《上市公司章程指引》允许上市公司根据需要设立独立董事。国家经贸委与中国证监会 1999 年联合发布的《关于进一步促

---

① ［美］R. W. 汉密尔顿：《公司法》（第 4 版），中国人民大学出版社 2001 年版，第 341 页。

② ［美］R. W. 汉密尔顿：《公司法》（第 4 版），中国人民大学出版社 2001 年版，第 342 页。

③ Barry D. Baysinger & Henry N. Butler, *Revolution Versus Evolution in Corporation Law: The ALI's Project and the Independent Director*, 52 Geo. Wash. L. Rev. 557, 572 (1984).

进境外上市公司规范运作和深化改革的意见》率先在海外上市公司强制推行独立董事制度，明确要求境外上市公司董事会换届时，外部董事应占董事会人数的 1/2 以上，并应有 2 名以上的独立董事。在总结经验的基础上，中国证监会 2001 年 8 月公布了《关于在上市公司建立独立董事制度的指导意见》（以下简称《指导意见》），开始在上市公司全面推行独立董事制度。同年，中国证监会要求基金管理公司建立独立董事制度。2002 年 1 月中国证监会与国家经贸委发布的《上市公司治理准则》更在第三章专节规定独立董事制度。

为突出独立董事制度的强制性色彩、提升独立董事制度的法律效力，新《公司法》第 123 条规定："上市公司设立独立董事，具体办法由国务院规定。"这意味着，上市公司既要设立监事会，也要设立独立董事。因此，上市公司设立独立董事制度是公司法的根本要求。

我国独立董事制度正在上市公司与基金管理公司中顺利推展，独立董事作用日趋明显。需要指出的是，独立董事制度并非万能。没有理由苛求独立董事制度"包治"公司治理"百病"。我们面临的任务是进一步完善独立董事制度。

三、独立董事制度与监事会的关系

美国与英国公司法均确立单层制的公司治理结构。换言之，公司机关中仅有股东大会和董事会，无监事会之设。独立董事实际上行使了双层制中监事会的职能。而在德国、荷兰等国公司法确定的双层制下，公司由董事会负责经营管理，但要接受监事会的监督，董事也由监事会任命。双层制与单层制的共同点在于，实现经营职能与监督职能的分开。如果说单层制在董事会内部实行了独立董事监督职能与内部董事经营的分开，双层制则在董事会外部另设上位机构行使监督之责。

我国新《公司法》确定了股东大会、董事会、监事会和经理构成的公司治理结构。看似双层制，实与双层制不同。原因在于，监事会与董事会均为平行的公司机关，同时对股东大会负责；监事会既不握有重大决策权，也无董事任免权。当然，监事会还是被赋予了法定的监督之责。根据新《公司法》的规定，在上市公司与基金管理公司存在着独立董事与监事会并存的现象。如何确保二者间的各司其职与通力合作，是确保公司效率和股东利益的重要问题。

独立董事与监事会在职权范围上既存在交叉与重叠，也存在不少差异。

首先，监督对象不同。独立董事的监督对象包括公司内部人（包括董事和经理层）和控制股东，而监事会监督对象包括独立董事在内的全体董事

（含董事长）、董事会秘书、经理、财务总监等高管人员。

其次，监督职权不同。法律和行政规章明确赋予监事会的职权只能归属监事会，独立董事不得行使；反之亦然。监事会应当围绕公司经营的合法性、妥当性对董事（含独立董事）和经理行使《公司法》规定的监督职责。独立董事的主要权限应当限定于《公司法》载明的董事会职权中的关键部分，如向董事会提议聘用或解聘会计师事务所；向董事会提请召开临时股东大会，提议召开董事会；聘请独立财务顾问，从而对董事会提交股东大会讨论的事项出具独立财务顾问报告。因此，只要独立董事在《公司法》规定的董事会权限范围内运作，不侵占监事会的权限范围，就不会存在独立董事与监事会发生职权撞车的问题。

最后，倘若独立董事与监事会监督意见相左，均应向股东大会据实披露，由股东大会最后定夺。

四、独立董事与外部董事的构成比例

我国新《公司法》未规定独立董事的最低比例。中国证监会《指导意见》要求上市公司在 2002 年 6 月 30 日前，董事会成员中应当至少包括 2 名独立董事；在 2003 年 6 月 30 日前董事会成员中应当至少包括 1/3 独立董事。

五、独立董事的资格保障

独立董事既应具备普通董事的任职资格，也应具备其他特殊资格（包括利害关系上的独立性和超脱性，以及过硬的业务能力）。

独立性是独立董事的价值所在，也是独立董事不同于内部董事与外部关联董事的关键所在。独立董事的权利与利益均以其独立性为前提。根据中国证监会《指导意见》第 3 条的规定，下列人员不得担任独立董事：（1）在上市公司或其附属企业任职的人员及其直系亲属、主要社会关系（直系亲属是指配偶、父母、子女等，主要社会关系是指兄弟姐妹、岳父母、儿媳女婿、兄弟姐妹的配偶、配偶的兄弟姐妹等）；（2）直接或间接持有上市公司已发行股份1% 以上或是上市公司前十名股东中的自然人股东及其直系亲属；（3）在直接或间接持有上市公司已发行股份 5% 以上的股东单位或在上市公司前五名股东单位任职的人员及其直系亲属；（4）最近一年内曾经具有前三项所列举情形的人员；（5）为上市公司或其附属企业提供财务、法律、咨询等服务的人员；（6）公司章程规定的其他人员；（7）中国证监会认定的其他人员。

独立董事还应当具备至少足以与非独立董事相匹配，甚至更强的业务能

力，包括担任独立董事所必需的专业知识和工作经验。这种专业知识和工作经验囊括企业管理、法律、财务、工程技术和其他专业技术。根据中国证监会《指导意见》第2条的规定，独立董事应当具备与其行使职权相适应的任职条件，担任独立董事应当符合下列基本条件：（1）根据法律、行政法规及其他有关规定，具备担任上市公司董事的资格；（2）具有本《指导意见》所要求的独立性；（3）具备上市公司运作的基本知识，熟悉相关法律、行政法规、规章及规则；（4）具有5年以上法律、经济或其他履行独立董事职责所必需的工作经验；（5）公司章程规定的其他条件。

从知识结构上看，独立董事集体的专业知识应当搭配合理，不宜高度重叠，且能囊括公司管理、财务、法律、营销等内容。鉴于上市公司独立董事的业务素质事关千万投资者切身利益，立法者有必要干预独立董事的业务知识结构，对于业务知识构成规定一个硬性比例。

六、独立董事的特别职权

为了充分发挥独立董事的作用，独立董事除应当具有公司法和其他相关法律、法规赋予董事的职权外，《指导意见》第5条还要求上市公司赋予独立董事以下特别职权：（1）重大关联交易审核（包括认可与否定）建议权。重大关联交易（指上市公司拟与关联人达成的总额高于300万元或高于上市公司最近经审计净资产值的5%的关联交易）应由独立董事认可后，提交董事会讨论；独立董事作出判断前，可以聘请中介机构出具独立财务顾问报告，作为其判断依据。（2）向董事会提议聘用或解聘会计师事务所。（3）向董事会提请召开临时股东大会。（4）提议召开董事会。（5）独立聘请外部审计机构和咨询机构。（6）在股东大会召开前公开向股东征集投票权。但上述权利不属于单个独立董事的权利，而以取得全体独立董事的1/2以上同意为前提。如上述提议未被采纳或上述职权不能正常行使，上市公司应将有关情况予以披露。（7）如果上市公司董事会下设薪酬、审计、提名等委员会的，独立董事应当在委员会成员中占有1/2以上的比例。

独立董事除履行上述职责外，还有权根据《指导意见》第6条对以下事项向董事会或股东大会发表独立意见：（1）提名、任免董事；（2）聘任或解聘高级管理人员；（3）公司董事、高级管理人员的薪酬；（4）上市公司的股东、实际控制人及其关联企业对上市公司现有或新发生的总额高于300万元或高于上市公司最近经审计净资产值的5%的借款或其他资金往来，以及公司是否采取有效措施回收欠款；（5）独立董事认为可能损害中小股东权益的事项；

（6）公司章程规定的其他事项。独立董事应当就上述事项发表以下几类意见之一：同意；保留意见及其理由；反对意见及其理由；无法发表意见及其障碍。如有关事项属于需要披露的事项，上市公司应当将独立董事的意见予以公告，独立董事出现意见分歧无法达成一致时，董事会应将各独立董事的意见分别披露。

七、独立董事的工作条件

为了保证独立董事有效行使职权，《指导意见》第7条要求上市公司应当为独立董事提供必要的条件。

（1）上市公司应当保证独立董事享有与其他董事同等的知情权。凡须经董事会决策的事项，上市公司必须按法定的时间提前通知独立董事并同时提供足够的资料，独立董事认为资料不充分的，可以要求补充。当2名或2名以上独立董事认为资料不充分或论证不明确时，可联名书面向董事会提出延期召开董事会会议或延期审议该事项，董事会应予以采纳。上市公司向独立董事提供的资料，上市公司及独立董事本人应当至少保存5年。

（2）上市公司应提供独立董事履行职责所必需的工作条件。上市公司董事会秘书应积极为独立董事履行职责提供协助，如介绍情况、提供材料等。独立董事发表的独立意见、提案及书面说明应当公告的，董事会秘书应及时到证券交易所办理公告事宜。

（3）独立董事行使职权时，上市公司有关人员应当积极配合，不得拒绝、阻碍或隐瞒，不得干预其独立行使职权。

（4）独立董事聘请中介机构的费用及其他行使职权时所需的费用由上市公司承担。

（5）上市公司应当给予独立董事适当的津贴。津贴的标准应当由董事会制订预案，股东大会审议通过，并在公司年报中进行披露。除上述津贴外，独立董事不应从该上市公司及其主要股东或有利害关系的机构和人员取得额外的、未予披露的其他利益。

（6）上市公司可以建立必要的独立董事责任保险制度，以降低独立董事正常履行职责可能引致的风险。

八、独立董事的任免

（一）独立董事的任免

上市公司董事会、监事会、单独或合并持有上市公司已发行股份1%以上的股东可以提出独立董事候选人，并经股东大会选举决定。独立董事的提名人在提名前应当征得被提名人的同意。提名人应当充分了解被提名人职业、学历、职称、详细的工作经历、全部兼职等情况，并对其担任独立董事的资格和独立性发表意见，被提名人应当就其本人与上市公司之间不存在任何影响其独立客观判断的关系发表公开声明。

在选举独立董事的股东大会召开前，上市公司董事会应当按照规定公布上述内容，并将所有被提名人的有关材料同时报送中国证监会、公司所在地中国证监会派出机构和公司股票挂牌交易的证券交易所。上市公司董事会对被提名人的有关情况有异议的，应同时报送董事会的书面意见。中国证监会在 15 个工作日内对独立董事的任职资格和独立性进行审核。对中国证监会持有异议的被提名人，可作为公司董事候选人，但不作为独立董事候选人。在召开股东大会选举独立董事时，上市公司董事会应对独立董事候选人是否被中国证监会提出异议的情况进行说明。

（二）独立董事的任期

独立董事每届任期与该上市公司其他董事任期相同，任期届满，连选可以连任，但是连任时间不得超过六年。

（三）独立董事的罢免

独立董事连续 3 次未亲自出席董事会会议的，由董事会提请股东大会予以撤换。除出现上述情况及《公司法》中规定的不得担任董事的情形外，独立董事任期届满前不得无故被免职。提前免职的，上市公司应将其作为特别披露事项予以披露，被免职的独立董事认为公司的免职理由不当的，可以作出公开的声明。

（四）独立董事的辞职

独立董事在任期届满前可以提出辞职。独立董事辞职应向董事会提交书面辞职报告，对任何与其辞职有关或其认为有必要引起公司股东和债权人注意的情况进行说明。如因独立董事辞职导致公司董事会中独立董事所占的比例低于本《指导意见》规定的最低要求时，该独立董事的辞职报告应当在下任独立董事填补其缺额后生效。

九、独立董事的问责机制

独立董事必须对公司与股东利益负责，并关注其他利害关系人的利益。中国证监会《指导意见》第 1 条和《上市公司治理准则》第 50 条均确认，独立董事对上市公司及全体股东负有诚信与勤勉义务。独立董事应当按照相关法律法规、《指导意见》、《上市公司治理准则》和公司章程的要求，认真履行职责，维护公司整体利益，尤其要关注中小股东的合法权益不受损害。

独立董事与非独立董事一样，对公司和全体股东负有诚信义务。独立董事对于公司和全体股东负有忠实义务。违反忠实义务的，要对公司、甚至股东承担民事赔偿责任。在衡量独立董事与非独立董事是否违反忠实义务的时候，不应适用不同标准。独立董事也要严格履行勤勉义务。判断独立董事是否履行注意义务的标准应当与非独立董事的标准相同。独立董事客观上投入公司的时间有限，且不在公司担任其他职务。这一事实可能构成法院在个案中判断独立董事是否免责或减责的正当理由。换言之，内部董事既是公司董事、又是公司高级雇员，理应承担比独立董事更重的勤勉义务。为帮助法院准确衡量独立董事是否违反勤勉义务，独立董事协会可制定自律性的《独立董事最佳行为准则》。

为预防独立董事兼任数量过多导致的法律问题，中国证监会《指导意见》第1条规定，"独立董事原则上最多在5家上市公司兼任独立董事，并确保有足够的时间和精力有效地履行独立董事的职责"。

十、独立董事的利益激励机制

根据中国证监会《指导意见》第7条第5项的规定，上市公司应当给予独立董事适当的津贴；津贴标准由董事会制订预案，股东大会审议通过，并在公司年报中披露。另外，根据《指导意见》第3条第2项，直接或间接持有上市公司已发行股份1%以上或是上市公司前十名股东中的自然人股东及其直系亲属下列人员不得担任独立董事。因此，独立董事可有限度地持有任职公司股份。

十一、独立董事的角色定位

独立董事要恪尽普通董事的应尽职责，既要发挥参与决策的职责，也要发挥监督职责，还要发挥顾问和咨询职责。在监督者与顾问之间，前者是第一位的，后者是第二位的。作为监督者，独立董事有义务确保公司经营行为合乎法律、行政法规和公司章程的规定；作为顾问，独立董事应为提升公司业绩献计献策。

第九节　瑕疵公司决议的司法救济机制

一、公司决议瑕疵及其救济类型

公司决议一旦有效作出，就被拟制为公司的意思，对公司全体股东、经营者乃至未来加入公司的股东具有拘束力。但公司决议出现瑕疵并非罕见。公司决议瑕疵有广、狭二义。狭义的瑕疵仅指决议内容的瑕疵；广义的瑕疵既包括决议内容的瑕疵，也包括决议程序的瑕疵。公司决议瑕疵事关全体股东切身利益。

新《公司法》第22条严格区分了公司决议的不同瑕疵，并在此基础上分别规定了不同的救济措施：公司决议内容违反法律、行政法规的无效；股东会会议召集程序、表决方式违反法律、行政法规或公司章程，或决议内容违反公司章程的，股东可自决议作出之日起60日内，请求人民法院撤销。因此，控制股东滥用资本多数作出的股东会决议以及操纵董事会成员作出的董事会决议的效力大打折扣。

二、公司决议无效确认之诉

根据《公司法》第22条第1款的规定，凡是内容违反法律、行政法规的公司股东会或董事会决议均属无效。"法律、行政法规"应运用限缩解释方法将其解释为强制性规定。为确保公司决议的稳定性与公信力。公司决议的无效确认应当以诉讼为之。违反强行性法律规定的公司决议，本来就属当然无效，无须以何种特别手段予以消除，股东提起决议无效确认之诉，只是通过法院判决宣布该无效决议为无效。

公司决议无效，意味着公司决议自始、确定、当然、绝对不发生法律效力。"自始"无效意味着，公司决议自其作出时开始就不发生表决力占优势地位的股东或董事欲发生的效力。"确定"无效意味着，公司决议不仅自其作出时不生效，而且日后也无生效之可能。"当然"无效意味着，无效公司决议无须任何人主张，理所当然不生效力，而且任何人均可主张其无效。"绝对"无效则是对前述三个含义的强调。公司决议全部内容无效的，整个决议当然无效。倘若决议各项内容不具有可分性，则部分决议事项无效导致整个决议当然无效；倘若决议各项内容具有可分性，则部分决议事项无效并不必然导致决议中的其他事项无效。

公司决议无效不仅意味着不发生表决力占优势地位的股东欲实现的法律效果，而且意味着有可能发生其他连带或附带的相反法律效果。例如，当控制股东通过股东会决议侵占公司财产时，将发生公司（可借由股东代表诉讼实现）对控制股东的侵权行为损害赔偿请求权以及所有物返还请求权；股东根据无效股东会决议分取不应分取的股利时，公司对分取股利之股东享有不当得利请求权等；控制股东通过股东会决议开除股东资格时，被开除股东资格的股东享有股东资格恢复请求权等，均属此类。

公司决议无效确认之诉的判决效力具有对世性，即其效力及于第三人；且具有绝对的溯及力。但是，根据外观主义法理，为保护交易安全起见，公司决议被人民法院确认无效后，不影响、也不能对抗善意第三人依据无效公司决议而取得的利益。

与程序存在瑕疵的公司决议撤销之诉不同，股东或其他利害关系人提起公司决议无效确认之诉时不受新《公司法》第22条第2款规定的除斥期间的限制。

三、公司决议撤销之诉

（一）瑕疵公司决议撤销之诉概述

新《公司法》更强调公司决议的程序严谨。所谓程序严谨，是指股东会会议的召集程序、表决方式不仅应当遵守法律、行政法规中的程序规则，而且应当遵守公司章程中的程序规则。根据新《公司法》第22条第2款规定，股东会或股东大会、董事会的会议召集程序、表决方式违反法律、行政法规或公司章程，或决议内容违反公司章程的，股东可自决议作出之日起60日内，请求人民法院撤销。基于公司自治和股东自治精神，人民法院在审判实践中原则上应当尊重公司股东会和与董事会依法作出的决议。原则上不宜干预，除非该决议实体内容违反了法律、行政法规中的强制性规定。同时，人民法院也有权应股东之所请，对于召集程序与表决程序存在法律瑕疵的公司决议进行司法审查。

公司决议撤销之诉为形成之诉。所谓形成之诉，指原告主张法律上一定事由即形成原因之存在，当此种存在为法院所认可时，根据法院判决形成新的法律关系的诉讼。公司决议之撤销，涉及众多股东，影响公司正常运营甚巨。为求慎重，股东出席公司决议的权利，即撤销权（形成权之一种）必须诉请法院或仲裁机构为之。股东请求法院撤销有瑕疵的公司决议的权利，即撤销诉权，是形成诉权。

鉴于可撤销决议的瑕疵轻于无效决议的瑕疵，为提高诉讼效率，节约司法资源，督促股东及早行使权利，新《公司法》第22条第2款规定，股东行使决议撤销之诉的除斥期间为60日。倘若无人在除斥期间内提起决议撤销之诉，则决议瑕疵因时间之流逝而获治愈，从而变成具有确定法律效力的决议。

（二）作为撤销原因的公司决议瑕疵

1. 召集程序方面的瑕疵。

诸如：（1）召集通知之遗漏。（2）股东会或董事会召集通知中未载明召集事由、议题和议案概要。（3）股东依法提出的议案概要未被记载在会议通知上。（4）召集人不适格。（5）决定召集股东会的董事会决议因出席董事人数不足而无效。（6）召集通知的期间过短，股东缺乏充分的时间作出相应的参会准备。

2. 表决程序之瑕疵。

主要包括：（1）由于股东会或董事会现场对参会者或其代理人身份查验不严，非股东或非董事的代理人参与了表决。（2）公司决议缺乏公司章程确定的定足数（股东会有效召开所要求的股东所代表的最低股份总数）。（3）违反了章程关于表决代理人仅限于股东或董事的规定。（4）会议主持人拒绝适格代理人行使表决权。（5）负有说明义务的董事、监事对于股东的质询拒绝作出说明或说明不充分。（6）股东会或董事会主席无正当理由限制或剥夺股东的发言权或辩论权。

3. 决议内容违反章程。

章程是规范公司内部关系的自治规章，而非适用于外部人的法律，对于内容违反章程的股东会或董事会决议比起内容违反法律的股东会或董事会决议更应当尊重股东自治和公司自治。因此，我国新《公司法》第 22 条第 2 款将内容违反章程的股东会或董事会决议列入撤销原因之一。

（三）原告和被告之确定

《公司法》第 22 条赋予股东的公司决议撤销诉权为单独股东权。任何（即使仅持有一股）股东均可提起决议撤销之诉，而不问其是否记名、有否表决权，也不问其是否曾亲自出席股东会或董事会。作为原告，股东资格必须从起诉时起至判决生效期间始终具备。如果某股东在公司决议之时尚未取得股东资格，但其前手（出让股份的股东）在公司决议之时具有股东资格，且享有公司决议撤销诉权的，则在除斥期间内受让股份成为股东者，亦可提起决议撤销之诉。对股东会或董事会的召集程序和决议方法未当场表示异议的股东不得提起公司决议撤销之诉。这样，可以督促股东对股东会或董事会召集程序和决议方法方面的瑕疵当场提出反对意见，从而便利股东会或董事会及时修正瑕疵，最终提高公司决议的效率和稳定性。倘若股东会或董事会召集方法与决议方法虽有瑕疵，但会议全体成员在无异议的情况下一致通过了公司决议，则参加股东会或董事会之股东不享有公司决议撤销诉权。

决议撤销之诉的被告是公司。这是由于公司民主原则（少数服从多数原则）将股东会上控制股东的意思拟制为公司的意思，将董事会上多数董事的意思拟制为公司的意思，既然公司决议体现了公司的意思，自然可将公司列为决议撤销之诉的被告。

（四）判决之效力

民事行为被撤销的效力不仅拘束行为当事人，而且亦及于第三人。同理，为求得法律关系的确定性和划一性，撤销公司决议的判决效力不仅应当及于原告股东与公司之间，而且原则上及于当事人之外的所有人，此即撤销决议判决的对世效力。

就对时间的效力而言，决议撤销判决的效力应当溯及于决议之时无效。公司决议作为共同法律行为被法院判决撤销后，判决原则上应对公司内外关系具有溯及力，以示对可撤销决议效力之否定。但董事在判决撤销前根据该决议内容或根据董事会惯常的代理权限（经营裁量权）而从事的各种交易行为（含票据行为）、签订的各类合同，即应适用表见董事、表见代表或表见代理的法理保护善意第三人。

倘若公司决议各项内容不具有可分性，部分决议事项被撤销当然导致整个决议被撤销；倘若决议各项内容具有可分性，则部分决议事项被撤销并不必然导致决议中的其他事项被撤销。

四、原告股东担保制度

为防止股东滥用决议撤销之诉、图谋不当利益，我国新《公司法》第22条第3款规定了原告股东担保制度："股东依照前款规定提起诉讼的，人民法院可应公司的请求，要求股东提供相应担保。"据此，无论是提起公司决议无效确认之诉，还是公司决议撤销之诉的股东都在公司提出相应请求的情况下根据法院的裁定负有担保提供义务。至于担保的性质，则为诉讼费用担保。换言之，担保的范围仅限于公司有可能发生的合理诉讼费用，而与争议项下的公司决议所涉及的标的金额无涉。

公司请求法院责令原告股东提供担保是有条件的。具体说来，只有当作为被告的公司能够证明股东为恶意时才有权请求法院责令原告股东提供合理担保，法院才能裁定原告股东提供相当担保。所谓"恶意"，系指明知有害公司，而无追求股东正当利益之目的。倘若原告股东出于恶意或重大过失而败诉，自应对公司负损害赔偿责任。至于股东是否存在恶意，被告公司应当承担举证责任。

五、公司决议的撤销变更登记

公司决议代表着公司的意思表示。公司决议的内容不同对公司法律关系的影响也不同。为了对外彰显公司决议的内容,增强公司决策的透明度,对抗第三人,公司往往根据法律之强制要求或自己之意思自治前往公司登记机关办理相应的登记手续。既然登记事项得以变更所依据的股东会决议或董事会决议已经被确认无效或被撤销,公司已经作出的变更登记必须恢复原状。在法院撤销决议或宣告决议无效的判决生效后,公司登记机关应当根据公司的申请,撤销原登记。倘若公司拒绝或怠于申请撤销登记,则在瑕疵股东会决议无效确认之诉或撤销之诉中胜诉的当事人(如股东、董事、董事长)有权请求人民法院向公司登记机关发出协助执行通知书。

第八章 并购重组

第一节 并购重组概述

一、并购重组的概念

并购重组有助于提高公司资本的运营效率，实现公司资源的合理流动与优化配置，避免公司资源的不必要浪费。资本市场愈发达，并购重组活动愈趋活跃。

并购重组具有广、狭二义。狭义的并购重组仅限于公司并购，包括公司合并、公司收购与公司分立（分割）。而广义的并购重组泛指公司之间、股东与公司之间、股东之间依据私法自治原则，为实现公司资源的合理流动与优化配置而实施的各种商事行为。公司之间的重组活动包括两家以上公司之间的公司合并和公司分立行为。股东与公司之间的重组活动包括一家公司背后的股东与另外一家收购公司之间的控制权收购活动以及资产收购活动。股东之间的并购重组行为包括两家公司与另外一家公司背后的股东之间的股权转让活动。

二、并购重组的类型

随着资本市场的不断发育和成熟，并购重组方式日趋多元。以重组的客体为准，并购重组可以分为公司部分财产的重组、公司人格的重组、公司股权的重组、公司控制权的重组和公司经营方式的重组。

（1）公司部分财产的重组。主要包括公司资产收购、营业转让。在这类并购重组中，卖方公司丧失了对出售资产或营业的所有权，换回了货币或其他等值财产，进而得以购进其他急需财产。发生流转和变化的仅为各方公司的资产形态，至于各方公司的法人资格不受影响。

（2）公司人格的重组。主要包括公司合并与公司分立。此类并购重组或者导致一家以上既存公司的消灭（在吸收合并与新设分立的情况下），或者导致一家以上新设公司的诞生（在新设合并与存续分立的情况下）。

（3）公司股权的重组。主要指两家公司之间发生的股权流转行为以及公司转换制度（包括股份交换与股份移转）。由于股份转换的结果不仅导致股权的流转，而且导致新设母公司的诞生，因此股份转换既是股权重组活动，也是公司人格重组活动。

（4）公司控制权的重组。一家公司通过收购另外一家公司的大宗股权、或者建立表决权信托等方式取得对后一公司股东会或董事会的绝对或者相对控制权，至于目标公司的法人资格依然存在，发生流转与变化的仅限于公司股东会和董事会中的控制权。当然，一家公司取得控制权以后，可以通过改变目标公司的发展战略和经营方针，进而壮大公司的规模经济效益。

（5）公司经营方式的重组。在公司自身无意或无力经营或者虽有意和有力经营，但经营成本显著过高的情况下，可以采取营业租赁或者承包经营的方式，将营业的经营权在一定期限内让渡给具有经营管理经验和卓越声誉的同行公司。

当然，并购重组的不同手段之间并非截然对立，有时相与结合、搭配使用，共同服务于公司重整战略。例如，看似对立的公司合并与公司分立也可共同组合。试举例说明。A 公司通过存续分立一分为二，一为 A 公司，二为新设 B 公司；B 公司又可兼并 C 公司。再如，A 公司可以分立为 B 公司和 C 公司，D 公司可以分立为 E 公司和 F 公司；之后，C 公司可与 F 公司合并，E 公司可与 B 公司合并。

三、并购重组的法律适用

并购重组既然体现契约自由、公司自治和市场竞争的精神，当然应当适用《公司法》和《合同法》等民事基本法律。既然并购重组行为属于平等主体之间的民事行为，并购重组行为就要充分尊重各方当事人的自由选择，原则上公权力不宜强行干预。

但并购重组的结果有可能涉及竞争者、消费者、劳动者的切身利益，有时甚至影响到国家宏观调控政策尤其是产业政策、社会公共利益和国家利益、国家安全。有些并购重组有可能排除和限制竞争，有的公司合并旨在大量裁员，有的并购重组与国家宏观调控政策背道而驰。因此，对有可能损害国家利益、社会公共利益和国家安全的并购重组，立法者与监管者必须予以干预。

2007 年 8 月 30 日出台的《反垄断法》专章规定了"经营者集中"，旨在约束与控制公司经济力量的过度集中。中国证监会《上市公司收购管理办法》

第 4 条也明文禁止上市公司的收购及相关股份权益变动活动危害国家安全和社会公共利益；上市公司的收购及相关股份权益变动活动涉及国家产业政策、行业准入、国有股份转让等事项，需要取得国家相关部门批准的，应当在取得批准后进行；外国投资者进行上市公司的收购及相关股份权益变动活动的，应当取得国家相关部门的批准，适用中国法律，服从中国的司法、仲裁管辖。2006年 9 月 8 日，商务部、国务院国有资产监督管理委员会、国家税务总局、国家工商行政管理总局、中国证券监督管理委员会和国家外汇管理局重新发布的修订后的《关于外国投资者并购境内企业的规定》第 12 条也要求外国投资者并购境内企业并取得实际控制权，涉及重点行业、存在影响或可能影响国家经济安全因素或者导致拥有驰名商标或中华老字号的境内企业实际控制权转移的，当事人应就此向商务部进行申报。

第二节 公 司 合 并

一、公司合并的概念与特征

公司合并指两家以上的公司不经过清算程序，直接合并成为一家公司的法律行为。公司合并的主要动因包括但不限于：（1）取得规模经济效益，扩大市场占有率，增强公司竞争力，提升公司的社会形象和知名度；（2）提升公司的竞争力，避免公司在激烈的市场竞争中被淘汰出局等。

公司合并具有以下特征：

（1）公司合并是公司之间的契约行为。公司合并的主体是公司、而非股东，合并的意思表示由合并各方公司股东会分别作出。公司合并要充分体现私法自治精神，当然，这并不排除政府依据反垄断法的授权，为了维护公平竞争秩序而对公司合并予以行政审查，也不排除政府依据法律或者行政法规的授权，为保护自然资源与生态环境而对小规模的采矿企业作出强制合并的行政决定。

（2）公司合并是合并各方公司实施的共同行为。与合伙合同、公司设立协议相似，合并各方的意思表示内容相同、方向平行，均指向相同的合并内容。这与意思表示方向相反、但相互合作的买卖合同迥然有异。

（3）公司合并前原公司的股东资格并不消失。虽然公司合并会导致一家或多家公司的法人资格的消失，但被注销的公司的股东并不因此而丧失股东权利；相反，他们要在存续公司或新设公司中取得相应的股东资格。当然，这并不排除异议股东在公司合并之时行使退股权，进而脱离公司。

二、公司合并的类型

（一）吸收合并与新设合并

以合并前后公司的组织形态变化为准，公司合并分为吸收合并或者新设合并。根据《公司法》第 173 条的规定，公司合并可以采取吸收合并或者新设合并。

所谓吸收合并，又称存续合并、公司兼并，是指一家公司吞并和吸收另外一家公司，存续公司的资本规模和业务规模更大，而被合并公司未经清算而解散，并将其全部资产和负债转让给存续公司的法律行为。其中，被合并公司股东所持的股份转换为对存续公司所持的股份。在吸收合并中，合并一方的法人资格得以保全，而其他公司的法人资格则告消灭。

所谓新设合并，又称新创合并、创设合并，是指两家以上的公司未经清算而解散，并将其全部资产和负债转让给一家新设公司的法律行为。在新设合并中，所有公司均丧失法人资格，新公司在此基础上得以破土而出，被合并公司股东所持的股份转换为对新设公司所持的股份。

（二）同类公司合并与不同类公司合并

以合并各方公司的组织形式是否相同为准，公司合并可以分为同类公司合并与不同类公司合并。所谓同类公司合并，是指组织形式相同的公司之间的合并，如有限责任公司之间的合并、股份有限公司之间的合并、上市公司之间的合并；不同类公司合并，是指组织形式不同的公司之间的合并，如有限责任公司与股份有限公司之间的合并、非上市公司与上市公司之间的合并、一人公司与股东多元化公司之间的合并等。

同类公司合并后的公司组织形式一般并不发生变化，而不同类公司合并后的组织形式则不可能与原公司组织形式保持相同：在某些情况下，合并后公司采取原公司的组织形式之一（例如，股份有限公司兼并有限责任公司之后依然保留股份有限公司的法律身份）；而在某些情况下，合并后公司采取原公司之外的其他组织形式（例如，一人公司与一家有限责任公司新设合并后组建一家股份有限公司）。

我国《公司法》并未禁止不同类型组织形式的公司合并。因此，不同类型组织形式的公司合并具有合法性。至于合并后的公司组织形式，要由各方合并公司及其广大股东根据吸收合并与新设合并的不同特点以及合并后公司是否满足特定公司组织形式的法定门槛而定。一般说来，股份有限公司与有限责任公司合并的，存续公司或新设公司采取股份有限公司的形式有利于扩大公司规模，提升股权的流通性，更符合公司合并的战略目标。有限责任公司股东经由公司合并一跃而为股份有限公司甚至上市公司的股东；股份有限公司的资本规模和经营规模亦可进一步壮大。

三、公司合并的程序

（一）董事会草签公司合并协议

公司合并协议的极端重要性远非公司在日常经营活动中缔结的买卖契约和服务契约所能比拟。作为董事对公司履行勤勉义务的重要组成部分，合并各方的董事会应当负责代表各自所在公司就合并事项进行充分协商，草签合并协议或者拟定意见一致的合并方案，并经各方公司董事会分别讨论通过。必要时，合并各方董事会应当聘请律师事务所、会计师事务所和投资银行等中介机构提供相应的专业服务。我国《公司法》没有规定公司合并协议的主要条款，意在鼓励契约自由。

（二）股东大会作出公司合并的特别决议

董事会起草的公司合并协议草案并非已经成立和生效的合同。只有当合并各方公司的股东会分别作出同意合并的特别决议后，公司才能依法成立。

股东会有权对公司合并、分立、解散、清算或者变更公司形式作出决议（《公司法》第38条第1款第9项）。但是，在股东会作出决策之前，董事会负责拟订公司重大收购、收购本公司股票或者合并、分立、解散及变更公司形式的方案（《上市公司章程指引》第107条第7项）。鉴于公司合并对公司及其股东来说关系重大，公司合并属于资本绝对多数决事项、而非资本简单多数决事项，公司合并决议属特别决议，而非普通决议。因此，股东会作出公司合并的决议时，必须经代表2/3以上有限责任公司表决权的股东通过（《公司法》第44条第2款），或者必须经出席会议的股东所持股份有限公司表决权的2/3以上通过（《公司法》第104条第2款）。倘若公司发行了不同类别的股份，那么公司合并决议还需要得到各类股份股东以绝对资本多数决规则表示同意。

在合并各方公司的股东会上，董事会应当解释合并协议草案的内容，说明合并协议草案诸条款，尤其是股份转换比例的法律和经济理由。报告还应当说明报告起草中遇到的所有特殊的评估困难。在必要的情况下，董事会应当聘请会计师事务所审查合并协议草案，并向股东提交书面报告，对公司合并的对价尤其是股份转换比例是否公平合理发表意见。

股东大会决议的内容包括两个不可或缺的重要内容：一是批准合并协议草

案；二是为推行公司合并计划而修改公司章程。

（三）异议股东保护程序

为保护对公司合并持反对意见的少数股东的正当权益，法律例外赋予此类股东退股权。在有限责任公司，对股东会作出的公司合并决议投反对票的股东可以请求公司按照合理的价格收购其股权。自股东会会议决议通过之日起60日内，股东与公司不能达成控制权收购协议的，股东可以自股东会会议决议通过之日起90日内向人民法院提起诉讼（《公司法》第75条）。在股份有限公司，股东对股东大会作出的公司合并决议持异议的，也有权要求公司收购其股份；但是，公司回购的股份应当在6个月内予以注销（《公司法》第143条）。

（四）签订公司合并协议并予公告

股东大会作出公司合并决议后，应当在合理期限内签订公司合并协议，并编制资产负债表及财产清单。公司应当自作出合并决议之日起10日内通知债权人，并于30日内在报纸上公告（《公司法》第174条）。从理论上说，倘若一方公司股东会决议修改公司合并协议，各方公司董事会就须对合并协议草案进行新一轮的修改。

（五）债权人保护程序

《公司法》第174条规定："公司合并，应当由合并各方签订合并协议，并编制资产负债表及财产清单。公司应当自作出合并决议之日起10日内通知债权人，并于30日内在报纸上公告。债权人自接到通知书之日起30日内，未接到通知书的自公告之日起45日内，可以要求公司清偿债务或者提供相应的担保。"可见，《公司法》未规定公司合并的公告次数，允许拟合并公司在法定期限内只公告一次。这就要求债权人格外留意债务人公司的合并信息，并在公司合并完成之前尽快在法定期限内要求公司清偿债务或者提供相应担保。

倘若债权人未在前述期限内要求公司清偿债务或者提供相应的担保，则应当视为债权人承认公司合并行为。但债权人有权请求合并后的存续公司或新设公司承担债务清偿责任。《公司法》第175条规定："公司合并时，合并各方的债权、债务，应当由合并后存续的公司或者新设的公司承继。"

即使公司合并各方未履行通知与公告义务，或者未按债权人要求清偿债务或者提供相应的担保，亦不影响公司合并的效力，只不过此种合并行为不能对抗分立前各公司的债权人。换言之，债权人保护程序不是公司合并的生效要件，而是公司合并的对抗要件。

（六）公司变更登记

公司合并，登记事项发生变更的，应当依法向公司登记机关办理变更登记；被合并公司解散的，应当依法办理公司注销登记；设立新公司的，应当依法办理公司设立登记(《公司法》第 180 条第 1 款)；因合并而存续的兼并公司，其登记事项发生变化的，应当申请变更登记(《公司登记管理条例》第 39 条第 1 款)。

公司合并时的变更登记应当遵循严格的时间要求。公司合并的，应当自公告之日起 45 日后申请登记，提交合并协议和合并决议或者决定以及公司在报纸上登载公司合并公告的有关证明和债务清偿或者债务担保情况的说明。法律、行政法规或者国务院决定规定公司合并必须报经批准的，还应当提交有关批准文件(《公司登记管理条例》第 39 条第 2 款)。

除了办理公司登记机关的登记手续外，因合并而消灭的公司项下的物权依据《物权法》需要办理登记手续的，还应当办理以新设公司或兼并公司为受让人的变更登记手续。

在通常情况下，公司合并只须履行以上程序；但在公司合并存在垄断之虞的情况下，公司合并还要履行有关部门的反垄断审查程序。

四、公司合并的法律效果

公司合并同时发生以下法律效果：

(1) 被合并公司终止其存在，丧失其法人资格。在新设合并的情况下，原公司均自动丧失法人资格；在吸收合并的情况下，兼并公司继续存在，被兼并公司自动丧失法人资格。由于合并前公司的权利义务关系由合并后公司概括继受，无论是在新设合并、还是在吸收合并的情况下，原公司之消灭均无须履行清算程序。

(2) 合并前公司的股东变成存续公司或新设公司的股东。但是，根据《公司法》第 75 条和第 143 条的规定，股东倘若对股东会作出的公司合并决议持异议，有权要求公司以合理价格收购其所持股权（股份）。

(3) 权利义务的概括承继。因合并而消灭的各家公司项下的全部权利义务（包括资产和负债）一概由存续公司或新设公司继受。消灭公司的财产也要依法（包括物权法、知识产权法等）办理权利移转手续。这种继受不仅在存续公司或新设公司与被合并公司之间生效，而且对第三者也产生法律效力。《合同法》第 90 条也规定，"当事人订立合同后合并的，由合并后的法人或者其他组织行使合同权利，履行合同义务"。据此，合并后公司继受合并前公司的债权时，无须通知债务人公司即可生效；合并后公司继受合并前公司的债务时，亦不以债权人的同意为生效要件。权利义务的概括继受不仅包括实体法上的权利义务，也包括程序法上的权利义务。就消灭公司尚未完结的诉讼、仲裁（包括商事仲裁与劳动仲裁）及其他争讼程序而言，均由存续公司或新设公司承受消灭公司的当事人地位。

五、公司合并无效规则

违反《公司法》、《合同法》和其他法律、行政法规中强制性规定的公司合并协议无效。鉴于公司合并涉及多方公司及其股东、职工、债权人等利益相关者的切身利益，公司合并无效只能由法院通过司法审查程序予以确认。公司合并中的任何一方当事人和利害关系人均可向法院提起公司合并无效确认之诉。

公司合并行为由法院判决宣告无效后，应当及时予以公告。第三人倘若对公司合并无效判决提出异议，应当在该判决公告后的合理期限内提出。

法院在确认公司合并无效时除了严格遵守法定的司法审查程序，还应严格遵守实体法律规则。法院可以确认其有效，也可确认其无效的，法院应当尽量确认其有效。对于可以补救的法律瑕疵，法院应当责令有关公司在一定期限内予以改正。

为维护交易安全，宣告公司合并无效的判决本身并不影响存续公司在判决公告之前所负的债务的效力。

第三节 公司分立

一、公司分立的概念与特征

公司资本重组既包括扩张型的公司合并（含吸收合并与新设合并），也包括收缩型的公司分立。公司分立，俗称"公司拆分"或者"公司分家"，指一家公司不经过清算程序，分设为两家以上公司的法律行为。公司分立是现代公司开展资产重组、调整公司组织结构、降低投资风险、提高公司盈利能力的重要经营战略之一。

公司分立具有以下特征：

（1）公司分立是根据分立前公司的单方意思表示即可生效的法律行为。公司分立的主体是公司，分立的意思表示由分立前公司的股东会作出。当然，为了贯彻反垄断法，政府亦有权依据法律授权采取强制拆分的反垄断措施。

（2）公司分立前原公司的股东资格原则上并不消失。不管分立前的公司是否解散，分立前公司的股东仍享有在存续公司或新设公司中的股东资格。当然，这并不排除异议股东在公司分立之时依法行使退股权，进而脱离公司。

（3）公司分立导致既有公司数量的增加，而公司合并导致既有公司数量的减少。

二、公司分立的类型

以公司分立前后的组织形态变化为准，公司分立分为新设分立与存续分立。

（一）新设分立

新设分立，又称解散分立，指公司全部资产分别划归两个或者两个以上的新公司，原公司解散。新设分立实质上是对新设合并的逆向操作。例如，A公司分立为B公司与C公司，A公司则告消灭。当公司股东或者管理层围绕公司的投资和经营决策产生重大分歧、或者公司业务过于繁杂致使股东很难对公司各项业务的投资价值作出判断时，公司股东或者管理层往往倾向于公司分家。

（二）存续分立

存续分立，又称派生分立，指公司以其部分资产另设一家或者数家新公司，原公司存续。存续分立实质上是对吸收合并的逆向操作。例如，A公司分立为A公司与B公司，其中原来A公司的法人资格依然保留。在实践中，总公司为了实现资产扩张，降低投资风险，往往把其分公司改组成具有法人资格的全资子公司。此时总公司亦转化为母公司。母公司仅以其投资额为限对新设子公司债务负有限责任。公司也可以划出部分资产作为投资，与其他股东共同发起设立新公司。

三、公司分立的程序

（一）董事会起草公司分立方案

拟分立公司的董事会应当以书面形式起草公司分立方案。公司分立方案至少应当载明下列事项：（1）拟分立的公司的类型、名称和住所；（2）股份交换的比例及现金的支付金额；（3）分配股份的条件；（4）新取得股份的股东开始享有公司利润分配请求权的日期以及影响该权利的特殊条件；（5）被分立公司的营业活动开始在会计上被视为存续公司或新设公司的营业活动的日期；（6）存续公司或新设公司赋予被分立公司特别股股东、股票之外的证券持有人的权利或者其他有关方案；（7）对注册会计师事务所以及拟分立公司的董事、监事和高级管理人员赋予的特别利益；（8）向分立后公司或存续公司转移公司资产与债务的精确说明和分配情况；（9）向拟分立公司的股东分配存续公司或新设公司的股份的情况及其分配标准；（10）存续公司和新设公司的章程草案等。

（二）股东大会作出公司分立的特别决议

鉴于公司分立对公司命运与广大股东的切身利益密切相关，公司分立由股东会作出决议（《公司法》第 38 条第 1 款第 9 项），公司分立属于资本绝对多数决事项、而非资本简单多数决事项，公司分立决议属特别决议，而非普通决议。因此，股东会作出公司分立决议时，必须经代表 2/3 以上有限责任公司表决权的股东通过（《公司法》第 44 条第 2 款）或者必须经出席会议的股东所持股份有限公司表决权的 2/3 以上通过（《公司法》第 104 条第 2 款）。倘若公司发行了不同类别的股份，公司分立决议还需要得到各类股份股东以绝对资本多数决规则表示同意。

董事会应当在分立公司的股东会上解释分立方案的内容，说明编制分立方案尤其是股份转换比例的法律和经济理由以及报告起草中遇到的特殊评估困难。必要时董事会应当聘请会计师事务所审查分立方案，并向股东会提交书面报告，对公司分立草案的内容尤其是股份转换比例是否公平合理发表意见。

股东大会决议的内容包括两个不可或缺的重要内容：一是批准分立方案；二是为推行公司分立计划而修改既有的公司章程或通过新设公司的章程。在新设公司的情形下，就公司分立而召开的股东会可以视为新设公司的发起人会议。

（三）异议股东保护程序

为保护对公司分立持反对意见的少数股东的正当权益，法律例外赋予此类股东退股权。在有限责任公司，对股东会作出的公司分立决议投反对票的股东可以请求公司按照合理的价格收购其股权。自股东会会议决议通过之日起 60 日内，股东与公司不能达成控制权收购协议的，股东可以自股东会会议决议通过之日起 90 日内向人民法院提起诉讼（《公司法》第 75 条）。在股份有限公司，对股东大会作出的公司分立决议持异议的股东也有权要求公司收购其股份；但是，公司回购的股份应当在 6 个月内予以注销（《公司法》第 143 条）。

（四）分割公司财产

公司分立，其财产作相应的分割。公司应当在合理期限内编制资产负债表及财产清单（《公司法》第 176 条）。在存续分立的情况下，由于财产分割导致存续公司财产之减少，存续公司应当将资本减少事项记载于公司章程。

（五）债权人保护程序

为保护债权人利益免于不当公司分立行为的威胁，《公司法》第 176 条规定："公司应当自作出分立决议之日起 10 日内通知债权人，并于 30 日内在报纸上公告。"由于《公司法》未规定公司分立的公告次数，允许拟分立公司在法定期限内只公告一次，债权人应当格外留意债务人公司的分立信息。即使被分立公司未履行通知与公告义务，亦不影响公司分立的效力，但分立后公司不得以公司分立的事实对抗分立前公司的债权人。

为保护交易安全，《公司法》第 177 条明确规定了公司分立后诸分立公司之间的连带清偿责任："公司分立前的债务由分立后的公司承担连带责任。但是，公司在分立前与债权人就债务清偿达成的书面协议另有约定的除外。"这意味着，债权人可以只对分立后的一家公司主张债权，也可以同时对分立后的全部公司主张债权。

（六）办理公司分立登记

公司分立的，应当依法向公司登记机关办理相应登记手续。（1）被分立公司解散的，应当依法办理公司注销登记；（2）设立新公司的，应当依法办理公司设立登记(《公司法》第 180 条第 1 款)；（3）分立后存续公司登记事项发生变化的，应当申请变更登记(《公司登记管理条例》第 39 条第 1 款)。

公司分立时的变更登记应当遵循严格的时间要求。公司分立的，应当自公告之日起 45 日后申请登记，提交分立决议或者决定以及公司在报纸上登载公司分立公告的有关证明和债务清偿或者债务担保情况的说明。法律、行政法规或者国务院决定规定公司分立必须报经批准的，还应当提交有关批准文件(《公司登记管理条例》第 39 条第 2 款)。

四、公司分立的法律效果

公司分立同时发生以下法律效果：

（1）被分立公司的权利义务由分立后的存续公司或新设公司概括继受。换言之，分立前公司的资产和负债分别移转于新设公司和存续公司。这种移转不仅在被分立公司与存续公司、新设公司之间生效，对第三者也产生法律效力。

（2）公司分立前的债务由分立后的公司承担连带责任；但公司在分立前与债权人就债务清偿达成的书面协议另有约定的除外。分立后公司的连带责任系就对外关系而言。就对内关系而言，分立后的存续公司或新设公司通常根据其接受资产的比例而定其内部债务承担比例。但是此种内部债务分担比例除非得到债权人同意，并不能对抗债权人，更不能摆脱连带责任的束缚。此种连带责任仅指向分立公司所负债务，而不及于分立后公司单独创设的债务。

（3）视公司分立的具体形式，原公司终止存在或者存续。在新设分立的情况下，原公司均丧失法人资格，但由于分立前公司权利义务关系由分立后公司概括继受，原公司之消灭无须履行清算程序；在存续分立的情况下，原公司之一保留法人资格。

（4）被分立公司的股东按照公司分立决议确定的内容变成存续公司或新设公司的股东。但是，根据《公司法》第75条和第143条的规定，股东倘若对股东会作出的公司分立决议持异议，有权要求公司以合理价格收购其所持股权（股份）。

（5）分立后的新设公司之间、新设公司与存续公司之间互相独立，均为独立法人。

五、公司分立无效规则

违反《公司法》和其他法律、行政法规中强制性规定的公司分立行为无效。鉴于公司分立涉及多方公司及其股东、职工、债权人等利益相关者的切身利益，公司分立无效只能由法院通过司法审查程序予以确认。公司分立中的任何一方当事人和利害关系人均可向法院提起公司分立无效确认之诉。

公司分立行为由法院判决宣告无效后，应当及时予以公告。第三人倘若对公司分立无效判决提出异议，应当在该判决公告后的合理期限内提出。

法院在确认公司分立无效时既要严格遵守法定的司法审查程序，还应严格遵守实体法律规则。法院对某一公司分立行为可确认其有效、也可确认其无效的，法院应当尽量确认其有效。对于可以补救的法律瑕疵，法院应当责令有关公司在一定期限内予以改正。

为维护交易安全，宣告公司分立无效的判决本身并不影响分立公司在公司分立无效判决公告前所负的债务的效力。

第四节　控制权收购

一、控制权收购的概念

控制权收购又称公司收购，是指一家公司以有偿方式取得另外一家公司股权，进而获得目标公司控制权和控制地位的法律行为。所谓控制权，是指股东依法对公司股东会、董事会决策发挥主导性影响力的法律地位或资格。根据《上市公司收购管理办法》第 84 条规定，收购公司具备下列情形之一均被视为拥有上市公司控制权：投资者为上市公司持股 50% 以上的控股股东；投资者可以实际支配上市公司股份表决权超过 30%；投资者通过实际支配上市公司股份表决权能够决定公司董事会半数以上成员选任；投资者依其可实际支配的上市公司股份表决权足以对公司股东大会的决议产生重大影响；中国证监会认定的其他情形。

控制权收购是资本市场中较为常见的并购重组方式。收购公司通过大量收购目标公司的股权，依法获得对目标公司的控制权，进而通过控制权的行使整合收购公司与目标公司之间的资源，消除无序竞争以及恶性竞争，做大做强公司集团。资源整合的主体既包括收购公司与目标公司，也包括以收购公司与目标公司为核心成员的势力更大、范围更广的公司家族。资源整合的内容既包括公司集团的发展战略、知识产权战略、成员公司的角色定位，也包括公司集团内部的关联交易和高级管理人员的流动。

二、控制权收购的类型

以收购的股权对象为准，控制权收购分为有限责任公司的控制权收购与股份有限公司的控制权收购。其中，股份有限公司的控制权收购又可分为上市公司的控制权收购与非上市公司的控制权收购。

以收购方收购要约的送达对象是否特定为准，控制权收购可以分为公开要约收购与特定要约收购。实践中通常所说的"要约收购"乃指受要约方不特定的控制权收购，通常所说的"协议收购"乃指受要约方特定的控制权收购。《证券法》第 85 条规定，投资者可以采取要约收购、协议收购及其他合法方式收购上市公司。

以控制权收购是否获得目标公司董事会的支持为准，控制权收购分为友好收购与敌意收购。其中，友好收购是指获得目标公司董事会支持的控制权收购，敌意收购是指获得目标公司董事会反对和抵制的控制权收购。虽然控制权收购标的指向目标公司的股权，而股权出售与否的决策主体是目标公司股东而非目标公司管理层，但目标公司管理层可通过引导、建议、暗示甚至反收购防御措施等手段对股权收购的进程和命运握有重要话语权与影响力。

三、上市公司控制权收购的法律规定

与非上市公司控制权收购相比，上市公司控制权收购涉及的法律关系更加复杂，公司法与证券法的干预力度更大，以协调收购各方公司及其股东、债权人、劳动者、经营者和社会公众的利益。上市公司控制权收购立法的价值取向在于，既提高控制权收购的效率以及上市公司资产通过证券市场得以优化的效率，又要着眼于尊重与维护目标公司股东及其利益相关者的正当利益诉求。我国《证券法》第 4 章对上市公司收购的条件和程序作了专门规定。根据该法第 101 条第 2 款的授权，中国证监会于 2006 年 7 月 31 日依照该法原则发布了《上市公司收购管理办法》，该办法自 2006 年 9 月 1 日起施行。此处介绍上市公司控制权收购的基本制度。

（一）持股达到 5% 的信息披露义务

为便于广大投资者及时掌握控制权收购方的背景信息，《证券法》第 86 条第 1 款规定了持股比例达到法定门槛的较大股东的信息披露义务。收购公司通过证券交易所的证券交易持有或者通过协议、其他安排与他人共同持有一个上市公司已发行的股份达到 5% 时，应当在该事实发生之日起 3 日内，向中国证监会、证券交易所作出书面报告，通知该上市公司，并予公告；在上述期限内，不得再行买卖该上市公司的股票。书面报告和公告的内容包括：持股人的名称、住所；持有的股票的名称、数额；持股达到法定比例的日期。

（二）持股增减幅度达到 5% 的信息披露义务

为便于广大投资者及时跟踪控制权收购方的持股变化信息，《证券法》第 86 条第 2 款规定了要求收购公司持有或者通过协议、其他安排与他人共同持有一个上市公司已发行的股份达到 5% 后，其所持该上市公司已发行的股份比例每增加或者减少 5%，应当进行报告和公告。在报告期限内和作出报告、公告后 2 日内，不得再行买卖该上市公司的股票。书面报告和公告的内容包括：持股人的名称、住所；持有的股票的名称、数额；持股增减变化达到法定比例的日期。

（三）要约收购制度

为确保目标公司的全体股东都有机会向收购公司出售自己的股权，《证券法》第 88 条建立了强制要约制度。持有或与他人共同持有目标公司已发行股份达到 30%、而且准备继续收购该公司股份的收购公司向该目标公司所有股东发出收购该公司全部或部分股份的要约。收购上市公司部分股份的收购要约应当约定，目标公司股东承诺出售的股份数额超过预定收购的股份数额的，收购人按比例进行收购。

发出收购要约的收购人必须事先向中国证监会报送上市公司收购报告书，并载明下列事项：（1）收购人的名称、住所；（2）收购人关于收购的决定；

（3）被收购的上市公司名称；（4）收购目的；（5）收购股份的详细名称和预定收购的股份数额；（6）收购期限、收购价格；（7）收购所需资金额及资金保证；（8）报送上市公司收购报告书时持有目标公司股份数占该公司已发行的股份总数的比例。收购人还应当将上市公司收购报告书同时提交证券交易所（《证券法》第89条）。

收购人必须在报送上市公司收购报告书之日起15日后，公告其收购要约。在上述期限内，中国证监会发现上市公司收购报告书不符合法律、行政法规规定的，应当及时告知收购人，收购人不得公告其收购要约。收购要约约定的收购期限不得少于30日，并不得超过60日（《证券法》第90条）。

收购要约对收购公司具有法律拘束力。在收购要约确定的承诺期限内，收购人不得撤销其收购要约。收购人需要变更收购要约的，必须事先向中国证监会及证券交易所提出报告，经批准后，予以公告（《证券法》第91条）。

根据股东平等原则，收购要约提出的各项收购条件，适用于目标公司的所有股东（《证券法》第92条）。

为了保护目标公司股东的投资预期，预防收购公司的道德风险，采取要约收购方式的收购公司在收购期限内不得卖出目标公司的股票，也不得采取要约规定以外的形式和超出要约的条件买入目标公司的股票（《证券法》第93条）。

（四）协议收购制度

根据《证券法》第94条规定，收购公司可以依法同目标公司的股东以协议方式进行股份转让，收购人必须在达成协议后3日内将该收购协议向中国证监会及证券交易所作出书面报告，并予公告；在公告前不得履行收购协议。

为维护交易安全，协议双方可以临时委托证券登记结算机构保管协议转让的股票，并将资金存放于指定的银行（《证券法》第95条）。

收购公司通过协议收购方式或通过协议、其他安排与他人共同收购一个上市公司已发行的股份达到30%时，继续进行收购的，也要向该公司所有股东发出收购该公司全部或部分股份的要约，除非中国证监会免除其全面要约义务。收购公司在此种情况下以要约方式收购上市公司股份时，应当遵守前述要约收购制度的基本要求（《证券法》第96条）。

（五）上市公司退市与组织形式变更

倘若控制权收购期限届满，目标公司股权分布不符合上市条件，该上市公司的股票应由证券交易所依法终止上市交易，以落实上市公司的股权分散化和公众化要求。至于仍持有该公司股票的其他股东有权向收购人以收购要约的同等条件出售股票，收购人应当收购，以保护未能在前一阶段出售股权的股东得以抽身而去，取回投资。倘若目标公司的股权结构由于控制权收购而发生巨大变化，致使目标公司不再具备股份有限公司的条件，该公司应依法变更企业形式。倘若股份有限公司股东由于控制权收购而缩减为一人，则该公司应当变更为一人有限责任公司。

控制权收购往往是公司合并的前奏。倘若收购行为完成后，收购公司又与目标公司合并、并将该公司解散，则被解散公司的原有股票应由收购公司依法更换（《证券法》第99条）。如此一来，被解散公司的股东就转变为收购公司或者新设公司的股东。

（六）收购结果信息披露制度

为强化公权力机关和公众投资者对收购行为和收购公司的监督力度，收购公司应在控制权收购行为完成后15日内将收购情况报告中国证监会和证券交易所，并予公告（《证券法》第100条）。

（七）收购公司的股权转让期限限制

为预防收购公司短期逐利的机会主义行为，在上市公司收购中，收购人持有的被收购的上市公司的股票，在收购行为完成后的12个月内不得转让（《证券法》第98条）。

第五节　资产收购

一、资产收购的概念与特征

所谓资产收购，是指一家公司以有偿对价取得另外一家公司的全部或者部分资产的民事法律行为。资产收购是公司寻求其他公司优质资产、调整公司经营规模、推行公司发展战略的重要措施。

资产收购具有以下法律特征：

（1）资产收购协议的主体是作为买卖双方的两家公司。因此，资产收购与控制权收购、股权收购的主体存在本质区别。

（2）资产收购的标的是出售公司的某一特定资产。收购公司通常不仅不需要承担目标公司的负债，而且还可以从目标公司资产中自由选择自己中意的优质资产。这就大大锁定了收购公司的资产重组成本，提高了资产重组风险的可预见度。

（3）资产收购的法律关系虽然较为简单，但也可能发生相应的交易成本。在股权转让与控制权收购的情况下，由于交易定价的主要参考因素之一是总资产与负债之差额，因而股权转让与控制权收购的税收成本较低；而在资产收购的情况下，收购公司需要负担每项资产的流转税收负担。

二、资产收购的程序

1. 内部决策程序。

资产收购因其规模之不同而需要履行不同的公司内部决策程序。上市公司在一年内购买、出售重大资产或者担保金额超过公司资产总额30%的，应当由股东大会作出决议，并经出席会议的股东所持表决权的2/3以上通过（《公司法》第122条）。对于非上市公司包括有限责任公司，《公司法》未作强制要求，而是授权公司章程自由选择交由股东会抑或董事会决策。但根据公司法和公司章程必须经股东大会作出重大资产转让或受让决议的，董事会应当及时召集股东大会会议，由股东大会就上述事项进行表决（《公司法》第105条）。

2. 签署资产收购协议。

作为买卖双方的公司应当根据自愿协商、平等互利的精神以及各自公司内部治理机构的授权签署资产收购协议。

3. 依法办理相关资产的交付手续。

我国《物权法》对于不动产与动产的交付规定了不同的法律规则：（1）不动产物权的转让，经依法登记，发生效力；未经登记，不发生效力，但法律另有规定的除外（《物权法》第9条第1款）；动产物权的转让自交付时发生效力，但法律另有规定的除外（《物权法》第23条）；船舶、航空器和机动车等物权的转让未经登记，不得对抗善意第三人（《物权法》第24条）。

三、资产收购过程中反对股东的保护

公司资产不仅是公司对债权人的债务清偿基础，也是公司发展壮大的物质基础。因此，当公司之间出售或者购买重要的资产时必然导致双方公司股东对公司投资价值的不同判断。为保护对公司转让主要财产持反对意见的少数股东的正当权益，法律例外赋予此类股东退股权。在有限责任公司，对股东会作出的公司转让主要财产的决议投反对票的股东可以请求公司按照合理的价格收购其股权（《公司法》第75条）。《公司法》第75条将公司合并、分立、转让主要财产同时列举为股东退股的法定事由。

相比之下，《公司法》第143条仅将股份有限公司合并、分立决议列为股东退股的法定事由，而未同时将公司转让主要财产列为股东退股的法定事由。

因此，股份有限公司的股东并不因公司转让主要财产而享有退股权。鉴于股份有限公司的股权与有限责任公司的股权相比，具有更高程度的流通性，股东可以通过转让股权方式而收回投资。此外，股东还可在股东会上行使否决权，以抵制公司主要财产的转让行为。倘若公司董事会成员由于道德风险而擅自转让公司主要财产的，异议股东还可对其提起股东代表诉讼。

第六节　外资并购制度

一、外资并购的概念与类型

外资并购即涉及外资的公司并购，既包括外国投资者并购国内公司，也包括国内投资者并购外国公司。本节仅讨论外国投资者并购国内公司的问题。根据《外国投资者并购境内企业暂行规定》（以下简称《并购暂行规定》）第2条规定，外国投资者并购境内企业，系指外国投资者购买境内非外商投资企业（以下称"境内公司"）股东的股权或认购境内公司增资，使该境内公司变更设立为外商投资企业（以下称"股权并购"）；或者，外国投资者设立外商投资企业，并通过该企业协议购买境内企业资产且运营该资产，或，外国投资者协议购买境内企业资产，并以该资产投资设立外商投资企业运营该资产（以下称"资产并购"）。

可见，外资并购包括股权并购与资产并购两种基本形式。其中，股权并购又包括两种：（1）外国投资者购买境内公司股东的股权；（2）外国投资者认购境内公司增资，使该境内公司变更设立为外商投资企业。资产并购也可细分为两种：（1）外国投资者设立外商投资企业，并通过该企业购买并运营境内公司的资产；（2）外国投资者购买境内公司资产，并以该资产投资设立外商投资企业运营该资产。

二、外资并购的法律框架

外资并购既涉及并购双方当事人及其股东的民事权利，还涉及目标公司职工等利益相关者的切身利益，更涉及劳动法和劳动合同法、产业政策、国有资产监管、外商投资企业审批与登记、证券市场监管、税务监管和外汇监管等诸多法律事项，因此外资并购除了遵守《公司法》和《合同法》的一般规定外，尚须遵守以下法律规则。

（1）产业政策。外国投资者并购境内企业，应符合中国法律、行政法规和规章对投资者资格的要求及产业、土地、环保等政策。依照《外商投资产业指导目录》不允许外国投资者独资经营的产业，并购不得导致外国投资者持有企业的全部股权；需由中方控股或相对控股的产业，该产业的企业被并购后，仍应由中方在企业中占控股或相对控股地位；禁止外国投资者经营的产业，外国投资者不得并购从事该产业的企业。签署的股权信托无效。被并购境内企业原有所投资企业的经营范围应符合有关外商投资产业政策的要求；不符合要求的，应进行调整(《并购暂行规定》第4条)。

（2）国有资产监管。外国投资者并购境内企业涉及企业国有产权转让和上市公司国有股权管理事宜的，应当遵守国有资产管理的相关规定(《并购暂行规定》第5条)。

（3）外商投资企业审批与登记。外国投资者并购境内企业设立外商投资企业，应依照本规定经审批机关批准，向登记管理机关办理变更登记或设立登记(《并购暂行规定》第6条第1款)。

（4）证券市场监管。如果被并购企业为境内上市公司，还应根据《外国投资者对上市公司战略投资管理办法》，向国务院证券监督管理机构办理相关手续(《并购暂行规定》第6条第2款)。

（5）税收监管。外国投资者并购境内企业所涉及的各方当事人应当按照中国税法规定纳税，接受税务机关的监督(《并购暂行规定》第7条)。

（6）外汇监管。外国投资者并购境内企业所涉及的各方当事人应遵守中国有关外汇管理的法律和行政法规，及时向外汇管理机关办理各项外汇核准、登记、备案及变更手续(《并购暂行规定》第8条)。

三、股权并购

根据《并购暂行规定》第21条，外国投资者股权并购的，投资者应根据并购后所设外商投资企业的投资总额、企业类型及所从事的行业，依照设立外商投资企业的法律、行政法规和规章的规定，向具有相应审批权限的审批机关报送下列文件：(1) 被并购境内有限责任公司股东一致同意外国投资者股权并购的决议或被并购境内股份有限公司同意外国投资者股权并购的股东大会决议。(2) 被并购境内公司依法变更设立为外商投资企业的申请书。(3) 并购后所设外商投资企业的合同、章程。(4) 外国投资者购买境内公司股东股权或认购境内公司增资的协议。(5) 被并购境内公司上一财务年度的财务审计报告。(6) 经公证和依法认证的投资者的身份证明文件或注册登记证明及资信证明文件。(7) 被并购境内公司所投资企业的情况说明。(8) 被并购境内公司及其所投资企业的营业执照（副本）。（9）被并购境内公司职工安置计划。(10)《并购暂行规定》第 13 条、第 14 条和第 15 条要求报送的文件。并购后所设外商投资企业的经营范围、规模、土地使用权的取得等，涉及其他相关政府部门许可的，有关的许可文件应一并报送。

根据《并购暂行规定》第 22 条，股权购买协议、境内公司增资协议应适用中国法律，进而排除了当事人自由选择其他准据法的自治空间。此类并购协议应当包括以下主要内容：（1）协议各方的状况，包括名称（姓名），住所，法定代表人姓名、职务、国籍等；（2）购买股权或认购增资的份额和价款；（3）协议的履行期限、履行方式；（4）协议各方的权利、义务；（5）违约责任、争议解决；（6）协议签署的时间、地点。

根据《并购暂行规定》第 25 条，外国投资者并购境内企业设立外商投资企业，除本规定另有规定外，审批机关应自收到规定报送的全部文件之日起 30 日内，依法决定批准或不批准。决定批准的，由审批机关颁发批准证书。外国投资者协议购买境内公司股东股权，审批机关决定批准的，应同时将有关批准文件分别抄送股权转让方、境内公司所在地外汇管理机关。股权转让方所在地外汇管理机关为其办理转股收汇外资外汇登记并出具相关证明，转股收汇外资外汇登记证明是证明外方已缴付的股权收购对价已到位的有效文件。

根据《并购暂行规定》第 26 条第 2 款规定，外国投资者股权并购的，被并购境内公司应依照本规定向原登记管理机关申请变更登记，领取外商投资企业营业执照。被并购境内公司在申请变更登记时，应提交以下文件，并对其真实性和有效性负责：（1）变更登记申请书；（2）外国投资者购买境内公司股东股权或认购境内公司增资的协议；（3）修改后的公司章程或原章程的修正案和依法需要提交的外商投资企业合同；（4）外商投资企业批准证书；（5）外国投资者的主体资格证明或者自然人身份证明；（6）修改后的董事会名单，记载新增董事姓名、住所的文件和新增董事的任职文件；（7）国家工商行政管理总局规定的其他有关文件和证件。投资者自收到外商投资企业营业执照之日起 30 日内，到税务、海关、土地管理和外汇管理等有关部门办理登记手续。

四、资产并购

根据《并购暂行规定》第 23 条，外国投资者资产并购的，投资者应根据拟设立的外商投资企业的投资总额、企业类型及所从事的行业，依照设立外商投资企业的法律、行政法规和规章的规定，向具有相应审批权限的审批机关报送下列文件：（1）境内企业产权持有人或权力机构（如股东会）同意出售资产的决议；（2）外商投资企业设立申请书；（3）拟设立的外商投资企业的合同、章程；（4）拟设立的外商投资企业与境内企业签署的资产购买协议，或外国投资者与境内企业签署的资产购买协议；（5）被并购境内企业的章程、营业执照（副本）；（6）被并购境内企业通知、公告债权人的证明以及债权人是否提出异议的说明；（7）经公证和依法认证的投资者的身份证明文件或开业证明、有关资信证明文件；（8）被并购境内企业职工安置计划；（9）《并购暂行规定》第13条、第14条和第15条要求报送的文件。依照前款的规定购买并运营境内企业的资产，涉及其他相关政府部门许可的，有关的许可文件应一并报送。外国投资者协议购买境内企业资产并以该资产投资设立外商投资企业的，在外商投资企业成立之前，不得以该资产开展经营活动。

根据《并购暂行规定》第24条，资产购买协议应适用中国法律，并包括以下主要内容：（1）协议各方的状况，包括名称（姓名），住所，法定代表人姓名、职务、国籍等；（2）拟购买资产的清单、价格；（3）协议的履行期限、履行方式；（4）协议各方的权利、义务；（5）违约责任、争议解决；（6）协议签署的时间、地点。

根据《并购暂行规定》第26条第1款规定，外国投资者资产并购的，投资者应自收到批准证书之日起30日内，向登记管理机关申请办理设立登记，领取外商投资企业营业执照。

五、特殊目的公司（SPV）

特殊目的公司（Special Purpose Vehicle，SPV）系指中国境内公司或自然人为实现以其实际拥有的境内公司权益在境外上市而直接或间接控制的境外公司。特殊目的公司为实现在境外上市，其股东以其所持公司股权或者特殊目的公司以其增发的股份作支付手段，购买境内公司股东的股权或者境内公司增发的股份，但要遵守《并购暂行规定》第4章第3节的规定。当事人以持有特殊目的公司权益的境外公司作为境外上市主体的，该境外公司应符合该节对于特殊目的公司的相关要求。

境内公司在境外设立特殊目的公司应向商务部申请办理核准手续。办理核准手续时，境内公司除向商务部报送《关于境外投资开办企业核准事项的规定》要求的文件外，另须报送以下文件：（1）特殊目的公司最终控制人的身份证明文件；（2）特殊目的公司境外上市商业计划书；（3）并购顾问就特殊目的公司未来境外上市的股票发行价格所作的评估报告。获得中国企业境外投资批准证书后，设立人或控制人应向所在地外汇管理机关申请办理相应的境外投资外汇登记手续。

特殊目的公司境外上市交易，应经国务院证券监督管理机构批准。特殊目的公司境外上市所在国家或者地区应有完善的法律和监管制度，其证券监管机构已与国务院证券监督管理机构签订监管合作谅解备忘录，并保持着有效的监管合作关系。权益在境外上市的境内公司应符合下列条件：（1）产权明晰，不存在产权争议或潜在产权争议；（2）有完整的业务体系和良好的持续经营能力；（3）有健全的公司治理结构和内部管理制度；（4）公司及其主要股东近3年无重大违法违规记录。

特殊目的公司境外上市的股票发行价总值，不得低于其所对应的经中国有关资产评估机构评估的被并购境内公司股权的价值(《并购暂行规定》第43条)。

第七节 上市公司并购重组财务顾问制度

一、财务顾问制度简介

上市公司并购重组财务顾问业务（以下简称"财务顾问业务"）是为上市公司的收购、重大资产重组、合并、分立、股份回购等对上市公司股权结构、资产和负债、收入和利润等具有重大影响的并购重组活动提供交易估值、方案设计、出具专业意见等专业服务。上市公司并购重组财务顾问（以下简称"财务顾问"）是市场自律机制的重要组成部分，也是证券业中方兴未艾的专业领域。

中国证监会对财务顾问实行资格许可管理，对财务顾问及其负责并购重组项目的签名人员（以下简称财务顾问主办人）的执业情况进行持续性监督管理。中国证监会及其派出机构可以根据审慎监管原则，要求财务顾问提供已按照《上市公司并购重组财务顾问业务管理办法》(以下简称《办法》)规定履行尽职调查义务的证明材料、工作档案和工作底稿，并对财务顾问的公司治理、内部控制、经营运作、风险状况、从业活动等方面进行非现场检查或者现场检查。中国证监会有权根据《办法》对违法的财务顾问及其财务顾问主办人采取监管谈话、出具警示函、责令改正等监管措施以及罚款等处罚措施。财务顾问及其中国证监会建立监管信息系统，对财务顾问及其财务顾问主办人进行持续动态监管，并将其违法事项记入诚信档案。

中国证券业协会依法对财务顾问及其财务顾问主办人进行自律管理。中国证券业协会可以根据《办法》制定财务顾问执业规范，组织财务顾问主办人进行持续培训。财务顾问可以申请加入中国证券业协会。财务顾问主办人应当参加中国证券业协会组织的相关培训，接受后续教育。中国证券业协会对财务顾问及其财务顾问主办人违反自律规范的行为，依法进行调查，给予纪律处分。

二、财务顾问业务核准制度

《办法》确立了财务顾问业务核准制度。只有被中国证监会核准的、具有上市公司并购重组财务顾问业务资格的证券公司、证券投资咨询机构或者其他符合条件的财务顾问机构才能从事财务顾问业务。未经中国证监会核准，任何单位和个人不得从事该业务。《办法》对证券公司、证券投资咨询机构和其他机构的业务资格要求依次从严。

鉴于中国证监会《证券公司管理办法》已对证券公司的资质、股东和管理人员等方面有相应规定，因此《办法》仅从公司净资本、内部控制制度和内部防火墙制度、会计信息真实可靠、具有财务顾问主办人的数量等方面对证券公司的资格条件作出规定：（1）公司净资本符合中国证监会规定；（2）具有健全且运行良好的内部控制机制和管理制度，严格执行风险控制和内部隔离制度；（3）建立健全的尽职调查制度，具备良好的项目风险评估和内核机制；（4）公司财务会计信息真实、准确、完整；（5）公司控股股东、实际控制人信誉良好且最近3年无重大违法违规记录；（6）财务顾问主办人不少于5人；（7）中国证监会规定的其他条件。为稳妥起见，对上市公司并购重组活动涉及公开发行股票的情形，发行人应聘请具有保荐资格的证券公司从事相关业务，其他机构无权从事此类业务。

鉴于证券投资咨询机构的市场进入门槛低于证券公司，《办法》将能够从事财务顾问业务的证券投资咨询机构限定在已取得中国证监会投资咨询业务许可的范围内，并从实缴注册资本和净资产、从事证券业务资格的人员和财务顾问主办人数量、从事公司并购重组财务顾问业务经验、最近2年每年财务顾问业务收入等方面对证券投资咨询机构从事财务顾问业务的资格条件作出较为严格的规定：（1）已经取得中国证监会核准的证券投资咨询业务资格；（2）实缴注册资本和净资产不低于人民币500万元；（3）具有健全且运行良好的内部控制机制和管理制度，严格执行风险控制和内部隔离制度；（4）公司财务会计信息真实、准确、完整；（5）控股股东、实际控制人在公司申请从事财务顾问业务资格前一年未发生变化，信誉良好且最近3年无重大违法违规记录；（6）具有2年以上从事公司并购重组财务顾问业务活动的执业经历，且最近2年每年财务顾问业务收入不低于100万元；（7）有证券从业资格的人员不少于20人，其中，具有从事证券业务经验3年以上的人员不少于10人，财务顾问主办人不少于5人；（8）中国证监会规定的其他条件。

《办法》对其他机构从事财务顾问业务规定的门槛最高。除符合证券公司和证券投资咨询机构要达到的基本条件外，还应具备下列条件：（1）具有3年以上从事公司并购重组财务顾问业务活动的执业经历，且最近3年每年财务顾问业务收入不低于100万元；（2）董事、高级管理人员应当正直诚实，品行良好，熟悉证券法律、行政法规，具有从事证券市场工作3年以上或者金融工作5年以上的经验，具备履行职责所需的经营管理能力；（3）控股股东、实际控制人信誉良好且最近3年无重大违法违规记录；（4）中国证监会规定的其他条件。资产评估机构、会计师事务所、律师事务所或者相关人员从事财务顾问业务，应当另行成立专门机构。

三、财务顾问主办人的从业资格标准

财务顾问主办人是指接受财务顾问指定，具体负责并购重组财务顾问业务的人员。由于财务顾问主办人的职业道德和专业水准是财务顾问执业质量的关键，《办法》借鉴对保荐代表人的资格管理经验，确立了财务顾问主办人制度，要求财务顾问机构必须具有一定数量、符合一定条件的财务顾问主办人方可开展业务。财务顾问机构在接受业务委托后应当指定2名财务顾问主办人负责，同时，可以安排一名项目协办人参与。

财务顾问主办人应当具备下列条件：（1）具有证券从业资格；（2）具备中国证监会规定的投资银行业务经历；（3）参加中国证监会认可的财务顾问主办人胜任能力考试且成绩合格；（4）所任职机构同意推荐其担任本机构的财务顾问主办人；（5）未负有数额较大到期未清偿的债务；（6）最近24个月无违反诚信的不良记录；（7）最近24个月未因执业行为违反行业规范而受到行业自律组织的纪律处分；（8）最近36个月未因执业行为违法违规受到处罚；（9）中国证监会规定的其他条件。

四、业务规则

（一）委托关系的建立

为预防纠纷，财务顾问与委托人应当签订委托协议，就委托人配合财务顾问履行其职责的义务、应提供的材料和责任划分、双方的保密责任等事项作出

约定。财务顾问接受上市公司并购重组多方当事人委托的，不得存在利益冲突或者潜在的利益冲突。

财务顾问从事财务顾问业务，应当公平竞争，按照业务复杂程度及所承担的责任和风险与委托人商议财务顾问报酬，不得以明显低于行业水平等不正当竞争手段招揽业务。

财务顾问的委托人应当依法承担相应的责任，配合财务顾问履行职责，并向财务顾问提供有关文件及其他必要的信息，不得拒绝、隐匿、谎报。财务顾问履行职责，不能减轻或者免除委托人、其他专业机构及其签名人员的责任。

（二）财务顾问的诚信义务

财务顾问应当遵守法律、行政法规、中国证监会的规定和行业规范，诚实守信，勤勉尽责，对上市公司并购重组活动进行尽职调查，对委托人的申报文件进行核查，出具专业意见，并保证其所出具的意见真实、准确、完整。《办法》第 17 条要求，证券公司、证券投资咨询机构或者其他财务顾问机构受聘担任上市公司独立财务顾问的，应当保持独立性，不得与上市公司存在利害关系；存在下列情形之一的，不得担任独立财务顾问：（1）持有或者通过协议、其他安排与他人共同持有上市公司股份达到或者超过 5%，或者选派代表担任上市公司董事；（2）上市公司持有或者通过协议、其他安排与他人共同持有财务顾问的股份达到或者超过 5%，或者选派代表担任财务顾问的董事；（3）最近 2 年财务顾问与上市公司存在资产委托管理关系、相互提供担保，或者最近一年财务顾问为上市公司提供融资服务；（4）财务顾问的董事、监事、高级管理人员、财务顾问主办人或者其直系亲属有在上市公司任职等影响公正履行职责的情形；（5）在并购重组中为上市公司的交易对方提供财务顾问服务；（6）与上市公司存在利害关系、可能影响财务顾问及其财务顾问主办人独立性的其他情形。

财务顾问及其财务顾问主办人应当严格履行保密责任，不得利用职务之便买卖相关上市公司的证券或者牟取其他不当利益，并应当督促委托人、委托人的董事、监事和高级管理人员及其他内幕信息知情人严格保密，不得进行内幕交易。

（三）财务顾问的六大职责

《办法》第 19 条明确了财务顾问的六大职责：（1）尽职调查。接受并购重组当事人的委托，对上市公司并购重组活动进行尽职调查，全面评估相关活动所涉及的风险。（2）提供专业化服务。就上市公司并购重组活动向委托人提供专业服务，帮助委托人分析并购重组相关活动所涉及的法律、财务、经营风险，提出对策和建议，设计并购重组方案，并指导委托人按照上市公司并购重组的相关规定制作申报文件。（3）规范化运作辅导。对委托人进行证券市场规范化运作的辅导，使其熟悉有关法律、行政法规和中国证监会的规定，充分了解其应承担的义务和责任，督促其依法履行报告、公告和其他法定义务。（4）发表专业意见。在对上市公司并购重组活动及申报文件的真实性、准确性、完整性进行充分核查和验证的基础上，依据中国证监会的规定和监管要求，客观、公正地发表专业意见。（5）组织协调。接受委托人的委托，向中国证监会报送有关上市公司并购重组的申报材料，并根据中国证监会的审核意见，组织和协调委托人及其他专业机构进行答复。（6）持续督导。持续督导委托人依法履行相关义务。

（四）尽职调查

尽职调查规则是财务顾问业务顺利推展的基础和前提。财务顾问对上市公司并购重组活动进行尽职调查时重点关注以下问题，并在专业意见中对以下问题进行分析和说明：

（1）涉及上市公司收购的，担任收购人的财务顾问，应当关注收购人的收购目的、实力、收购人与其控股股东和实际控制人的控制关系结构、管理经验、资信情况、诚信记录、资金来源、履约能力、后续计划、对上市公司未来发展的影响、收购人的承诺及是否具备履行相关承诺的能力等事项；因国有股行政划转或者变更、在同一实际控制人控制的不同主体之间转让股份、继承取得上市公司股份超过30%的，收购人可免于聘请财务顾问。

（2）涉及对上市公司进行要约收购的，收购人的财务顾问除关注第1项所列事项外，还应当关注要约收购的目的、收购人的支付方式和支付条件、履约能力、是否将导致公司退市、对收购完成后剩余中小股东的保护机制是否适当等事项；收购人公告要约收购报告书摘要后15日内未能发出要约的，财务顾问应当督促收购人立即公告未能如期发出要约的原因及中国证监会提出的反馈意见。

（3）涉及上市公司重大资产重组的，财务顾问应当关注重组目的、重组方案、交易定价的公允性、资产权属的清晰性、资产的完整性、重组后上市公司是否具备持续经营能力和持续盈利能力、盈利预测的可实现性、公司经营独立性、重组方是否存在利用资产重组侵害上市公司利益的问题等事项。

（4）涉及上市公司发行股份购买资产的，财务顾问应当关注本次发行的目的、发行方案、拟购买资产的估值分析及定价的公允性、拟购买资产的完整性、独立性、盈利能力、对上市公司影响的量化分析、拟发行股份的定价模式、中小股东合法权益是否受到侵害、上市公司股票交易是否存在异常等事项；涉及导致公司控制权发生变化的，还应当对本次发行的特定对象进行核查。

（5）涉及上市公司合并的，财务顾问应当关注合并的目的、合并的可行性、合并方案、合并方与被合并方的估值分析、折股比例的确定原则和公允性、对上市公司的业务和财务结构的影响、对上市公司持续盈利能力的影响、合并后的整合安排等事项。

（6）涉及上市公司回购本公司股份的，财务顾问应当关注回购目的的适当性、回购必要性、回购方案、回购价格的定价模式和公允性、对上市公司现金流的影响、是否存在不利于上市公司持续发展的问题等事项。

（7）财务顾问应当关注上市公司并购重组活动中，相关各方是否存在利用并购重组信息进行内幕交易、市场操纵和证券欺诈等事项。

（8）中国证监会要求的其他事项。

为确保尽职调查质量，财务顾问应当建立尽职调查制度和具体工作规程，对上市公司并购重组活动进行充分、广泛、合理的调查，核查委托人提供的为出具专业意见所需的资料，对委托人披露的内容进行独立判断，并有充分理由确信所作的判断与委托人披露的内容不存在实质性差异。委托人应当配合财务顾问进行尽职调查，提供相应的文件资料。

财务顾问采用其他证券服务机构专业意见时，对其进行必要的审慎核查，对委托人提供的资料和披露的信息进行独立判断，不得偏听偏信。财务顾问对同一事项所作的判断与其他证券服务机构的专业意见存在重大差异的，应当进一步调查、复核，并可自行聘请相关专业机构提供专业服务。

（五）规范化运作辅导

财务顾问应当采取有效方式对新进入上市公司的董事、监事和高级管理人员、控股股东和实际控制人的主要负责人进行证券市场规范化运作的辅导，包括上述人员应履行的责任和义务、上市公司治理的基本原则、公司决策的法定程序和信息披露的基本要求，并对辅导结果进行验收，将验收结果存档。验收不合格的，财务顾问应当重新进行辅导和验收。

（六）发表专业意见

财务顾问在充分尽职调查和内部核查的基础上，按照中国证监会的相关规定，对并购重组事项出具财务顾问专业意见，并作出以下承诺：（1）已按照规定履行尽职调查义务，有充分理由确信所发表的专业意见与委托人披露的文件内容不存在实质性差异；（2）已对委托人披露的文件进行核查，确信披露文件的内容与格式符合要求；（3）有充分理由确信委托人委托财务顾问出具意见的并购重组方案符合法律、法规和中国证监会及证券交易所的相关规定，所披露的信息真实、准确、完整，不存在虚假记载、误导性陈述或者重大遗漏；（4）有关本次并购重组事项的财务顾问专业意见已提交内部核查机构审查，并同意出具此专业意见；（5）在与委托人接触后到担任财务顾问期间，已采取严格的保密措施，严格执行风险控制和内部隔离制度，不存在内幕交易、操纵市场和证券欺诈问题。《办法》第 27 条还要求财务顾问的法定代表人或者其授权代表人、部门负责人、内部核查机构负责人、财务顾问主办人和项目协办人在财务顾问专业意见上签名，并加盖财务顾问单位公章。

（七）组织协调

财务顾问代表委托人向中国证监会提交申请文件后，应当配合中国证监会的审核，并承担以下工作：（1）指定财务顾问主办人与中国证监会进行专业沟通，并按照中国证监会提出的反馈意见作出回复；（2）按照中国证监会的要求对涉及本次并购重组活动的特定事项进行尽职调查或者核查；（3）组织委托人及其他专业机构对中国证监会的意见进行答复；（4）委托人未能在行政许可的期限内公告相关并购重组报告全文的，财务顾问应当督促委托人及时公开披露中国证监会提出的问题及委托人未能如期公告的原因；（5）自申报至并购重组事项完成前，对于上市公司和其他并购重组当事人发生较大变化对本次并购重组构成较大影响的情况予以高度关注，并及时向中国证监会报告；（6）申报本次担任并购重组财务顾问的收费情况；（7）中国证监会要求的其他事项。

（八）持续督导

财务顾问自上市公司并购重组完成后的规定期限内依然承担持续督导责任。财务顾问应当通过日常沟通、定期回访等方式，结合上市公司定期报告的披露，做好以下持续督导工作：（1）督促并购重组当事人按照相关程序规范实施并购重组方案，及时办理产权过户手续，并依法履行报告和信息披露的义务；（2）督促上市公司按照《上市公司治理准则》的要求规范运作；（3）督促和检查申报人履行对市场公开作出的相关承诺的情况；（4）督促和检查申报人落实后续计划及并购重组方案中约定的其他相关义务的情况；（5）结合上市公司定期报告，核查并购重组是否按计划实施、是否达到预期目标；其实施效果是否与此前公告的专业意见存在较大差异，是否实现相关盈利预测或者管理层预计达到的业绩目标；（6）中国证监会要求的其他事项。

在持续督导期间，财务顾问应当结合上市公司披露的定期报告出具持续督导意见，并在定期报告披露后的 15 日内向上市公司所在地的中国证监会派出机构报告。财务顾问还应建立健全内部检查制度，确保财务顾问主办人切实履行持续督导责任，按时向中国证监会派出机构提交持续督导工作的情况报告。

五、法律责任

财务顾问及其财务顾问主办人出现下列情形之一的，中国证监会对其采取监管谈话、出具警示函、责令改正等监管措施：（1）内部控制机制和管理制度、尽职调查制度以及相关业务规则存在重大缺陷或者未得到有效执行的；（2）未按照《办法》规定发表专业意见的；（3）在受托报送申报材料过程中，未切实履行组织、协调义务、申报文件制作质量低下的；（4）未依法履行持续督导义务的；（5）未按照《办法》规定向中国证监会报告或者公告的；（6）违反其就上市公司并购重组相关业务活动所作承诺的；（7）违反保密制度或者未履行保密责任的；（8）采取不正当竞争手段进行恶性竞争的；（9）唆使、协助或者伙同委托人干扰中国证监会审核工作的；（10）中国证监会认定的其他情形。

财务顾问机构有下列情形之一的，不得担任财务顾问：（1）最近 24 个月内存在违反诚信的不良记录；（2）最近 24 个月内因执业行为违反行业规范而受到行业自律组织的纪律处分；（3）最近 36 个月内因违法违规经营受到处罚或者因涉嫌违法违规经营正在被调查。

上市公司就并购重组事项出具盈利预测报告的，在相关并购重组活动完成后，凡不属于上市公司管理层事前无法获知且事后无法控制的原因，上市公司或者购买资产实现的利润未达到盈利预测报告或者资产评估报告预测金额 80% 的，中国证监会责令财务顾问及其财务顾问主办人在股东大会及中国证监会指定报刊上公开说明未实现盈利预测的原因并向股东和社会公众投资者道歉；利润实现数未达到盈利预测 50% 的，中国证监会可以同时对财务顾问及其财务顾问主办人采取监管谈话、出具警示函、责令定期报告等监管措施。

财务顾问及其财务顾问主办人或者其他责任人员发表的专业意见存在虚假记载、误导性陈述或者重大遗漏的，中国证监会责令改正并依据《证券法》第 223 条予以处罚。财务顾问及其财务顾问主办人在相关并购重组信息未依法公开前，泄露该信息、买卖或者建议他人买卖该公司证券，利用相关并购重组信息散布虚假信息、操纵证券市场或者进行证券欺诈活动的，中国证监会依据《证券法》第 202 条、第 203 条、第 207 条予以处罚；涉嫌犯罪的，依法移送司法机关追究刑事责任。

第九章 公司债券

第一节 公司债券概述

一、完善公司债券市场法律制度的必要性

公司债券既是公司筹集长期巨额债权资本的重要融资手段，也是风险偏好较为保守的广大投资者十分青睐的金融投资商品。就债券发行公司而言，许多经营优良、负债率低的公司急需通过发行公司债券，开辟发行股票和银行贷款之外的新兴筹资渠道，以调整资产负债结构，降低财务成本，完善企业信用定价，进一步增强其竞争力和持续发展能力。就债券的投资者而言，随着我国城乡居民收入的稳步提高，我国社会储蓄和外汇储备规模稳步增长，大量追求稳定回报的投资者（尤其是证券投资基金、保险资金、商业银行、养老基金等机构投资者）对公司债券等固定收益类金融商品的需求增大。大力发展债券市场既具有必要性，也具有紧迫性。因此，在成熟的资本市场之中，公司债券扮演着不可或缺的重要角色。

2007 年年初的全国金融工作会议作出了"加快发展债券市场"的工作部署。为发展我国的债券市场、拓展企业融资渠道、丰富证券投资品种、完善金融市场体系、促进资本市场协调发展，规范公司债券的发行行为，保护投资者的合法权益和社会公共利益，2007 年 8 月 14 日，中国证监会正式颁布实施了《公司债券发行债券试点办法》（以下简称《债券试点办法》）。《债券试点办法》的出台，标志着我国公司债券发行工作的正式启动。按照"先试点、后分步推进"的工作思路及有关通知的要求，公司债券发行试点将从上市公司入手。初期，试点公司范围仅限于沪深证券交易所上市的公司及发行境外上市外资股的境内股份有限公司。

《债券试点办法》体现了建立市场化导向的公司债券发行监管体制的指导思想，即放松行政管制，鼓励市场自治与创新，建立以发债公司信用责任机制

为核心的公司债券市场体系以及信用评级、信息披露、债券受托管理人等市场化配套制度，充分发挥中介机构和投资机构识别风险、分散风险和化解风险的社会功能，更好地发挥市场机制在公司债券市场发展中的基础作用。基于市场创新与自治的基本立法理念，《债券试点办法》确立了一系列市场化制度安排，如审核制度采用核准制；引进股票发行审核中已经比较成熟的发审委制度；实行保荐制度；建立信用评级管理制度；不强制发债公司在发行债券时提供担保；募集资金用途不再与固定资产投资项目挂钩，包括可以用于偿还银行贷款、改善财务结构等股东大会核准的用途；公司债券发行价格由发行人与保荐人通过市场询价确定；采用橱架发行制度，允许上市公司一次核准，分次发行等。

为积极稳妥地推进公司债券市场的建设，积极防范市场风险，平稳启动公司债券试点工作，中国证监会及相关机构在《债券试点办法》出台之后正加快推进相关配套工作：一是制定关于资信评级机构的相关规定。中国证监会2007 年 8 月 24 日发布了《证券市场资信评级业务管理暂行办法》。交易所、证券登记结算公司也发布了公司债券的上市、登记配套规则。二是建立和完善公司债券交易结算平台。上海、深圳证券交易所对债券交易系统作了进一步的完善；中国证券登记结算公司也对债券登记结算进行了相应的安排等。

二、公司债券的概念和特征

公司债券是指公司依照法定程序发行、约定在一定期限还本付息的有价证券(《公司法》第 154 条第 1 款)。中国证监会《债券试点办法》将还本付息的期限界定为一年以上。

(一) 公司债券的实质是格式化借款合同

《债券试点办法》第 9 条规定：公司债券每张面值一百元，发行价格由发行人与保荐人通过市场询价确定。这就充分揭示了公司债券的契约特点。每一张公司债券都代表着一份借款合同。为大幅降低借款合同的缔结成本，借款合同往往采取格式合同的形式甚至无纸化的电子形式。债券持有人为债权人，债券发行公司为债务人。公司债券的法律效力基本上可借助传统合同法原理予以解释。在公司债发行公司发出募集资金的要约后，投资者承诺贷与资金，合同关系即告成立。

(二) 公司债券是表彰债权的证券

广义的有价证券依其所表示的权利内容，可以分为物权有价证券（如提单和仓单）、债权有价证券（如债券和票据）与社员权有价证券（如股份有限公司股东所持有的股票和有限公司股东所持有的出资证明书）。以债权证券的发行人本人是否为该证券所记载的债务人为准，债权证券可分为由发行人任债务人的债权证券和由第三人任债务人的债权证券。前者包括本票与债券两种，后者则包括汇票与支票两种。其中，本票与债券的共同点在于都由发行人自己作为债务人向证券持有人履行债务。但二者仍存在许多重大差异。本票的主要功能是支付手段，而债券的主要功能是融资手段。

（三）公司债券是资本证券

公司债券和股票共同构成了最基本的资本证券。虽然债券和股票的发行者发行证券的目的可能大异其趣，但绝大多数发行人旨在筹集资金，绝大多数购买者则旨在将资金投资于发行人，以图获得投资回报。而票据（本票、汇票和支票）主要是作为支付手段、结算手段和信用手段在商品经济流转中发挥货币代替物的作用，故可统称为货币证券。可见，资本证券与货币证券的功能不同，内容有别。

（四）公司债券是要式证券

公司债券作为要式证券，其制作方式和记载事项必须符合法律和法规的强制性规定。例如，公司以实物券方式发行公司债券的，必须在债券上载明公司名称、债券票面金额、利率、偿还期限等事项，并由法定代表人签名，公司盖章(《公司法》第156条)。

三、公司债券的分类

（一）有担保公司债和无担保公司债

以公司债券持有人的债权能否得到债券发行人的担保为准，公司债券分为有担保公司债和无担保公司债（信用公司债）。广义的担保既包括人保（保证），也包括物保（担保物权）；狭义的担保仅指物保。

有担保公司债有助于投资者在投资之初控制和锁定投资风险，有助于强化投资者的投资信心，因而对投资者具有较强的吸引力。虽然我国《公司法》和《证券法》均未提及有担保公司债，但依据契约自由精神，公司可以开发和发行有担保公司债券。在实践中，我国已大量存在有担保的公司债券。根据《债券试点办法》第11条之规定，发行有担保公司债应当符合下列规定：（1）担保范围包括债券的本金及利息、违约金、损害赔偿金和实现债权的费用；（2）以保证方式提供担保的，应当为连带责任保证，且保证人资产质量良好；（3）设定担保的，担保财产权属应当清晰，尚未被设定担保或者采取保全措施，且担保财产的价值经有资格的资产评估机构评估不低于担保金额；（4）

符合《物权法》、《担保法》和其他有关法律、法规的规定。

无担保公司债的发行公司之所以不向持有人提供债权担保手段，往往源于其卓越的债信资格。经营规模大、竞争实力强、偿债信誉卓著的公司即使不提供担保，投资者也会趋之若鹜。我国《公司法》、《证券法》和《债券试点办法》并不强制发债公司提供担保。

（二）记名债券和无记名债券

以债券票面上是否记名为准，公司债券可以分为记名债券和无记名债券（《公司法》第 157 条）。记名债券与无记名债券的区分实益有三：（1）发行程序不同。公司发行记名公司债券时，应当在公司债券存根簿上载明债券持有人的姓名或者名称及住所；债券持有人取得债券的日期及债券的编号；债券总额，债券的票面金额、利率、还本付息的期限和方式；债券的发行日期。而公司发行无记名公司债券时，只须在公司债券存根簿上载明债券总额、利率、偿还期限和方式、发行日期及债券的编号，而无须记载债券持有人的姓名或者名称及住所、债券持有人取得债券的日期及债券的编号（《公司法》第 158 条）。（2）转让方式不同。记名公司债券，由债券持有人以背书方式或者法律、行政法规规定的其他方式转让；转让后由公司将受让人的姓名或者名称及住所记载于公司债券存根簿；否则，受让人不能对抗公司债务人。无记名公司债券的转让，由债券持有人将该债券交付给受让人后即发生转让的效力（《公司法》第 161 条）。（3）被盗、遗失或者灭失时的补救措施不同。记名债券被盗、遗失或灭失，债券持有人可依《民事诉讼法》规定的公示催告程序，请求人民法院宣告该债券失效。人民法院宣告该债券失效后，持有人可以向公司申请补发债券。

（三）可转债和不可转债

以公司债券能否转换成股票为准，公司债券可以分为可转换成股票的公司债券（简称"可转债"）与不可转换成股票的公司债券（简称"不可转债"）。可转债与不可转债的区分实益在于，可转债持有人可通过行使契约赋予的选择权，将自己的债权人地位置换为公司的股东地位，而不可转债的持有人则缺乏此种选择权。上市公司经股东大会决议可发行可转债，并在公司债券募集办法中规定具体的转换办法，但应报国务院证券监督管理机构核准。发行可转换为股票的公司债券，应当在债券上标明"可转换公司债券"字样，并在公司债券存根簿上载明可转换公司债券的数额（《公司法》第 162 条）。发行可转债的，公司应当按照其转换办法向债券持有人换发股票，但债券持有人对转换股票或者不转换股票有选择权（《公司法》第 163 条）。持有人行使选择权的结果没有溯及既往的效力。换言之，在可转债持有人转换为股东身份后，股东身份自转换行为生效后向未来发生，而不能追溯到可转债持有人取得债权主体身份之时。

当然，可转换公司债持有人享有的选择权为形成权。持有人可凭其单方意思表示行使选择权，发债公司即有义务向其核发股份。既是权利，既可行使，也可放弃。

(四) 参加公司债和非参加公司债

以持有人是否有权参与债务人公司的治理活动和利润分配为准，公司债券可以分为参加公司债和非参加公司债。所谓参加公司债，指债权人有权参与债务人公司的治理活动或利润分配的公司债。参加公司债的利率一般并不固定，持有人获得的利息高低要视公司盈利状况而定。所谓非参加公司债，是指债权人无权参与债务人公司的治理活动或利润分配的公司债。非参加公司债载有固定利率。我国《公司法》和《证券法》在严格划分股权证券与债权证券的基础上，不承认参加公司债。

(五) 优先顺位公司债和劣后顺位公司债

以债权受偿顺序为准，公司债券可分为优先顺位公司债与劣后顺位公司债。其中，优先顺位公司债是指优先于其他普通公司债券而获得清偿的公司债，劣后顺位公司债是指劣后于其他普通公司债券而获得清偿的公司债。公司债本质上是一种民事法律关系，因而允许发债公司与其投资者自由约定公司债的清偿顺序。基于公平原则，优先顺位公司债的利息也可能低于劣后顺位公司债的利息。

优先顺位公司债虽然利息较低，但优先受偿；劣后顺位公司债虽然劣后清偿，但利息较高。因此，这两种公司债，适合不同投资者的投资需求。当然，公司控制股东和公司高管购买劣后顺位公司债还有优化公司治理的良好效果，即预防控制股东和公司高管的道德风险，并激励公司高管为了确保自己的债权实现而勤勉尽责、殚精竭虑地从事公司经营管理工作。

第二节 公司债券的发行

一、公司债券的发行条件

公司发行公司债券等于与不特定的投资公众签订巨额的借款合同，但作为潜在债权人的投资公众无法对发行公司的债务清偿能力和公信力亲自进行详尽的尽职调查。因此,立法者有必要强行设定公司债券的发行条件,进而确保公司债权持有人能够按照发行公司承诺的时间和利率获得本息。

公司申请公开发行公司债券,应当符合下列条件:(1)股份有限公司的净资产不低于人民币3000万元,有限责任公司的净资产不低于人民币6000万元;(2)累计债券余额不超过公司净资产的40%;(3)最近3年平均可分配利润足以支付公司债券一年的利息;(4)筹集的资金投向符合国家产业政策;(5)债券的利率不超过国务院限定的利率水平;(6)国务院规定的其他条件。公开发行公司债券筹集的资金,必须用于核准的用途,不得用于弥补亏损和非生产性支出(《证券法》第16条第1款至第2款)。基于鼓励公司自治的精神,《债券试点办法》第13条虽然要求发行公司债券募集的资金必须符合股东会或股东大会核准的用途,且符合国家产业政策,但不再苛求募集资金用途与固定资产投资项目挂钩。换言之,公司债所募资金可以用于股东大会核准的各种合法用途,包括偿还银行贷款、改善财务结构等。

《债券试点办法》第7条进一步细化了公司债券的发行条件:(1)公司的生产经营符合法律、行政法规和公司章程的规定,符合国家产业政策;(2)公司内部控制制度健全,内部控制制度的完整性、合理性、有效性不存在重大缺陷;(3)经资信评级机构评级,债券信用级别良好;(4)公司最近一期末经审计的净资产额应符合法律、行政法规和中国证监会的有关规定;(5)最近三个会计年度实现的年均可分配利润不少于公司债券一年的利息;(6)本次发行后累计公司债券余额不超过最近一期末净资产额的40%;金融类公司的累计公司债券余额按金融企业的有关规定计算。

可转换公司债既具有公司债券的特征,又具有潜在公司股份的特点,因此上市公司发行可转换为股票的公司债券,除应当符合《证券法》第16条第1款规定的条件外,还应当符合《证券法》关于公开发行股票的条件,并报国务院证券监督管理机构核准。

公司凡有下列情形之一的,不得再次公开发行公司债券:(1)前一次公开发行的公司债券尚未募足;(2)对已公开发行的公司债券或者其他债务有违约或者延迟支付本息的事实,仍处于继续状态;(3)违反本法规定,改变公开发行公司债券所募资金的用途(《证券法》第18条)。据此,《债券试点办法》第8条更进一步禁止存在下列情形之一的公司发行公司债券:(1)最近36个月内公司财务会计文件存在虚假记载,或公司存在其他重大违法行为;(2)本次发行申请文件存在虚假记载、误导性陈述或者重大遗漏;(3)对已发行的公司债券或者其他债务有违约或者迟延支付本息的事实,仍处于继续状态；（4）严重损害投资者合法权益和社会公共利益的其他情形。

二、公司债券的发行程序

公司债券的发行直接关系到证券投资者的切身利益和证券市场的健康发展。我国《证券法》对公司申请发行公司债券采取了核准主义的态度。具体说来，公司申请发行公司债券，必须报经国务院授权的部门或者国务院证券监督管理机构核准。核准制既非严苛的批准制，亦非过于宽松的登记制或备案制，适合我国证券市场的实际情况。

公司申请发行公司债券的具体程序可以分为以下几个步骤：

首先，由公司股东大会就发行公司债券作出决议。根据《公司法》第38条第1款之规定，对公司发行债券作出决议的权限专属于股东大会，而不属于董事会。这是由于，公司债券的发行虽有利于扩大公司的对外融资渠道，但也会增加公司的债务负担，进而降低了股东分红水准。倘若公司章程未将公司债券发行的股东会决议规定为特别决议，则应当属于普通股东会决议，只要遵守资本简单多数决规则即可。《债券试点办法》第12条要求申请发债公司的公司董事会制定方案，由股东会或股东大会对下列事项作出决议：（1）发行债券的数量；（2）向公司股东配售的安排；（3）债券期限；（4）募集资金的用途；（5）决议的有效期；（6）对董事会的授权事项；（7）其他需要明确的事项。

其次，申请公开发行公司债券，应当向国务院授权的部门或者国务院证券监督管理机构报送下列文件：（1）公司营业执照；（2）公司章程；（3）公司债券募集办法；（4）资产评估报告和验资报告；（5）国务院授权的部门或者国务院证券监督管理机构规定的其他文件。依该法规定聘请保荐人的，还应当报送保荐人出具的发行保荐书（《证券法》第17条）。发行人向国务院证券监督管理机构或者国务院授权的部门报送的证券发行申请文件，必须真实、准确、完整。为证券发行出具有关文件的证券服务机构和人员，必须严格履行法定职责，保证其所出具文件的真实性、准确性和完整性（《证券法》第20条）。《债券试点办法》第15条要求公司全体董事、监事、高级管理人员应当在债券募集说明书上签字，保证不存在虚假记载、误导性陈述或者重大遗漏，并声明承担个别和连带的法律责任。

再次，国务院授权的部门依照法定条件负责核准债券发行申请。我国对发债审核制度采取了核准制的态度。《债券试点办法》第20条将股票发行审核中已经比较成熟的发行审核制度引入发债核准程序，并承诺中国证监会依下列程序审核发债申请：（1）收到申请文件后，5 个工作日内决定是否受理；（2）中国证监会受理后，对申请文件进行初审；（3）发行审核委员会按照《中国证监会发行审核委员会办法》规定的特别程序审核申请文件；（4）中国证监会作出核准或者不予核准的决定。为维护核准程序的公信力，参与审核和核准股票发行申请的人员不得与发行申请人有利害关系，不得直接或者间接接受发行申请人的馈赠，不得持有所核准的发行申请的债券，不得私下与发行申请人进行接触（《证券法》第 23 条）。

复次，国务院证券监督管理机构或者国务院授权的部门应当自受理债券发行申请文件之日起 3 个月内，依照法定条件和法定程序作出予以核准或者不予核准的决定，发行人根据要求补充、修改发行申请文件的时间不计算在内；不予核准的，应当说明理由（《证券法》第 24 条）。

最后，发行公司债券的申请经国务院授权的部门核准后，应当公告公司债券募集办法。公司债券募集办法中应当载明下列主要事项：（1）公司名称；（2）债券募集资金的用途；（3）债券总额和债券的票面金额；（4）债券利率的确定方式；（5）还本付息的期限和方式；（6）债券担保情况；（7）债券的发行价格、发行的起止日期；（8）公司净资产额；（9）已发行的尚未到期的公司债券总额；（10）公司债券的承销机构（《公司法》第 155 条）。公司还应将公司债券募集办法置备于指定场所供公众查阅。发行证券的信息依法公开前，任何知情人不得公开或者泄露该信息。发行人不得在公告公开发行募集文件前发行债券（《证券法》第 25 条）。除公司债券募集办法外，依法公开发行公司债券的，还应当公告财务会计报告（《证券法》第 64 条）。

但国务院证券监督管理机构或者国务院授权的部门对已作出的核准债券发行的决定，发现不符合法定条件或者法定程序，尚未发行债券的，应当予以撤销，停止发行。已经发行尚未上市的，撤销发行核准决定，发行人应当按照发行价并加算银行同期存款利息返还债券持有人；保荐人应当与发行人承担连带责任，但是能够证明自己没有过错的除外；发行人的控股股东、实际控制人有过错的，应当与发行人承担连带责任。

三、橱架发行制度

《债券试点办法》第 21 条确立了橱架发行制度，允许发债公司申请一次核准，分期发行。自中国证监会核准发行之日起，公司应在 6 个月内首期发行，剩余数量应当在 24 个月内发行完毕。超过核准文件限定的时效未发行的，须重新经中国证监会核准后方可发行。首期发行数量应当不少于总发行数量的

50%，剩余各期发行的数量由公司自行确定，每期发行完毕后 5 个工作日内报中国证监会备案。这种服务型的监管理念有利于发债公司斟酌本公司的资金需求状况、金融市场的供给状况以及宏观调控的具体情况选择最佳的筹资时机。

四、发债保荐人和其他中介机构的法律义务与责任

《债券试点办法》第 14 条建立了发债保荐人制度。该条要求公司发行债券时由保荐人保荐，并向中国证监会申报。保荐人应当按照中国证监会的有关规定编制和报送募集说明书和发行申请文件。第 16 条还要求保荐人对债券募集说明书的内容进行尽职调查，并由相关责任人签字，确认不存在虚假记载、误导性陈述或者重大遗漏，并声明承担相应的法律责任。倘若保荐人出具有虚假记载、误导性陈述或者重大遗漏的发行保荐书，保荐人或其相关人员伪造或变造签字、盖章，或者不履行其他法定职责的，依照《证券法》和保荐制度的有关规定处理。

除了保荐人，注册会计师事务所、资产评估事务所、资信评级机构和律师事务所等中介机构也在公司债券发行中承担一定的法律义务。《债券试点办法》第 17 条要求为债券发行出具专项文件的注册会计师、资产评估人员、资信评级人员、律师及其所在机构，应当按照依法制定的业务规则、行业公认的业务标准和道德规范出具文件，并声明对所出具文件的真实性、准确性和完整性承担责任。第 18 条要求债券募集说明书所引用的审计报告、资产评估报告、资信评级报告，应当由有资格的证券服务机构出具，并由至少 2 名有从业资格的人员签署。债券募集说明书所引用的法律意见书，应当由律师事务所出具，并由至少 2 名经办律师签署。

五、公司债券存根簿的置备

为便于公司向公司债权持有人清偿债务，便于公司债持有人行使债权，公司发行公司债券应当置备公司债券存根簿。发行记名公司债券的，应当在公司债券存根簿上载明下列事项：（1）债券持有人的姓名或者名称及住所；（2）债券持有人取得债券的日期及债券的编号；（3）债券总额，债券的票面金额、利率、还本付息的期限和方式；（4）债券的发行日期。发行无记名公司债券的，应当在公司债券存根簿上载明债券总额、利率、偿还期限和方式、发行日期及债券的编号（《公司法》第 158 条）。

《公司法》第 159 条还要求记名公司债券的登记结算机构建立债券登记、存管、付息、兑付等相关制度。

第三节　公司债券的流转

一、公司债券的集中交易与协议转让

《公司法》第160条确认了公司债券作为一般证券产品的可转让性。公司债券的转让既包括在证券交易场所之内的集中竞价交易与证券交易场所之外的分散协议转让。《证券法》第39条明确要求依法公开发行的公司债券在依法设立的证券交易所上市交易或者在国务院批准的其他证券交易场所转让。公司债券在证券交易所上市交易时，应当采用公开的集中交易方式或者国务院证券监督管理机构批准的其他方式(《证券法》第40条)。在证券交易所之内的集中竞价交易，按照证券交易所的交易规则转让；在证券交易场所之外协议转让的，转让价格由转让人与受让人约定(《公司法》第160条)。

就协议转让而言，针对公司债券记名与否的不同特点，《公司法》第161条作了不同规定：(1)记名公司债券，由债券持有人以背书方式或者法律、行政法规规定的其他方式转让；转让后由公司将受让人的姓名或者名称及住所记载于公司债券存根簿。(2)无记名公司债券的转让，由债券持有人将该债券交付给受让人后即发生转让的效力。

二、公司债券的上市条件

公司债券具有高度的流通性。《证券法》第57条要求公司债券的上市交易符合下列条件：(1)公司债券的期限为1年以上；(2)公司债券实际发行额不少于人民币5000万元；(3)公司申请债券上市时仍符合法定的公司债券发行条件。上海证券交易所2007年9月18日发布的《公司债券上市规则》还增加了资信评级要求。

公司债券上市交易后，公司有下列情形之一的，由证券交易所决定暂停其公司债券上市交易：(1)公司有重大违法行为；(2)公司情况发生重大变化不符合公司债券上市条件；(3)发行公司债券所募集的资金不按照核准的用途使用；(4)未按照公司债券募集办法履行义务；(5)公司最近2年连续亏损(《证券法》第60条)。公司有第1项、第4项所列情形之一经查实后果严重的，或者有第2项、第3项、第5项所列情形之一，在限期内未能消除的，由证券交易所决定终止其公司债券上市交易。公司解散或者被宣告破产的，由证券交易所终止其公司债券上市交易(《证券法》第61条)。

公司对证券交易所作出的不予上市、暂停上市、终止上市决定不服的，可以向证券交易所设立的复核机构申请复核(《证券法》第 62 条)。

三、公司债券的上市程序

(1) 公司董事会决议就公司债券上市问题作出决议。发行公司债券属于股东大会的专属法定职权，而公司债券上市则不属于股东会的专属法定职权。因此，董事会可就公司债券申请上市问题作出决议。

(2) 公司申请债券上市交易，应当向证券交易所提出申请。申请公司债券上市交易，应当向证券交易所报送下列文件：①上市报告书；②申请公司债券上市的董事会决议；③公司章程；④公司营业执照；⑤公司债券募集办法；⑥公司债券的实际发行数额；⑦证券交易所上市规则规定的其他文件。申请可转换为股票的公司债券上市交易，还应当报送保荐人出具的上市保荐书(《证券法》第 58 条)。

(3) 经证券交易所依法审核同意后，由发行公司与证券交易所签订上市协议。签订上市协议的公司应当在规定的期限内公告公司债券上市文件及有关文件，并将其申请文件置备于指定场所供公众查阅(《证券法》第 59 条)。

四、公司债券的质押

在一定意义上，公司债券的质押也是广义的债券流转。一是由于公司债持有人的权利上面增加了质押负担；二是由于质押权人获得了对质押债券的交换价值的支配和控制，并有可能在主债务人不能及时足额清偿债务时以质押债券抵偿其债权。

根据《物权法》第 223 条之规定，债务人或第三人有权处分的债券权利可以出质。该法第 224 条规定："以汇票、支票、本票、债券、存款单、仓单、提单出质的，当事人应当订立书面合同。质权自权利凭证交付质权人时设立；没有权利凭证的，质权自有关部门办理出质登记时设立。"在此，有必要对该条予以解释。公司债持有人以债券出质的，应当与主债权人订立书面合同。无记名债券的质权自债券交付质权人时设立；记名公司债券的质权应以背书方式或者法律、行政法规规定的其他方式予以设定，同时应当由公司将质押权人的姓名或者名称及住所记载于公司债券存根簿，质押权人才能以其质权对抗发债公司。

依《物权法》第 225 条之规定，公司债券的兑现日期先于主债权到期的，质权人可以兑现，并与出质人协议将兑现的价款提前清偿债务或者提存。

第四节　公司债券持有人的利益保护机制

公司债券持有人与发行公司之间存在债权债务关系。由于公司债券持有人与发行公司之间存在着信息落差，且已将巨额资金交付发行公司，公司债券持有人在债券市场中实际上处于相对弱势地位。为提高债券市场的公信力，必须维护好公司债券持有人的合法利益。有鉴于此，《债券试点办法》第 5 条明确要求发债公司诚实信用，维护债券持有人享有的法定权利和债券募集说明书约定的权利，并在第四章专门规定了债券持有人权益保护。保护公司债券持有人的机制很多，包括但不限于信息披露机制、担保机制、信用评级机制、信托机制与决策机制（公司债券持有人会议）等。其中，担保机制仅适用于有担保的公司债券。公司法等民商法律为普通债权人提供的保护机制（如揭开公司面纱制度）也适用于公司债券持有人。

一、信息披露机制

信息披露机制是成本较低、效果最好的债权人保护机制。《公司法》与《证券法》不仅要求发行公司在发行阶段公告公司债券募集办法，而且要求发行公司在上市交易阶段履行持续信息公开义务。《债券试点办法》第 4 条亦明确要求发债公司真实、准确、完整、及时、公平地披露或者提供信息，不得有虚假记载、误导性陈述或者重大遗漏。

（一）信息披露的基本要求

《证券法》第 63 条要求发行人依法披露的信息必须真实、准确、完整，不得有虚假记载、误导性陈述或者重大遗漏。这就揭示了信息披露的基本要求：真实性、准确性、完整性。除此之外，还应强调信息披露的及时性、易解性、易得性与公平性。在继续强调信息披露真实性、准确性、完整性的同时，有必要强化信息披露的易解性与公平性，确保广大投资者在阅读披露文件时开卷有益。在这方面，有必要倡导信息披露的简明化，要求信息披露义务人在依法披露《公司法》、《证券法》、行政法规、部门规章与证券交易所自律规章要求的各类信息的同时，运用寥寥数语在短短几页内披露对投资判断最具价值的信息。

（二）发行阶段的信息披露

经国务院授权的部门核准依法公开发行公司债券，应当公告公司债券募集办法和财务会计报告(《证券法》第 64 条)。

（三）上市交易阶段的信息披露

1. 中报制度。

债券上市交易的公司应当在每一会计年度的上半年结束之日起 2 个月内，向国务院证券监督管理机构和证券交易所报送记载以下内容的中期报告，并予公告：（1）公司财务会计报告和经营情况；（2）涉及公司的重大诉讼事项；（3）已发行的股票、公司债券变动情况；（4）提交股东大会审议的重要事项；（5）国务院证券监督管理机构规定的其他事项（《证券法》第 65 条）。

2. 年报制度。

债券上市交易的公司应当在每一会计年度结束之日起 4 个月内，向国务院证券监督管理机构和证券交易所报送记载以下内容的年度报告，并予公告：（1）公司概况；（2）公司财务会计报告和经营情况；（3）董事、监事、高级管理人员简介及其持股情况；（4）已发行的股票、公司债券情况，包括持有公司股份最多的前十名股东的名单和持股数额；（5）公司的实际控制人；（6）国务院证券监督管理机构规定的其他事项（《证券法》第 66 条）。

3. 临时报告制度。

《证券法》第 67 条规定，发生可能对上市公司股票交易价格产生较大影响的重大事件，投资者尚未得知时，上市公司应当立即将有关该重大事件的情况向国务院证券监督管理机构和证券交易所报送临时报告，并予公告，说明事件的起因、目前的状态和可能产生的法律后果。

（四）公司高管的信息披露担保义务

参酌《证券法》第 68 条之规定，公司董事、高级管理人员应对公司定期报告签署书面确认意见，监事会应当对董事会编制的公司定期报告进行审核并提出书面审核意见，董事、监事、高级管理人员应当保证上市公司所披露的信息真实、准确、完整。

（五）虚假陈述的民事责任

根据《证券法》第 69 条之规定，债券发行公司的公司债券募集办法、财务会计报告、上市报告文件、年度报告、中期报告、临时报告以及其他信息披露资料有虚假记载、误导性陈述或者重大遗漏，致使投资者在证券交易中遭受损失的，发行公司应当承担赔偿责任；发行公司的董事、监事、高级管理人员和其他直接责任人员以及保荐人、承销的证券公司应当与发行公司承担连带赔偿责任，但是能够证明自己没有过错的除外；发行公司的控股股东、实际控制人有过错的，应当与公司承担连带赔偿责任。

二、信用评级机制

《债券试点办法》第 10 条规定了资信评级机构的特许资质制度以及动态跟踪评级制度。公司债券的信用评级，应当委托经中国证监会认定、具有从事证券服务业务资格的资信评级机构进行。公司与资信评级机构应当约定，在债券有效存续期间，资信评级机构每年至少公告一次跟踪评级报告。为了促进证券市场资信评级业务规范发展，提高证券市场的效率和透明度，保护投资者的合法权益和社会公共利益，中国证监会依据《证券法》于 2007 年 8 月 24 日发布了《证券市场资信评级业务管理暂行办法》(以下简称《评级办法》)。

（一）资信评级机构从事债信评级必须具备法定资质

债信评级关系到发债公司及其公司债持有人的切身利益，关系到证券市场的整体信用，因此资信评级机构必须符合法定资质。《评级办法》第 2 条要求从事证券市场资信评级业务（以下简称"证券评级业务"）的资信评级机构向中国证监会申请取得证券评级业务许可；未取得许可，任何单位和个人不得从事证券评级业务。证券评级业务是指对下列评级对象开展资信评级服务：中国证监会依法核准发行的债券、资产支持证券以及其他固定收益或者债务型结构性融资证券；在证券交易所上市交易的债券、资产支持证券以及其他固定收益或者债务型结构性融资证券，国债除外；以及前述证券的发行人、上市公司、非上市公众公司、证券公司、证券投资基金管理公司等。

中国证监会依照法定条件和程序，根据审慎监管的原则，并充分考虑市场发展和行业公平竞争的需要，对资信评级机构的证券评级业务许可申请进行审查、作出决定(《评级办法》第 10 条)。

（二）资信评级机构的从业准则

《评级办法》在总则中要求资信评级机构从事证券评级业务，应当遵循独立、客观、公正的原则，并应遵循一致性原则，对同一类评级对象评级，或者对同一评级对象跟踪评级，应当采用一致的评级标准和工作程序。评级标准有调整的，应当充分披露。证券评级机构应当制定科学的评级方法和完善的质量控制制度，遵守行业规范、职业道德和业务规则，勤勉尽责，审慎分析。

三、信托机制

（一）信托机制与债券受托管理人的诚信义务

所谓信托机制，就是引入作为受托人的债券受托管理人维护作为受益人的公司债持有人的合法权益。由于公司债持有人量大面广，信托机制的引入恰恰可以缓解公司债持有人集体行动所面临的高额成本。

根据我国《信托法》的基本要求，债券受托管理人扮演受托人的角色，公司债券持有人扮演受益人的角色，债券发行公司则扮演委托人的角色。因此，债券受托管理人由债券发行公司选择，托管费用亦由发行公司承担，但债券受托管理人必须为了维护和增进公司债持有人的根本利益而行事。既然承人之信、受人之托，债券受托管理人就必须诚实守信，勤勉尽责。债券受托管理人不能借口自己由发行公司选择，自己与发行公司签订债券受托管理协议，而未与公司债持有人个别签署债券受托管理协议而否定自己与公司债持有人之间的信托关系。由发行公司选择的债券受托管理人要对真正的受益人（公司债持有人）负责，如同基金管理公司选择的托管银行也要对真正的受益人（基金持有人）负责一样。

（二）债券受托管理人与持有人信托关系的建立

《债券试点办法》第 23 条要求公司为债券持有人聘请债券受托管理人，并订立债券受托管理协议；在债券存续期限内，由债券受托管理人依照协议的约定维护债券持有人的利益。公司应当在债券募集说明书中约定，投资者认购本期债券视为同意债券受托管理协议。这就大大简化了公司债券持有人与债券受托管理人逐个建立信托关系的缔约成本。

（三）债券受托管理人的资质

鉴于债券受托管理人为受托人，其应当具有较高的道德水准与专业能力。《债券试点办法》第 24 条第 1 款要求，债券受托管理人由本次发行的保荐人或者其他经中国证监会认可的机构担任。为避免担保人与债券受托管理人之间的潜在利益冲突，为本次发行提供担保的机构不得担任本次债券发行的受托管理人。

《债券试点办法》第 24 条第 2 款要求，债券受托管理人应当为债券持有人的最大利益行事，不得与债券持有人存在利益冲突，并在第 25 条详细列举了债券受托管理人的信托义务：（1）持续关注公司和保证人的资信状况，出现可能影响债券持有人重大权益的事项时，召集债券持有人会议；（2）公司为债券设定担保的，债券受托管理协议应当约定担保财产为信托财产，债券受托管理人应在债券发行前取得担保的权利证明或其他有关文件，并在担保期间妥善保管；（3）在债券持续期内勤勉处理债券持有人与公司之间的谈判或者诉讼事务；（4）预计公司不能偿还债务时，要求公司追加担保，或者依法申请法定机关采取财产保全措施；（5）公司不能偿还债务时，受托参与整顿、和解、重组或者破产的法律程序；（6）债券受托管理协议约定的其他重要义务。

《债券试点办法》第31条从行政处罚角度规定了债券受托管理人背信失职、损害债券持有人权益的法律后果。中国证监会可以责令其整改，对其直接负责的主管人员和其他直接责任人员可以采取监管谈话、认定为不适当人选等行政监管措施，记入诚信档案并公布。当然，作为受害者的公司债持有人亦可对其提起民事损害赔偿之诉。

四、决策机制：公司债券持有人会议制度

（一）公司债券持有人会议的概念

公司债券持有人会议是由同次发行的公司债券的持有人组成的、就涉及公司债券持有人的共同利益事项依法作出决策的临时合议机构。

公司债券持有人会议是代表和维护广大债券持有人根本利益的机构，与代表和维护股东根本利益的股东会具有相似之处。不同之处在于，股东会是公司的内部权力机关，是公司的最高决策机构，而公司债券持有人会议并非公司的内部机关，而是在公司债务人外部讨论和决定攸关债权人利害关系的重大事项。

我国《公司法》与《证券法》均未规定公司债券持有人会议。但《债券试点办法》第26条和第27条规定了债券持有人会议规则及其召集事由。《深圳证券交易所公司债券上市暂行规定》（以下简称《深交所规定》）第四章也专门规定了债券持有人会议制度。

（二）公司债券持有人会议规则

《债券试点办法》第26条要求公司与债券受托管理人制定债券持有人会议规则，约定债券持有人通过债券持有人会议行使权利的范围、程序和其他重要事项；公司应当在债券募集说明书中约定，投资者认购本期债券视作同意债券持有人会议规则。这种默示同意规则旨在早日确立公司债券持有人会议的程序规则。

（三）公司债券持有人会议的召集事由

《债券试点办法》第27条列举了应当召开债券持有人会议的法定事由：（1）拟变更债券募集说明书的约定；（2）拟变更债券受托管理人；（3）公司不能按期支付本息；（4）公司减资、合并、分立、解散或者申请破产；（5）保证人或者担保物发生重大变化；（6）发生对债券持有人权益有重大影响的事项。当然，债券持有人会议规则也可自行约定召开债券持有人会议的事由。

（四）公司债券持有人会议的召集人

债券持有人会议的召集人既包括债券发行公司，也包括债券受托管理人与持有债权超过一定比例的公司债持有人。债券持有人自行召集召开债券持有人会议的，在公告债券持有人会议决议前，其持有债券的比例不得低于10%；并应当在发出债券持有人会议通知前申请在上述期间锁定其持有的公司债券（《深交所规定》第4.5条第2款）。

召集人召集公司债券持有人会议应当遵守程序严谨的基本理念。《深交所规定》第4.1条要求会议召集人以公告方式向公司债券持有人发出会议通知。会议通知中应当列明会议召开的时间、地点、方式，以及会议召集人和债权登记日等事项，并充分、完整地披露所有提案的具体内容。会议召集人还应当同时在该所指定网站上披露有助于公司债券持有人对拟讨论的事项作出合理判断所必需的其他资料。债券受托管理人或债券持有人自行召集债券持有人会议的，应当在发出债券持有人会议通知前书面通知发行人董事会并将有关文件报送该所备案（《深交所规定》第4.5条第1款）。

债券持有人会议通知发出后，无正当理由不得延期或取消、会议通知中列明的提案亦不得取消。一旦出现延期或取消的情形，会议召集人应当在原定召开日期的至少2个交易日之前发布通知，说明延期或取消的具体原因。延期召开债券持有人会议的，会议召集人应当在通知中公布延期后的召开日期（《深交所规定》第4.3条）。

债券持有人会议召开前有临时提案提出的，应于召开日期的至少10个交易日前提出；会议召集人应当在召开日期的至少2个交易日前发出债券持有人会议补充通知，披露提出临时提案的债券持有人姓名或名称、持有债券的比例和新增提案的内容（《深交所规定》第4.4条）。

债券持有人会议期间发生突发事件导致会议不能正常召开的，会议召集人应当立即向该所报告，说明原因并披露相关情况（《深交所规定》第4.6条）。

（五）公司债券持有人会议决议的主持人

债券持有人会议决议的主持人原则上应以召集人的身份而定。债券发行公司担任召集人的，由发行公司的董事长主持债券持有人会议；董事长不能履行职务或者不履行职务的，由副董事长主持；副董事长不能履行职务或者不履行职务的，由半数以上董事共同推举一名董事主持。债券受托管理人担任会议召集人的，由受托管理人自己（受托管理人为自然人的）或者受托管理人公司的董事长或者其授权人士担任。债券持有人担任会议召集人的，由召集人自己（持有人为自然人的）或者召集人公司董事长或其授权人士担任。

（六）公司债券持有人会议的表决规则

鉴于债券持有人会议决议对债券持有人利害关系的重要性，同次发行的公司债券持有人的表决活动应当遵循平等原则以及债券数额多数决原则。而多数决原则的计算基础在于最小的债券计量单位皆代表一个表决权。持有的债券金额越多，表决力越大。

（七）公司债券持有人会议决议的公开披露

《深交所规定》第4.2条要求债券持有人会议召集人在会议结束当日（如在非交易日召开会议的，则提交公告时间顺延至次一交易日），将会议决议公告文稿、会议决议和法律意见书报送该所，经该所登记后于次一交易日披露大会决议公告。该所要求提供债券持有人会议记录的，会议召集人应当按该所要求提供。

债券持有人会议决议公告应当包括以下内容：（1）会议召开的时间、地点、方式、召集人和主持人，以及是否符合有关法律、行政法规、部门规章和公司章程的说明；（2）出席会议的债券持有人（代理人）人数、所持（代理）债券数额及比例；（3）每项提案的表决方式；（4）每项提案的表决结果；（5）法律意见书的结论性意见，若债券持有人会议出现否决提案的，应当披露法律意见书全文(《深交所规定》第4.7条)。

发行人在债券持有人会议上向债券持有人通报的事件属于未曾披露的本规定所规定重大事件的，应当将该通报事件与债券持有人会议决议公告同时披露（《深交所规定》第4.8条）。

参酌《公司法》第22条有关瑕疵公司股东会决议的规定，公司债券持有人可对存在程序瑕疵的债券持有人会议决议向法院提起撤销之诉，并对存在内容瑕疵的债券持有人会议决议向法院提起无效确认之诉。

第十章　公司财务会计制度

第一节　概　述

公司财务会计制度是公司利用货币价值形式组织、记录和规范其商事活动的法律规则，是公司法的重要制度。公司财务会计制度既是会计法的重要内容，也是公司法的重要内容。

我国《公司法》第八章专门规定了公司财务会计制度。《公司法》第164条还要求公司依照法律、行政法规和国务院财政部门的规定建立本公司的财务、会计制度。

公司财务会计信息是衡量和判断一家公司财务状况和经营成果的基本手段，为公司、公司股东、债权人等多方利益主体所关注。因此，建立健全公司财务会计制度意义重大。

首先，公司财务会计制度有利于保护股东利益与投资者（即将成为股东的商事主体）的共益权与自益权。对于不具有控制权的中小股东来说，由于缺乏直接指挥、组织和参与经营管理活动的机会，自然在信息占有上处于相对的弱势地位。他们无论行使参与公司治理的权利，还是行使分取财产利益的权利，抑或遏制公司高管人员的道德风险，都离不开对公司财务会计信息的及时全面把握。即使有限责任公司的股东转让股权，也离不开转让双方对公司净资产及其真实股权价值的共识，而这种共识的达成又离不开真实、公允的财务会计信息。对于决定是否购买某家股份公司股份的投资者来说，更需要了解该公司真实公允的财务会计信息，以免误入歧途。对于公开发行股份公司以及上市公司来说，财务会计信息披露更是信息披露制度的核心内容。

其次，公司财务会计制度有利于保护债权人尤其是自愿债权人（如银行债权人）利益。虽然担保制度能提高债权实现的概率，但担保制度并不能代替财务会计制度。对债权人而言，担保制度只能提高债权实现的概率，但无法确保债权人在第一时间放弃与债务人公司的商事交易活动。一旦债权人获取的财务会计信息有假，无论主合同和担保合同的效力是否受到影响（债权人在特定情形下有权选择行使撤销权抑或追究主债务人违约责任），债权人的权利的行使必然要付出较高成本。倘若债权人在缔结主债权合同和担保合同之前获取了真实公允的财务会计信息，对于债务人公司和担保公司的资产负债状况、资产构成等信息一目了然，就可以改换其他债务人和交易伙伴。

再次，公司财务会计制度有利于保护国家的税收债权。要健全公司纳税信用体系，提高税收征收机关打击偷税漏税活动的执法能力，就必须建立健全公司财务会计制度。

最后，公司财务会计制度有利于督促公司自身提高经营管理水平，完善公司治理。真实公允的财务会计信息如同公司的多项体检指标。当财务会计信息显示公司投资方向、经营计划的失误时，公司决策者应当立即扭转公司航线；当财务会计信息显示某公司高管人员的道德风险（如超出职务消费标准）时，公司应当立即采取措施纠正高管的道德风险、罢免高管甚至启动民事诉讼和刑事诉讼程序；当财务会计信息显示公司经营存在违法行为时，公司应当立即纠正违法行为。因此，公司财务会计制度不仅有利于股东、债权人和税收征管者，而且有利于公司自身控制法律风险、道德风险和市场风险，进一步完善公司治理，增强公司的竞争力。

有鉴于此，本书特对财务会计报告及其编制、审计，股东等对财务会计报告的查阅，公司利润分配等制度予以介绍。

第二节　财务会计报告

一、公司财务会计报告的概念

公司财务会计报告是指企业对外提供的反映企业某一特定日期的财务状况和某一会计期间的经营成果、现金流量等会计信息的文件。财务会计报告的目标是向财务会计报告使用者提供与企业财务状况、经营成果和现金流量等有关的会计信息，反映企业管理层受托责任履行情况，有助于财务会计报告使用者（包括投资者、债权人、政府及其有关部门和社会公众等）作出经济决策。

《公司法》第 165 条要求公司在每一会计年度终了时编制财务会计报告，并依法经会计师事务所审计；财务会计报告应当依照法律、行政法规和国务院财政部门的规定制作。

《会计法》第 20 条第 2 款规定，财务会计报告由会计报表、会计报表附注和财务情况说明书组成。根据 2006 年《企业会计准则-基本准则》(以下简称《基本准则》)第 44 条,财务会计报告包括会计报表及其附注和其他应当在财务会计报告中披露的相关信息和资料。会计报表至少应当包括资产负债表、利润表、现金流量表等报表。小企业编制的会计报表可以不包括现金流量表。会计要素包括资产、负债、所有者权益、收入、费用和利润。

《企业会计准则第 30 号——财务报表列报》第 2 条将财务报表界定为对企业财务状况、经营成果和现金流量的结构性表述。财务报表至少应当包括下列组成部分:(1) 资产负债表;(2) 利润表;(3) 所有者权益(或股东权益,下同)变动表;(4) 现金流量表;(5) 附注。

二、资产负债表及其会计要素

(一) 资产负债表

资产负债表,又称静态会计报表,是指反映企业在某一特定日期的财务状况的会计报表。它具体反映公司在某一特定日期的静态财产状况,即资产、负债及股东权益状况。资产负债表体现了“资产 = 负债 + 股东权益”的恒等式。《基本准则》第 45 条要求资产负债表按照资产、负债和所有者权益(或者股东权益,下同)分类分项列示。资产和负债应当分别以流动资产和非流动资产、流动负债和非流动负债列示。

(二) 资产

资产是指企业过去的交易或者事项形成的、由企业拥有或者控制的、预期会给企业带来经济利益的资源。其中,“企业过去的交易或者事项”包括购买、生产、建造行为或其他交易或者事项。相比之下,预期在未来发生的交易或者事项不形成资产。“由企业拥有或者控制”,是指企业享有某项资源的所有权,或者虽然不享有某项资源的所有权,但该资源能被企业所控制。“预期会给企业带来经济利益”是指直接或者间接导致现金和现金等价物流入企业的潜力。根据《基本准则》第 21 条规定,符合《基本准则》第 20 条规定的资产定义的资源,在同时满足以下条件时,确认为资产:(1) 与该资源有关的经济利益很可能流入企业;(2) 该资源的成本或者价值能可靠地计量。在资产负债表上,资产应当按照其流动性分类分项列示,包括流动资产、长期投资、固定资产、无形资产及其他资产(《企业财务会计报告条例》第 9 条)。

(三) 负债

负债是指企业过去的交易或者事项形成的、预期会导致经济利益流出企业的现时义务。所谓现时义务是指企业在现行条件下已承担的义务。未来发生的交易或者事项形成的义务，不属于现时义务，不应当确认为负债。符合前述负债定义的义务，在同时满足以下条件时才能被确认为负债：（1）与该义务有关的经济利益很可能流出企业；（2）未来流出的经济利益的金额能可靠地计量。在资产负债表上，负债应当按照其流动性分类分项列示，包括流动负债、长期负债等。

（四）所有者权益

所有者权益，又称股东权益，指企业资产扣除负债后由所有者享有的剩余权益。所有者权益金额取决于资产和负债的计量。所有者权益项目应当列入资产负债表。

所有者权益的来源包括所有者投入的资本、直接计入所有者权益的利得和损失、留存收益等。"直接计入所有者权益的利得和损失"是指不应计入当期损益、会导致所有者权益发生增减变动的、与所有者投入资本或者向所有者分配利润无关的利得或者损失。"利得"是指由企业非日常活动所形成的、会导致所有者权益增加的、与所有者投入资本无关的经济利益的流入。"损失"是指由企业非日常活动所发生的、会导致所有者权益减少的、与向所有者分配利润无关的经济利益的流出。

资产负债表中的所有者权益类至少应当单独列示反映下列信息的项目：（1）实收资本（或股本）；（2）资本公积；（3）盈余公积；（4）未分配利润。在合并资产负债表中，企业应当在所有者权益类中单独列示少数股东权益。

三、利润表及其会计要素

（一）利润表

利润表是指反映企业在一定会计期间的经营成果的会计报表。利润表至少应当单独列示反映下列信息的项目：（1）营业收入；（2）营业成本；（3）营业税金；（4）管理费用；（5）销售费用；（6）财务费用；（7）投资收益；（8）公允价值变动损益；（9）资产减值损失；（10）非流动资产处置损益；（11）所得税费用；（12）净利润。金融企业可以根据其特殊性列示利润表项目。利润表应当按照各项收入、费用以及构成利润的各个项目分类分项列示。

（二）收入

收入是指企业在日常活动中形成的、会导致所有者权益增加的、与所有者投入资本无关的经济利益的总流入。收入只有在经济利益很可能流入从而导致企业资产增加或者负债减少、且经济利益的流入额能可靠计量时才能予以确认。符合收入定义和收入确认条件的项目，应当列入利润表。在利润表上，收入应当按照其重要性分项列示。

（三）费用

费用是指企业在日常活动中发生的、会导致所有者权益减少的、与向所有者分配利润无关的经济利益的总流出。费用只有在经济利益很可能流出从而导致企业资产减少或者负债增加、且经济利益的流出额能可靠计量时才能予以确认。费用应当按照功能分类，划分为从事经营业务发生的成本、管理费用、销售费用和财务费用等。

（四）利润

利润是指企业在一定会计期间的经营成果。利润包括收入减去费用后的净额、直接计入当期利润的利得和损失等。直接计入当期利润的利得和损失是指应当计入当期损益、会导致所有者权益发生增减变动的、与所有者投入资本或者向所有者分配利润无关的利得或者损失。利润金额取决于收入和费用、直接计入当期利润的利得和损失金额的计量。利润项目应当列入利润表。在利润表上，利润应当按照营业利润、利润总额和净利润等利润的构成分类分项列示。

四、所有者权益变动表

所有者权益变动表是关系股东切身利益的重要财务会计报表，也是潜在投资者评判某公司投资价值的重要参照指标。因此，《企业会计准则第 30 号——财务报表列报》第五章规定了所有者权益（或股东权益，下同）变动表。所有者权益变动表应当反映构成所有者权益的各组成部分当期的增减变动情况。当期损益、直接计入所有者权益的利得和损失、以及与所有者（或股东）的资本交易导致的所有者权益的变动，应当分别列示。

所有者权益变动表至少应当单独列示反映下列信息的项目：（1）净利润；（2）直接计入所有者权益的利得和损失项目及其总额；（3）会计政策变更和差错更正的累积影响金额；（4）所有者投入资本和向所有者分配利润等；（5）按照规定提取的盈余公积；（6）实收资本（或股本）、资本公积、盈余公积、未分配利润的期初和期末余额及其调节情况。

五、现金流量表

（一）现金流量表

现金流量表是指反映企业在一定会计期间的现金和现金等价物流入和流出的会计报表。"现金"具有广、狭二义。狭义"现金"与"现金等价物"相对，仅指企业库存现金以及可以随时用于支付的存款。"现金等价物"是指企业持有的期限短、流动性强、易于转换为已知金额现金、价值变动风险很小的投资。《企业会计准则第 31 号——现金流量表》提及的"现金"是广义概念，除非同时提及现金等价物，均包括现金和现金等价物。

（二）基本要求

根据《企业财务会计报告条例》第 10 条和《企业会计准则第 31 号》第 4 条，现金流量表应当分别经营活动、投资活动和筹资活动列报现金流量。现金流量表应当按照经营活动、投资活动和筹资活动的定义以及列示应当遵循下列规定：（1）经营活动，是指企业投资活动和筹资活动以外的所有交易和事项。在现金流量表上，经营活动的现金流量应当按照其经营活动的现金流入和流出的性质分项列示；银行、保险公司和非银行金融机构的经营活动按照其经营活动特点分项列示。（2）投资活动，是指企业长期资产的购建和不包括在现金等价物范围内的投资及其处置活动。在现金流量表上，投资活动的现金流量应当按照其投资活动的现金流入和流出的性质分项列示。（3）筹资活动，是指导致企业资本及债务规模和构成发生变化的活动。在现金流量表上，筹资活动的现金流量应当按照其筹资活动的现金流入和流出的性质分项列示。

六、附注

《基本准则》第 48 条和《企业会计准则第 30 号——财务报表列报》第 31 条将附注界定为对在会计报表（包括资产负债表、利润表、所有者权益变动表和现金流量表等）中列示项目所作的进一步说明（包括文字描述或明细资料），以及对未能在这些报表中列示项目的说明等。《企业会计准则第 30 号——财务报表列报》第 33 条要求附注一般按照下列顺序披露：（1）财务报表的编制基础；（2）遵循企业会计准则的声明；（3）重要会计政策的说明，包括财务报表项目的计量基础和会计政策的确定依据等；（4）重要会计估计的说明，包括下一会计期间内很可能导致资产和负债账面价值重大调整的会计估计的确定依据等；（5）会计政策和会计估计变更以及差错更正的说明；（6）对已在资产负债表、利润表、所有者权益变动表和现金流量表中列示的重要项目的进一步说明，包括终止经营税后利润的金额及其构成情况等；（7）承诺事项、资产负债表日后非调整事项、关联方关系及其交易等需要说明的事项。

七、合并财务报表

合并财务报表是指反映母公司和其全部子公司形成的企业集团整体财务状况、经营成果和现金流量的财务报表。所谓母公司，是指有一个或一个以上子公司的企业；所谓子公司，是指被母公司控制的企业。根据《企业财务会计报告条例》第 28 条，按照国家统一的会计制度的规定，需要编制合并会计报表的企业集团，母公司除编制其个别会计报表外，还应当编制企业集团的合并会计报表。《企业会计准则第 33 号——合并财务报表》第 4 条亦要求母公司编制合并财务报表。合并财务报表至少应当包括五部分：合并资产负债表、合并利润表、合并所有者权益变动表、合并现金流量表和附注。

合并财务报表的合并范围应当以控制为基础加以确定。控制，是指一个企业能决定另一个企业的财务和经营政策，并能据以从另一个企业的经营活动中获取利益的权力。母公司应当将其全部子公司纳入合并财务报表的合并范围。母公司的控制权表现形式有二：一是控制被投资公司股东大会决议时半数以上的表决权；二是虽未控制被投资公司股东大会决议时半数以上的表决权、但在事实上能控制该公司。

合并财务报表应当以母公司和其子公司的财务报表为基础，根据其他有关资料，对子公司的长期股权投资按照权益法调整后，由母公司编制。母公司应当统一子公司所采用的会计政策，使子公司采用的会计政策与母公司保持一致。子公司所采用的会计政策与母公司不一致的，应当按照母公司的会计政策对子公司财务报表进行必要的调整；或者要求子公司按照母公司的会计政策另行编报财务报表。

第三节 公司财务会计报告的编制和提供

一、编制主体

公司应当在每一会计年度终了时编制财务会计报告，并依法经会计师事务所审计；财务会计报告应当依照法律、行政法规和国务院财政部门的规定制作（《公司法》第 165 条）。此处的"每一会计年度终了时"主要指每一会计年度终了后 3 个月内，即每年 3 月 31 日之前。

从公司财务会计报告的使用者的角度看，公司是编制财务会计报告的义务主体和行为主体。而就公司内部的机构和人员而言，按照《企业会计准则》和《企业会计制度》的规定，编制财务报表是公司管理层包括董事会成员的责任。这种责任包括：（1）设计、实施和维护与财务报表编制相关的内部控制，以使财务报表不存在由于舞弊或错误而导致的重大错报；（2）选择和运用恰当的会计政策；（3）作出合理的会计估计。

即使存在会计师事务所对财务报表的审计制度，也并不取代或者当然排除、限制公司管理层依法编制财务会计报告的责任。正如《中国注册会计师审计准则第 1101 号》第 3 条所言，按照中国注册会计师审计准则的规定对财务报表发表审计意见是注册会计师的责任；在被审计单位治理层的监督下，按照适用的会计准则和相关会计制度的规定编制财务报表是被审计单位管理层的责任；财务报表审计不能减轻被审计单位管理层和治理层的责任。

二、编制依据：会计凭证与会计账簿

《会计法》第 20 条第 1 款要求财务会计报告根据经过审核的会计账簿记录和有关资料编制，并符合本法和国家统一的会计制度关于财务会计报告的编制要求、提供对象和提供期限的规定。《企业财务会计报告条例》第 23 条也要求企业按照国家统一的会计制度规定的会计报表格式和内容，根据登记完整、核对无误的会计账簿记录和其他有关资料编制会计报表，做到内容完整、数字真实、计算准确，不得漏报或者任意取舍。

（一）会计凭证

根据《会计法》第 14 条规定，会计凭证包括原始凭证和记账凭证。办理《会计法》第 10 条所列的经济业务事项，必须填制或者取得原始凭证并及时送交会计机构。会计机构、会计人员必须按照国家统一的会计制度的规定对原始凭证进行审核，对不真实、不合法的原始凭证有权不予接受，并向单位负责人报告；对记载不准确、不完整的原始凭证予以退回，并要求按照国家统一的会计制度的规定更正、补充。原始凭证记载的各项内容均不得涂改；原始凭证有错误的，应当由出具单位重开或者更正，更正处应当加盖出具单位印章。原始凭证金额有错误的，应当由出具单位重开，不得在原始凭证上更正。记账凭证应当根据经过审核的原始凭证及有关资料编制。

（二）会计账簿

《会计法》第 3 条要求公司依法设置会计账簿，并保证其真实、完整。根据《会计法》第 15 条规定，会计账簿包括总账、明细账、日记账和其他辅助性账簿。会计账簿应当按照连续编号的页码顺序登记。会计账簿记录发生错误或者隔页、缺号、跳行的，应当按照国家统一的会计制度规定的方法更正，并由会计人员和会计机构负责人（会计主管人员）在更正处盖章。使用电子计算机进行会计核算的，其会计账簿的登记、更正，应当符合国家统一的会计制度的规定。

根据《会计法》第 16 条的规定，各单位发生的各项经济业务事项应当在依法设置的会计账簿上统一登记、核算，不得违反本法和国家统一的会计制度的规定私设会计账簿登记、核算。为预防公司财务造假，《公司法》第 172 条禁止公司在法定会计账簿之外另立会计账簿。公司违反《公司法》规定，在法定的会计账簿以外另立会计账簿的，除了承担民事责任，还应由县级以上人民政府财政部门责令改正，处以 5 万元以上 50 万元以下的罚款（《公司法》第 202 条）。

根据《会计法》第 17 条规定，各单位应当定期将会计账簿记录与实物、款项及有关资料相互核对，保证会计账簿记录与实物及款项的实有数额相符、会计账簿记录与会计凭证的有关内容相符、会计账簿之间相对应的记录相符、会计账簿记录与会计报表的有关内容相符。会计机构、会计人员发现会计账簿记录与实物、款项及有关资料不相符的，按照国家统一的会计制度的规定有权自行处理的，应当及时处理；无权处理的，应当立即向单位负责人报告，请求查明原因，作出处理（《会计法》第 29 条）。

（三）会计凭证、会计账簿与会计报告之间的关系

根据《会计法》规定，会计凭证、会计账簿与会计报告之间既有区别，也有关联。首先，记账凭证应当根据经过审核的原始凭证及有关资料编制（第 14 条）。其次，会计账簿登记必须以经过审核的会计凭证为依据，并符合有关法律、行政法规和国家统一的会计制度的规定（第 15 条）。再次，财务会计报告应当根据经过审核的会计账簿记录和有关资料编制（第 20 条）。最后，公司应当定期将会计账簿记录与实物、款项及有关资料相互核对，保证会计账簿记录与实物及款项的实有数额相符、会计账簿记录与会计凭证的有关内容相符、会计账簿之间相对应的记录相符、会计账簿记录与会计报表的有关内容相符（第 17 条）。可见，原始凭证、会计凭证、会计账簿与会计报告之间环环相扣，层层递进。

三、财务会计报告对股东的公布

为便于股东行使对公司财务信息的知情权以及在股东大会上的表决权，公司应当及时将财务会计报告提交给股东。但鉴于有限责任公司与股份公司的组织形态有所不同，《公司法》规定的财务会计报告提交和备置方式亦有不同。（1）直接送交股东。鉴于有限责任公司股东人数有限，有限责任公司应当依照公司章程规定的期限将财务会计报告送交各股东。（2）置备于公司。鉴于股份公司人数可能众多，股份公司的财务会计报告应当在召开股东大会年会的 20 日前置备于本公司，供股东查阅，而无须将财务会计报告一一送交各股东。

（3）公告。鉴于公开发行股票的股份公司股东数量成千上万，此类公司必须公告其财务会计报告（《公司法》第 166 条）。

上市公司除了依法及时披露年度财务会计报告，还必须依照法律、行政法规的规定在会计年度内每半年公布一次财务会计报告（《公司法》第 147 条）。具体说来，上市公司和公司债券上市交易的公司，应当在每一会计年度的上半年结束之日起 2 个月内，向国务院证券监督管理机构和证券交易所报送记载公司财务会计报告和经营情况的中期报告，并予公告（《证券法》第 65 条）。

有限责任公司股东有权查阅、复制财务会计报告和会计账簿（《公司法》第 34 条）。股份公司股东也有权前往公司查阅公司财务会计报告（《公司法》第 98 条）。

对于依法应予审计的公司财务会计报告，公司除了向股东提供财务会计报告，还要提交审计机构对其出具的审计报告。

四、财务会计报告对公司职工代表大会的公布

根据《企业财务会计报告条例》第 35 条的规定，国有企业、国有控股的或者占主导地位的企业，应当至少每年一次向本企业的职工代表大会公布财务会计报告，并重点说明下列事项：（1）反映与职工利益密切相关的信息，包括：管理费用的构成情况，企业管理人员工资、福利和职工工资、福利费用的发放、使用和结余情况，公益金的提取及使用情况，利润分配的情况以及其他与职工利益相关的信息；（2）内部审计发现的问题及纠正情况；（3）注册会计师审计的情况；（4）国家审计机关发现的问题及纠正情况；（5）重大的投资、融资和资产处置决策及其原因的说明；（6）需要说明的其他重要事项。

五、公司财务会计报告的批准

根据我国《公司法》第 38 条第 1 款，股东会有权审议批准公司的年度财务预算方案、决算方案，审议批准公司的利润分配方案和弥补亏损方案。鉴于年度财务预算方案、决算方案、利润分配方案和弥补亏损方案是财务会计报告的核心内容，我国《公司法》的规定应解释为公司财务会计报告由股东大会予以批准。鉴于公司管理层有义务编制财务会计报告，财务会计报告应经公司董事会批准后再提交股东大会审议。因此，能否及时编制与批准公司财务会计报告是衡量董事会是否勤勉的重要标准。

第四节　公司财务会计报告审计

一、公司财务会计报告审计的概念与作用

公司财务会计报告审计是指由公司委托注册会计师依据法律规定和注册会计师审计准则对公司的财务会计报告进行审查验证、并出具书面意见的公司外部财务监督活动。为提高公司财务会计报告的真实性、公允性与公信力，《公司法》第 165 条建立了强制审计制度：公司应当在每一会计年度终了时编制财务会计报告，并依法经会计师事务所审计。

注册会计师的审计职责与公司管理层的会计职责（依法编制财务会计报告）截然有别，不容混淆。既不能以公司管理层的会计责任取代注册会计师的审计责任，也不能以注册会计师的审计责任取代公司管理层的会计责任。注册会计师不能主动或者被动地替被审计公司编制财务会计报告。

在通常情况下，公司财务会计报告的委托人是公司。在例外情况下，获得法律授权的行政机关、人民法院或者仲裁机构也可委托会计师事务所对公司财务状况进行专项审计。例如，中国证监会认为有必要时，可以委托会计师事务所、资产评估机构对证券公司的财务状况、内部控制状况、资产价值进行审计或者评估（《证券法》第 149 条）。

公司财务会计报告审计不仅是公司财务会计制度中的重要内容，也是完善公司治理的关键。首先，公司财务会计报告审计制度有利于提高公司财务会计报告的公信力。公司即使已经按照企业会计准则和《企业会计制度》的规定编制财务会计报告，并在所有重大方面公允反映了该公司在上一会计年度 12 月 31 日的财务状况以及上一会计年度的经营成果和现金流量，但由于缺乏外部独立审计机构的审查验证，也容易使得股东和债权人对其公信力大打折扣。而有了审计机构的专业审计服务，加之审计机构审计不当的损害赔偿责任以及审计机构的失信制裁机制，债权人和投资者就容易接受和信赖经审计机构审查验证过的公司财务会计报告。

其次，公司财务会计报告审计制度有利于提高公司财务会计报告的编制质量。

二、审计机构的选择程序

为保障会计师事务所的独立性，真正发挥外部审计的监督作用，公司聘

用、解聘承办公司审计业务的会计师事务所，依照公司章程的规定，由股东会、股东大会或者董事会决定，而不能由董事长或者总经理一人独断(《公司法》第170条第1款)。

上市公司董事会聘用、解聘审计机构时要遵守特别的公司治理要求。例如，上市公司审计委员会负责向董事会提议聘请或更换外部审计机构(《上市公司治理准则》第54条)。又如，经全体独立董事同意，独立董事可独立聘请外部审计机构和咨询机构，对公司的具体事项进行审计和咨询，相关费用由公司承担(《关于加强社会公众股股东权益保护的若干规定》第2条第3项)。

公司股东会或董事会就解聘会计师事务所进行表决时，应当允许会计师事务所陈述意见(《公司法》第170条第2款)。

从完善公司治理角度而言，董事会在聘请或解聘担任公司年度财务报告审计机构的会计师事务所时，应当严格遵守公开、公平、公正原则，既要尽量为公司节约审计费用，又要确保审计机构的职业道德、专业水平和服务质量，还要为审计机构之间的公平竞争创造条件。

三、财务报表审计的目标

财务报表审计的目标是注册会计师通过执行审计工作，对财务报表的下列方面发表审计意见：财务报表是否按照适用的会计准则和相关会计制度的规定编制；财务报表是否在所有重大方面公允反映被审计单位的财务状况、经营成果和现金流量。

财务报表审计属于鉴证业务，注册会计师的审计意见旨在提高财务报表的可信赖程度。审计工作不能对财务报表整体不存在重大错报提供担保。审计意见不是对被审计单位未来生存能力或管理层经营效率、效果提供的保证。

第五节 公司净利润的分配

一、股利分配的必要性和前提条件

股利分配不仅涉及股东分红权的实现问题，也涉及债权人、潜在投资者的利益保护问题。为贯彻资本维持原则、保护公司债权人，必须确保股利源于公司的可分配利润。换言之，股东分红必须以公司利润的存在为前提。公司有利润时，公司不一定向股东分红；但公司向股东分红时，必须存在公司利润。此即无利润即无红利原则。因此，股利分配的资金来源不能求诸公司资本，而只能求诸公司的净利润。我国《公司法》第 167 条对股利分配的条件与程序作了严格规定。《企业财务通则》第 6 章又专章规定了收益分配。有关股利分配的实质要件与程序要件，可参见本书第 5 章第 9 节。

二、公司年度净利润的分配顺序

公司的营业收入减去营业支出（如营业税金及附加、业务及管理费、资产减值损失和其他业务成本）的余额是营业利润。营业利润加上营业外收入、减去营业外支出的余额是利润总额。利润总额减去所得税费用的余额是正数的，该余额即为公司的年度净利润；倘若净利润是负数的，该余额即为公司的净亏损。在公司出现净亏损的情况下，不存在净利润的分配问题；而在公司出现净利润的情况下，存在净利润的如何分配的问题。

依我国《公司法》第 167 条和《企业财务通则》第 50 条规定，企业年度净利润除法律、行政法规另有规定外，按以下顺序分配：

（1）弥补以前年度亏损。公司的法定公积金不足以弥补以前年度亏损的，在提取法定公积金之前，应当先用当年利润弥补亏损（《公司法》第 167 条第 2 款）。

（2）提取法定公积金。公司分配当年税后利润时，应当提取利润的 10% 列入公司法定公积金。公司法定公积金累计额为公司注册资本的 50% 以上的，可以不再提取。

（3）提取任意公积金。公司从税后利润中提取法定公积金后，经股东会或者股东大会决议，还可以从税后利润中提取任意公积金（《公司法》第 167 条第 1 款至第 3 款）。公司不依法提取法定公积金的，由县级以上人民政府财政部门责令如数补足应当提取的金额，可以对公司处以 20 万元以下的罚款（《公司法》第 204 条）。

（4）向股东分配利润。公司以前年度未分配的利润并入本年度利润，在充分考虑现金流量状况后，向投资者分配。属于各级人民政府及其部门、机构出资的公司，应当将应付国有利润上缴财政（《企业财务通则》第 50 条第 1 款）。只有当公司符合法定的股利分配的实质要件时，方能分配股利；否则，没有可资分配的利润却仍然分配股利，即构成违法行为。股东会、股东大会或者董事会在公司弥补亏损和提取法定公积金之前向股东分配利润的，股东必须将违反规定分配的利润退还公司（《公司法》第 167 条第 5 款）。《企业财务通则》第 51 条也规定，公司弥补以前年度亏损和提取盈余公积金后，当年没有可供分配的利润时，不得向投资者分配利润，但法律、行政法规另有规定的除外。

三、公司公积金制度

公司公积金是指公司依法提列的、积累于公司内部、用于弥补未来公司亏损、扩大生产经营规模和转增资本的财产盈余。公司公积金与公司资本的共性在于，都是公司会计中的数字，而非某项特定财产。公司公积金制度的作用在于，巩固公司的资本基础，提高公司对债权人的清偿能力，构筑保护债权人利益的又一道防护堤。

以其提取行为是否源于法律的强制性规定为准，公积金又分为法定公积金（强制公积金）与任意公积金。前者基于法律的强制规定，诸如法定盈余公积金与资本公积金；后者则基于公司的自由决定，诸如根据公司章程或者股东会决议提列的特别盈余公积金。

以其来源为准，公司公积金可划分为盈余公积金与资本公积金。其中，盈余公积金源自公司税后利润。而资本公积金包括：（1）股东实际缴付的出资超出注册资本的差额。《公司法》第168条规定，股份公司以超过股票票面金额的发行价格发行股份所得的溢价款应当列为公司资本公积金。至于有限责任公司是否也存在资本溢价款的问题，《公司法》未作规定。实际上，即使在有限责任公司也有可能存在资本溢价款的问题。针对这一问题，《企业财务通则》第17条规定："对投资者实际缴付的出资超出注册资本的差额（包括股票溢价），企业应当作为资本公积管理。经投资者审议决定后，资本公积用于转增资本。国家另有规定的，从其规定。"该条规定既适用于股份公司，也适用于有限责任公司。（2）国务院财政部门规定列入资本公积金的其他收入。例如，根据《企业会计准则第12号——债务重组》第6条规定，公司将债务转为资本的，债务人应当将债权人放弃债权而享有股份的面值总额确认为股本（或者实收资本），股份的公允价值总额与股本（或者实收资本）之间的差额确认为资本公积金。

公司公积金的用途有三：（1）弥补公司的亏损；（2）扩大公司生产经营；（3）转为增加公司资本。法定公积金转为资本时，所留存的该项公积金不得少于转增前公司注册资本的25%。但依据《公司法》第169条第1款的规定，资本公积金不得用于弥补公司的亏损。可见，只有盈余公积金可以用于弥补公司的亏损。资本公积金只能用于扩大公司生产经营或者转为增加公司资本。根据《企业财务通则》第19条规定，公司以资本公积金、盈余公积金转增实收资本，由股东会履行财务决策程序后，办理相关财务事项和工商变更登记。

四、股利的分配标准

公司弥补亏损和提取公积金后所余税后利润，有限责任公司依照《公司法》第 35 条的规定分配；股份公司按照股东持有的股份比例分配，但股份公司章程规定不按持股比例分配的除外(《公司法》第 167 条第 4 款)。(1) 就有限责任公司而言，股东按照实缴的出资比例分取红利，但是全体股东约定不按照出资比例分取红利或者不按照出资比例优先认缴出资的除外(《公司法》第 35 条)。(2) 就股份公司而言，股份公司按照股东持有的股份比例分配，但股份公司章程规定不按持股比例分配的除外。

无论是有限责任公司，还是股份公司，股东的分红比例均可与其出资比例脱钩，符合私法自治精神。但两类公司在这一问题上的制度设计有所不同：(1) 有限责任公司股东原则上按其实缴出资比例（而非认缴的出资比例）分取红利，而股份公司股东原则上按其持股比例分红；(2) 排斥前述法定默示分红比例的法律文件在有限责任公司是股东协议，在股份公司是公司章程即可。这是由于，股份公司人数众多的股东之间很难甚至不可能就分红比例与出资比例的脱钩问题达成一致决议，因此立法者只要求股份公司章程就分红比例与出资比例之间的脱钩问题作出规定即可。

第十一章　特殊类型公司

第一节　一人公司

一、一人公司的概念和类型

《公司法》第 58 条第 2 款将一人公司界定为由一名投资者（含法人和自然人）依法设立的公司。一人公司乃公司中的特殊类型，是能够独立承担民事责任的商事主体，享有法人的权利能力与行为能力。一人公司对公司全部财产享有法人所有权，一人股东对公司享有各种股东权利，并以其出资为限对公司债务承担有限责任。股东除享有一般股东权外，还享有股东会、董事会、监事会甚至经理的权力。

《公司法》第二章第三节专门规定了"一人有限责任公司的特别规定"。根据该法第 58 条规定："一人有限责任公司的设立和组织机构，适用本节规定；本节没有规定的，适用本章第一节、第二节的规定。"因此，该节规定作为特别法律规范在适用上应当优先于第二章第一节、第二节有关有限责任公司的一般法律规范，但第三节特别规范未作规定或者规定不明时，应当补充适用第二章第一节、第二节有关有限责任公司的一般法律规范。

一人公司不同于个人独资企业。（1）前者是独立的企业法人，具有完全的民事权利能力、民事行为能力和民事责任能力，是有限责任公司中的特殊类型；而后者不是独立的企业法人，不能以其财产独立承担民事责任。（2）一人公司及其股东分别就其公司所得和股东股利分别缴纳法人所得税和个人所得税，而个人独资企业自身不缴纳法人所得税，只待投资者取得投资回报时缴纳个人所得税。

以其产生时间为准，一人公司可分为设立意义上的一人公司与存续意义上的一人公司；以其股东的持股比例为准，一人公司可分为实质上的一人公司与形式上的一人公司。实质上的一人公司，指虽然登记在册的股东有多人，但只有一名股东的持股比例占有绝对多数（如95%），而其他股东的持股比例很低、甚至仅具有象征意义的有限责任公司。名义上的一人公司，指在公司登记机关登记在册的股东仅有一名的有限责任公司。综合上述两个划分标准，一人公司可分为四种：（1）设立阶段出现的实质一人公司；（2）设立阶段出现的形式一人公司；（3）存续阶段出现的实质一人公司；（4）存续阶段出现的形式一人公司。

二、一人公司的特殊治理制度

一人公司的重大决策者属于一人股东。一人公司股东只有一人，不存在传统意义上的股东会。从实体职权看，股东会的职权应由一人股东单独行使，而不应由立法者规定由股东之外的第三人代劳。凡在公司股东会权限范围内的决策事项，一人股东的决定就是公司的最高意思表示。从运作程序看，一人股东行使股东会职权时，可豁免适用股权多元化公司中的股东会应当遵循的程序性规范，如召集期限、决议要件等。股东按照规范化的股东会制度运作时，只能由该股东自任召集人、主持人、出席人、表决人。

《公司法》第62条规定："一人有限责任公司不设股东会。股东作出本法第三十八条第一款所列决定时，应当采用书面形式，并由股东签名后置备于公司。"为了提高公司书面决策行为的公信力，应当鼓励一人公司将其股东的书面决策予以公证。

从股权结构看，一人公司就是普通公司的简写版、缩微版。一人股东意味着公司的股东会，公司股东会意味着一人股东。与股权多元化的公司相比，公司治理的权力可以更多地回归股东。一人股东享有的公司治理权力应当更大，而不是更小。一人股东可以凭借其股权直接经营管理公司。

既为法人，一人公司应与股权多元化公司在治理结构形式上保持必要的匹配与协调。一人公司可设立董事会或执行董事。至于究竟设立董事会或执行董事，委诸公司和股东自治。既然选任董事权力归属一人股东，一人股东可亲任公司董事或执行董事。

三、债权人利益保护的特殊规定

一人公司的随意创设与运营有可能动摇公司对外承担债务的财产基础、危害交易安全和商事流转。为保护交易安全，降低交易风险，立法者在新《公司法》第二章第三节规定了对债权人的六大特殊保护措施：（1）比股东多元公司更高的注册资本门槛（10万元人民币），且股东应一次足额缴纳章程所载出资额（第 59 条第 1 款）。（2）一个自然人只能投资设立一家一人公司，且一人公司不能再设立新的一人公司（第 59 条第 2 款）。但法人可以同时或先后设立多家一人有限责任公司，法人设立的一人公司亦可设立新的一人公司。（3）名称披露要求。一人公司应在公司登记中注明自然人独资或法人独资（第 60 条）。（4）特别书面决策要求。一人股东行使股东会决策范围内的决策权应以书面形式作出，并由股东签字后置备于公司（第 62 条）。（5）法定强制审计。自然人投资设立的一人公司在每一会计年度终了时应编制财务会计报告，并经会计师事务所审计（第 63 条）。（6）法人人格滥用推定制度（第 64 条）。

第二节　国有独资公司

一、国有独资公司的概念和特殊性

《公司法》第 65 条第 2 款将国有独资公司界定为国家单独出资、由国务院或者地方人民政府委托本级人民政府国有资产监督管理机构履行出资人职责的有限责任公司。

国有独资公司作为有限责任公司之一种，既具有投资主体的特殊性，也具有公司的一般性以及股东的一般性。因此，新《公司法》有关有限责任公司制度的一般规定（第二章第一节和第二节）与国有独资公司制度是一般法与特别法的关系。在第二章第四节对国有独资公司作出特别规定时，此种特别规定优先适用；但在第二章第四节对国有独资公司未作特别规定时，应当补充适用新《公司法》有关有限责任公司的一般规定。

新《公司法》第 65 条规定："国有独资公司的设立和组织机构，适用本节规定；本节没有规定的，适用本章第一节、第二节的规定。"

二、代行股东权的国家股东代理机构

《公司法》第 67 条将国家股东代理人界定为国有资产监督管理机构："由国有资产监督管理机构行使股东会职权。国有资产监督管理机构可以授权公司董事会行使股东会的部分职权，决定公司的重大事项，但公司的合并、分立、解散、增加或者减少注册资本和发行公司债券，必须由国有资产监督管理机构决定；其中，重要的国有独资公司合并、分立、解散、申请破产的，应当由国有资产监督管理机构审核后，报本级人民政府批准。前款所称重要的国有独资

公司，按照国务院的规定确定。"

根据新《公司法》第 67 条，国家股东代理人既可亲自行使股东会职权，也可授权公司董事会行使股东会的部分职权。至于是否授权、授权多寡，要取决于国家股东代理人代行国家股权的能力以及不同公司的具体情况。

《公司法》第 66 条重申，国有独资公司章程由国家股东代理人制定，或者由董事会制订报国家股东代理人批准。究竟采取哪种方式，由国家股东代理人酌定。

三、国有独资公司的董事会

《公司法》第 68 条第 1 款规定，国有独资公司设董事会，依照公司法第 47 条、第 67 条的规定行使职权。董事每届任期不得超过 3 年。董事会成员中应当有公司职工代表。职工董事由公司职工代表大会选举产生，而其他董事则由国有资产监督管理机构委派。至于职工董事的名额及其在董事会中的比例，应当根据公司自治精神，由公司章程予以规定。

国有独资公司的董事长的产生办法有别于其他有限责任公司或股份有限公司。根据新《公司法》第 68 条第 3 款规定，国有独资公司的董事长、副董事长由国有资产监督管理机构从董事会成员中指定。

《公司法》第 67 条在重申国有独资公司不设股东会的态度的基础上，强调公司董事会可以行使股东会授予的部分职权，并作了相应调整：（1）明确了股东会的职权由国有资产监督管理机构行使，这就明确了股东会职权的行使主体；（2）明确了国有资产监督管理机构可以授权公司董事会行使股东会的部分职权，决定公司的重大事项。值得注意的是，国有资产监督管理机构可以授权公司董事会，也可以不作此种授权。至于在特定的国有独资公司中是否授权，要取决于国有资产监督管理机构的国家资本控制能力。（3）重申了必须由国有资产监督管理机构决定的事项（公司的合并、分立、解散、增加或者减少注册资本和发行公司债券）。（4）为确保国家股东对国有独资公司的重大组织行为的控制权，将二级国家股东代理机构对特定重大事项的决策权上收于一级国家股东代理机构。该条增加规定："重要的国有独资公司合并、分立、解散、申请破产的，应当由国有资产监督管理机构审核后，报本级人民政府批准。"

四、国有独资公司的监事会

新《公司法》要求国有独资公司设立监事会。该法第 71 条规定："国有独资公司监事会成员不得少于 5 人；其中职工代表的比例不得低于 1/3，具体比例由公司章程规定。监事会成员由国有资产监督管理机构委派；但是，监事会成员中的职工代表由公司职工代表大会选举产生。监事会主席由国有资产监督管理机构从监事会成员中指定。"监事会行使该法第 54 条第 1 项至第 3 项规定的职权和国务院规定的其他职权。

五、国有独资公司高管兼职之禁止

为避免国有独资公司董事长、副董事长、董事、经理擅自兼职的现象，预防兼职过多影响其对国有独资公司的忠诚度与勤勉度，新《公司法》第 70 条规定："国有独资公司的董事长、副董事长、董事、高级管理人员，未经国有资产监督管理机构同意，不得在其他有限责任公司、股份有限公司或者其他经济组织兼职。"

第三节 外商投资公司

一、外商投资企业法与公司法是一般法与特别法的关系

我国从 1979 年以来陆续颁布了《中外合作经营企业法》、《中外合资经营企业法》和《外资企业法》，并颁布了与之相互配套的行政法规和部门规章，从而建立了三套外商投资企业立法体系。这些外商投资企业立法对于我国吸引外来资本、技术和先进管理经验发挥了积极的作用，受到了国内外投资者的充分肯定。

我国三套外商投资企业立法体系颁布于《公司法》出台之前。《公司法》第 218 条规定："外商投资的有限责任公司和股份有限公司适用本法；有关外商投资的法律另有规定的，适用其规定。"可见，《公司法》与三套外商投资企业立法仍为一般法与特别法的关系。《公司法》与三套外商投资企业立法就同一事项有不同规定时，优先适用外商投资企业立法；《公司法》就某一事项没有规定、外商投资企业立法对此有规定时，应当优先适用外商投资企业立法；《公司法》就某一事项有规定、外商投资企业立法对此无规定时，应当补充适用《公司法》；《公司法》与三套外商投资企业立法就同一事项均无规定时，应当适用《公司法》的基本原则（如资本多数决原则、股东平等原则）、商事习惯和公司法理。

为了进一步澄清 2005 年《公司法》第 218 条的含义，理顺新《公司法》

与外商投资企业法在公司审批登记管理环节的适用关系，国家工商行政管理总局、商务部、国家外汇管理局、海关总署于 2006 年 4 月联合印发了《关于外商投资的公司审批登记管理法律适用若干问题的执行意见》（以下简称《执行意见》），对外商投资的公司在审批、登记、管理过程中存在的一些法律适用问题提出了指导意见。

《执行意见》第 1 条规定，"外商投资的公司的登记管理适用《公司法》和《公司登记管理条例》；有关外商投资企业的法律另有规定的，适用其规定；《公司法》、《公司登记管理条例》、有关外商投资企业的法律没有规定的，适用有关外商投资企业的行政法规、国务院决定和国家有关外商投资的其他规定"。

二、外商投资一人公司

《执行意见》第 2 条第 1 款规定："外国公司、企业和其他经济组织或者自然人（以下简称外国投资者）可以同中国的企业、其他经济组织以中外合资、中外合作的形式依法设立公司，也可以外商合资、外商独资的形式依法设立公司。"这就再次重申了外商可以独自设立一人有限责任公司。

《执行意见》第 2 条第 2 款针对外商独资的一人公司适用《公司法》的问题作了明确规定："以外商独资的形式依法设立一人有限公司的，其注册资本最低限额应当符合《公司法》关于一人有限公司的规定；外国自然人设立一人有限公司的，还应当符合《公司法》关于一人有限公司对外投资限制的规定。2006 年 1 月 1 日以前已经依法设立的外商独资的公司维持不变，但其变更注册资本和对外投资时应当符合上述规定。"

三、分期缴纳出资制度与外商投资企业

新《公司法》第 26 条规定了分期缴纳出资制度："有限责任公司的注册资本为在公司登记机关登记的全体股东认缴的出资额。公司全体股东的首次出资额不得低于注册资本的 20%，也不得低于法定的注册资本最低限额，其余部分由股东自公司成立之日起 2 年内缴足；其中，投资公司可以在 5 年内缴足。"这原则上也适用于外商投资公司。除了特别规定之外，新《公司法》第 26 条规定的分期缴纳出资制度具有补充适用的功能。

其实，分期缴纳出资制度并非新《公司法》的发明创造。外经贸部与国家工商局于 1988 年 1 月 1 日联合发布的《中外合资经营企业合营各方出资的若干规定》（以下简称《若干规定》）第 4 条规定："合营各方应当在合营合同

中订明出资期限，并且应当按照合营合同规定的期限缴清各自的出资。合营企业依照有关规定发给的出资证明书应当报送原审批机关和工商行政管理机关备案。合营合同中规定一次缴清出资的，合营各方应当从营业执照签发之日起6个月内缴清。合营合同中规定分期缴付出资的，合营各方第一期出资，不得低于各自认缴出资额的15%，并且应当在营业执照签发之日起3个月内缴清。"该若干规定第10条规定，中外合作经营企业合作各方的出资参照本规定执行。《外资企业法实施细则》第30条第1款也规定："外国投资者缴付出资的期限应当在设立外资企业申请书和外资企业章程中载明。外国投资者可以分期缴付出资，但最后一期出资应当在营业执照签发之日起3年内缴清。其中第一期出资不得少于外国投资者认缴出资额的15%，并应当在外资企业营业执照签发之日起90天内缴清。"

《执行意见》第9条在糅合新《公司法》与外商投资企业政策的基础上，明确指出："外商投资的有限责任公司（含一人有限公司）的股东首次出资额应当符合法律、行政法规的规定，一次性缴付全部出资的，应当在公司成立之日起6个月内缴足；分期缴付的，首次出资额不得低于其认缴出资额的15%，也不得低于法定的注册资本最低限额，并应当在公司成立之日起3个月内缴足，其余部分的出资时间应符合《公司法》、有关外商投资的法律和《公司登记管理条例》的规定。其他法律、行政法规要求股东应当在公司成立时缴付全部出资的，从其规定。外商投资的股份有限公司的出资应当符合《公司法》的规定。"

第一，国家依然鼓励外商投资的有限责任公司（含一人有限公司）的股东一次性缴付全部出资。但股东出资只要在公司成立之日起6个月内缴足即可，而不必在公司成立之前一次足额缴纳出资到位。之所以如此，乃承袭我国对待外商投资企业的传统做法。

第二，外国投资者选择分期缴付出资时，首次出资额不得低于其认缴出资额的15%，也不得低于法定的注册资本最低限额，并应当在公司成立之日起3个月内缴足。这实际上即重申了《若干规定》第4条第3款有关首次出资额比例和缴纳时间的两大限制，以及新《公司法》第26条有关公司全体股东的首次出资额不得低于法定注册资本最低限额的规定。值得注意的是，根据新《公司法》第26条的规定，股东的首次出资额不得低于其认缴出资额的20%；而根据《若干规定》第4条第3款和《执行意见》第9条，外国投资者选择分期缴付出资时，首次出资额只要不低于其认缴出资额的15%即可，而无须达到20%。

第三，外国投资者选择分期缴付出资时，首期出资之外的其余部分的出资时间应符合《公司法》、有关外商投资的法律和《公司登记管理条例》的规定。换言之，根据新《公司法》第 26 条规定，外国投资者在首期出资之外的其余出资部分由股东自公司成立之日起 2 年内缴足；其中，投资公司可以在 5 年内缴足。

第四，其他法律、行政法规要求股东应当在公司成立时缴付全部出资的，从其规定。例如，根据《保险法》第 73 条规定，设立保险公司，其注册资本的最低限额为人民币 2 亿元；保险公司注册资本最低限额必须为实缴货币资本。倘若中外投资者合资设立一家从事保险业的有限责任公司，则全体股东必须在公司成立之前将其资本全部缴纳到位。

第五，外商投资的股份有限公司的出资应当符合新《公司法》的规定，不适用外商投资企业法及其实施条例、部门规章有关分期缴纳出资的特别规定。这是由于，外商投资企业法及其实施条例、部门规章有关分期缴纳出资的特别规定均针对中外合资经营企业、中外合作经营企业和外资企业中的有限责任公司而设计。因此，外商投资的股份有限公司的出资应当符合新《公司法》第 81 条的规定："股份有限公司采取发起设立方式设立的，注册资本为在公司登记机关登记的全体发起人认购的股本总额。公司全体发起人的首次出资额不得低于注册资本的 20%，其余部分由发起人自公司成立之日起 2 年内缴足；其中，投资公司可以在 5 年内缴足。在缴足前，不得向他人募集股份。股份有限公司采取募集方式设立的，注册资本为在公司登记机关登记的实收股本总额。股份有限公司注册资本的最低限额为人民币 500 万元。法律、行政法规对股份有限公司注册资本的最低限额有较高规定的，从其规定。"倘若外商投资者在中国境内设立一家普通产业的股份有限公司，全体股东的首期出资额达到 100 万元人民币，公司即可成立，剩余的认缴资本可以在公司成立之日起 2 年内缴足即可。

《执行意见》第 15 条规定，"外商投资的公司增加注册资本，有限责任公司（含一人有限公司）和以发起方式设立的股份有限公司的股东应当在公司申请注册资本变更登记时缴付不低于 20% 的新增注册资本，其余部分的出资时间应符合《公司法》、有关外商投资的法律和《公司登记管理条例》的规定。其他法律、行政法规另有规定的，从其规定。股份有限公司为增加注册资本发行新股时，股东认购新股，依照设立股份有限公司缴纳股款的有关规定执行"。可见，新《公司法》规定的分期缴纳出资制度不仅适用于公司新设之时，而且适用于公司增加资本之时。值得注意的是，只有以发起方式设立的股

份有限公司在增加注册资本时适用分期缴纳出资制度，至于以募集方式设立的
股份有限公司在增加注册资本时则不适用分期缴纳出资制度。

四、股东瑕疵出资的法律后果

（一）瑕疵出资的民事责任

瑕疵出资股东应当对足额及时出资股东承担违约责任。例如，《中外合资
经营企业实施条例》第 28 条要求，合营各方应当按照合同规定的期限缴清各
自的出资额。逾期未缴或者未缴清的，应当按合同规定支付迟延利息或者赔偿
损失。再如，《中外合资经营企业合营各方出资的若干规定》第 7 条第 1 款和
第 2 款规定，"合营一方未按照合营合同的规定如期缴付或者未缴清其出资
的，即构成违约。守约方应当催告违约方在 1 个月内缴付或者缴清出资，逾期
仍未缴付或者缴清的，视同违约方放弃在合营合同中的一切权利，自动退出合
营企业。守约方应当在逾期后 1 个月内，向原审批机关申请批准解散合营企业
或者申请批准另找合营者承担违约方在合营合同中的权利和义务。守约方可以
依法要求违约方赔偿因未缴付或者缴清出资造成的经济损失。前款违约方已经
按照合营合同规定缴付部分出资的，由合营企业对该出资进行清理"。

瑕疵出资股东的违约责任既包括继续缴纳出资，也包括除名、赔偿损失等
方式。其中的除名方式为追究瑕疵出资股东民事责任的有效方式之一。作为违
约方，瑕疵出资股东要对守约方股东承担违约责任，对于违约股东也要承担违
约责任。但是，在计算违约损害赔偿金时，可以根据各自违约的情况予以相应
折抵。

（二）瑕疵出资的行政处罚

《中外合资经营企业合营各方出资的若干规定》第 7 条第 3 款规定，"守
约方未按照第一款规定向原审批机关申请批准解散合营企业或者申请批准另找
合营者的，审批机关有权撤销对该合营企业的批准证书。批准证书撤销后，合
营企业应当向工商行政管理机关办理注销登记手续，缴销营业执照；不办理注
销登记手续和缴销营业执照的，工商行政管理机关有权吊销其营业执照，并予
以公告"。

《中外合作经营企业实施细则》第 20 条第 2 款也规定："合作各方没有按
照合作企业合同约定缴纳投资或者提供合作条件的，工商行政管理机关应当限
期履行；限期届满仍未履行的，审查批准机关应当撤销合作企业的批准证书，
工商行政管理机关应当吊销合作企业的营业执照，并予以公告。"

《执行意见》第 26 条更加明确地规定，"外商投资的公司的股东、发起人

未交付或者未按期交付作为出资的货币或者非货币财产的，由公司登记机关按照《公司注册资本登记管理规定》的适用原则实施处罚。2006 年 1 月 1 日以前设立的公司，其出资时间以设立登记时为准。对于中外合作的公司，逾期不履行出资义务的，按照《中外合作经营企业法》第九条规定，由公司登记机关责令其限期履行；逾期仍不履行的，按本条第一款处理；对于外商合资或外商独资的公司，逾期不缴付的，公司登记机关除了按本条第一款处理，还可以按照《外资企业法》第九条规定，吊销其营业执照"。

五、外商投资公司治理的一般性与特殊性

外商投资企业法调整的外商投资公司与新《公司法》调整的公司相比，既有共性，也有个性。外商投资企业法针对外商投资公司的个性而设计的法律规范为特别法律规定，新《公司法》针对各类公司的共性而设计的法律规范为一般法律规定。这决定了外商投资企业的治理结构既要优先遵守外商投资企业法的特别规定，又要补充遵守公司法的一般规定。

有鉴于此，《执行意见》第 3 条区分外商投资企业的不同类型作了不同规定："中外合资、中外合作的有限责任公司的董事会是公司的权力机构，其组织机构由公司根据《中外合资经营企业法》、《中外合作经营企业法》和《公司法》通过公司章程规定。外商合资、外商独资的有限责任公司以及外商投资的股份有限公司的组织机构应当符合《公司法》和公司章程的规定。"

就中外合资、中外合作的有限责任公司而言，董事会是公司的权力机构。这是由于，根据《中外合资经营企业法》、《中外合作经营企业法》及其实施条例，中外合资、中外合作的有限责任公司不设股东会和监事会，董事会是当然的公司权力机构。但是，董事会的组织机构可以由公司根据《中外合资经营企业法》、《中外合作经营企业法》和《公司法》通过公司章程规定。诸如董事会的召集程序与表决方式就可以通过公司自治的方式在章程中作出详细规定。

就外商合资、外商独资的有限责任公司以及外商投资的股份有限公司而言，组织机构应当符合《公司法》和公司章程的规定。换言之，《外资企业法》并未具体规定外资企业的外商合资、外商独资的有限责任公司的治理结构制度，外商投资的股份有限公司亦不存在特别的公司治理制度，因此应当补充适用公司法的一般规定。换言之，外商合资、外商独资的有限责任公司和外商投资的股份有限公司的组织机构应当按照《公司法》的规定，建立健全公司的组织机构，包括股东会制度、监事会制度、董事会制度、董事长制度和总

经理制度。

但对于 2006 年 1 月 1 日以前已经设立的外商投资的公司是否对章程进行修改，由公司自行决定，这是新法不溯及既往原则的体现。但是，倘若外商投资公司修改其公司章程，则应报审批机关批准和公司登记机关备案。

第十二章 公司终止

第一节 公司终止概述

一、公司终止的概念

所谓公司的终止，又称公司的消灭，是指公司法律人格的绝对消灭。公司终止以后，公司丧失民事主体资格，不再具有民事权利能力和民事行为能力，以公司为中心发生的法律关系原则上亦归消灭。

与公司终止相联的两个概念分别是公司解散与公司清算。公司的终止不是无缘无故发生的。公司解散就是公司终止的原因。而企业公司清算程序是公司终止的必经程序。公司解散是指公司由于不能继续存在的原因的发生而停止积极的商事活动，并开始整理财产关系。

公司法律人格的消灭以清算程序与公司注销登记手续之完成作为前置程序。唯有完成清算程序，才能顺利了结公司与其他利害关系人之间的法律关系，才能预防公司随意终止给利害关系人尤其是债权人带来的不测损失。没有清算程序，没有公司注销登记，就谈不上公司终止。因此，《公司法》第187条第3款规定："清算期间，公司存续，但不得开展与清算无关的经营活动。公司财产在未依照前款规定清偿前，不得分配给股东。"

二、公司终止的法律效果

公司终止的标志是完成公司注销登记手续。经公司登记机关注销登记，公司终止（《公司登记管理条例》第45条）。换言之，公司注销登记之日即为公司法律人格消灭之日。

本章论述原则上适用于各类公司的解散清算程序。但法律、行政法规另有规定的除外。例如，国务院2001年颁布的《金融机构撤销条例》对金融机构撤销后的清算程序等问题作出了规定，因此金融机构被撤销的情况应当适用

《金融机构撤销条例》的有关规定。至于外商投资企业的清算，原则上也应适用新《公司法》第十章的有关规定，但《外商投资企业清算办法》与新《公司法》第十章不相抵触的内容也可适用于外商投资企业的清算程序。

第二节　公司解散事由

《公司法》第181条列举了公司解散的五大事由：（1）公司章程规定的营业期限届满或者公司章程规定的其他解散事由出现；（2）股东会或者股东大会决议解散；（3）因公司合并或者分立需要解散；（4）依法被吊销营业执照、责令关闭或者被撤销；（5）人民法院依照《公司法》第183条的规定予以解散。

一、公司章程规定的营业期限届满或者其他解散事由出现

该解散事由属于公司自行解散（任意解散）的范畴。倘若公司章程载明公司的存续期间而非永续存在，除非股东大会修改章程以延长公司存续期间，公司就存在解散事由。所谓"其他解散事由"泛指公司章程自由设计的其他退股情形。

为贯彻公司维持原则、避免公司的不必要解散，促成公司的存续与发展，《公司法》第182条规定："公司有本法第一百八十一条第（一）项情形的，可以通过修改公司章程而存续。依照前款规定修改公司章程，有限责任公司须经持有2/3以上表决权的股东通过，股份有限公司须经出席股东大会会议的股东所持表决权的2/3以上通过。"

二、公司决议解散

这属于公司自行解散即公司自己决定终止的范畴，体现了公司自治的精神。公司既然可以基于股东共同的意思表示而成立，就可基于股东共同意思表示而解散。公司成立的目的在于实现某一特定经营目的，倘若该经营目的已经实现或根本不能实现，则公司丧失了存在意义。公司之所以决议解散往往是由于公司的设立目的已经完成（如项目公司已经完成对某小区的商品房开发和销售活动）或确定不能完成。

为慎重起见，《公司法》第44条第2款规定，股东会会议作出公司解散的决议，必须经代表2/3以上表决权的股东通过。根据该法第67条，国有独资公司的解散必须由国有资产监督管理机构决定；其中，重要的国有独资公司

合并、分立、解散、申请破产的，应当由国有资产监督管理机构审核后，报本级人民政府批准。该法第104条第2款规定，股份有限公司股东大会作出公司解散的决议，必须经出席会议的股东所持表决权的2/3以上通过。

《公司登记管理条例》第43条第3款除了列举股东会、股东大会决议解散的情形外，还增加了"一人有限责任公司的股东、外商投资的公司董事会决议解散"的特殊情形。这样表述在逻辑上更加周延。因为，一人公司和中外合资经营企业、中外合作经营企业不设股东会，只有董事会。值得注意的是，并非所有的外商投资公司都不设股东会、例如，外商投资的股份有限公司和全部股东为外商的有限责任公司就可以依据《公司法》设立股东会。在此类公司作出解散决议时，就应当召开股东会。董事会不能越俎代庖。

三、因公司合并或者分立需要解散

公司因合并或分立而发生公司的终止结果，属于法定解散事由的范畴。但在这种情况下，只发生公司权利义务关系的概括性转移和继受。由于合并或者分立而消失的公司不需要履行清算程序即可办理公司注销登记手续。

四、依法被吊销营业执照、责令关闭或被撤销

依法被吊销营业执照、责令关闭或者被撤销均属于公司意志之外的公权力运作的结果，属于强制解散的范畴。虽然公司及其投资者和管理者不愿意解散，但倘若该公司违反了法律与行政法规（包括《公司登记管理条例》）中的强制性规定，即应予以解散。

在我国，吊销企业法人营业执照是工商行政管理机关对违法违规公司处以的行政处罚。例如，《公司登记管理条例》第33条第2款规定："公司的经营范围中属于法律、行政法规或者国务院决定规定须经批准的项目被吊销、撤销许可证或者其他批准文件，或者许可证、其他批准文件有效期届满的，应当自吊销、撤销许可证、其他批准文件或者许可证、其他批准文件有效期届满之日起30日内申请变更登记或者依照本条例第六章的规定办理注销登记。"再如，《公司登记管理条例》第72条规定："公司成立后无正当理由超过6个月未开业的，或者开业后自行停业连续6个月以上的，可以由公司登记机关吊销营业执照。"

公司被责令关闭或者被撤销也属强制解散范畴，其与吊销企业法人营业执照的不同在于处罚机关不同。此类处罚机关往往是工商行政管理机关之外的业务监管机构（如卫生行政部门、质监部门、银监会、证监会与保监会等）。当

然，有权决定撤销或关闭企业法人的行政机关主要是依法享有市场监管权限（包括市场准入权限）的行政监管机构。

五、司法解散

人民法院有权根据适格股东之诉请，依照《公司法》第 183 条的规定解散公司。公司发生法律、行政法规规定的其他解散事由时，亦应予以解散。

倘若公司资不抵债，长期不能清偿到期债务，达到了破产界限，就应启动破产清算程序。我国《民法通则》第 45 条将依法宣告破产作为企业法人解散的原因之一。1993 年《公司法》第 189 条也曾规定："公司因不能清偿到期债务，被依法宣告破产的，由人民法院依照有关法律的规定，组织股东、有关机关及有关专业人员成立清算组，对公司进行破产清算。"由于立法者在《公司法》之外另行制定统一的《企业破产法》，新《公司法》遂删除该条规定，将破产清算问题全部交由《企业破产法》予以规定。这样既可实现新《公司法》条文的简约化，又可确保新《公司法》与《企业破产法》的无缝制度对接。

第三节 清算中公司的法律地位

一、清算中公司的法律人格

公司解散事由出现后，应当依法启动清算程序。在清算终结之前（包括清算过程中以及应当清算而未清算两种情况），由于利害相关者间的权利义务关系尚未了结，法律只能承认该公司的人格继续存在。换言之，处于清算状态中的公司仍是公司，清算中的公司与解散事由出现前的公司共享同一法律人格。换言之，清算中的公司的法律人格无须立法者重新拟制。除法律另有规定外，清算中的公司对其依法终止前发生的债务仍以其全部财产独立承担民事责任。

《公司法》第 187 条第 3 款规定："清算期间，公司存续，但不得开展与清算无关的经营活动。"为配合该条规定之落实，《公司登记管理条例》第 74 条第 3 款规定："公司在清算期间开展与清算无关的经营活动的，由公司登记机关予以警告，没收违法所得。"该条规定肯定了清算前后公司资格的连贯性和稳定性，有助于确定清算中的公司的权利义务归属。这一态度还有助于在公司终止前妥当消灭利害相关者之间的既存法律关系（包括股权关系、债权关系），从而将公司解散给社会、国家和债权人的冲击和负面影响降到最低限度。

二、清算中公司的权利能力和行为能力

既然清算中的公司尚未丧失其法律人格，那么此类公司的权利能力和行为能力是否与正常经营的状态下范围一致呢？这在司法实践中不无争论。其实，《民法通则》第40条对此早有定论。该条规定："法人终止，应当依法进行清算，停止清算范围外的活动。"这意味着，进入清算状态的公司不能继续开展清算范围之外的经营活动，旨在尽量缩小债权债务关系的缔结，维护交易安全。

新《公司法》第187条第3款规定："清算期间，公司存续，但不得开展与清算无关的经营活动。"这意味着，清算中公司虽然还具备法人资格，但由于特定解散事由的发生，其权利能力和行为能力均受限制。详言之，清算中公司应当停止与清算无关的一切经营活动，但是清算中公司有权开展与清算有关的经营活动（如向债务人追索债权、履行尚未履行的合同、向债权人履行债务、协调债权人之间的利益关系、向股东分配剩余财产等行为）。

清算中的公司违反规定从事清算范围外的活动，应认定该行为无效。行为相对人明知企业法人已经发生解散事由的，应由行为相对人和清算中的企业法人根据各自过错承担相应的民事责任。对于无效行为的处理，人民法院应当援引《民法通则》和《合同法》等民事法律有关无效行为的救济措施（如返还财产、赔偿损失、追缴财产等）。

我国《公司法》一方面承认清算中的公司具有法律人格，另一方面又将其权利能力和行为能力锁定在清算范围之内，有助于预防财务状况已经恶化的公司孤注一掷，殃及更多的债权人，以图维护交易安全。这种不偏不倚的态度值得肯定。

三、清算组的法律地位

公司法人进入清算状态后，商事权利能力和行为能力受到极大限制。因而，公司机关的活动重心在于结束常态下的经营活动，转入清算活动，包括清理债权债务，了结企业现务，办理企业法人的终止手续。鉴于经营活动与清算活动的差异以及清算活动的复杂性、专业性，法律往往将清算职权交由特设的清算组织履行。

一旦公司进入清算程序，其原有的经营管理机关（董事会）即处于被冻结状态，作用殆失。取而代之的法人机关为依法成立的清算组织。可见，清算

组乃清算中企业法人的临时机关。清算组织对外可以代表法人参与民事诉讼活动。除了对外代表企业法人参与诉讼活动，清算组织作为清算中企业法人的意思机关和执行机关还履行对内的决策和管理行为。

<h2 style="text-align:center">第四节　公司清算程序</h2>

一、清算程序的概念和重要作用

公司的清算程序，指整理、终结被解散公司所发生的法律关系，并依法定条件和顺序分配其财产的法律的程序。根据解散的原因，公司清算可以分为两种：一是破产清算；二是普通清算。对于公司的破产清算程序，需要严格遵守破产法及其相关司法解释的规定；而对于公司的普通清算程序，需要严格遵守新《公司法》、《公司登记管理条例》和相关司法解释的规定。

清算程序的作用之一在于消灭公司法律人格。根据《公司法》第十章的规定，公司被依法宣告破产、公司决定解散或者公权力机关决定解散后，法人资格并非即告消灭，必须在履行清算程序后始归消灭。只有待清算程序终结后，公司法人资格始归于消灭。未经清算程序，公司法人资格不能予以消灭。即使清算人怠于发动清算程序或履行清算义务，也不影响公司的法人资格。假定一家公司股东会决议解散，但决议作出后3年内仍未进入清算程序，此时公司仍具有法人资格，仍然具有诉讼当事人能力。可见，清算程序是消灭公司人格的必经之路。

清算程序的作用之二在于尊重股东的清算权。依法履行公司清算程序，既是股东所负义务，也是股东享有的权利之一，此即公司清算请求权。股东的清算请求权受法律尊重。

清算程序的作用之三在于保护债权人的合法权益。清算程序的启动有助于理清公司债权债务关系，进而及时清偿公司对外债务。

《公司法》在简化公司设立程序的同时，完善了公司的清算程序。

二、清算组的成立时间

公司解散事由发生后，便会触发公司的清算程序，然后办理公司注销登记。法人注销登记之时为法人终止之时。因此，公司法的任务之一是尽快启动和完成公司清算程序，尤其是确保清算组的尽快成立。

根据《公司法》第184条，公司因本法第181条第1项、第2项、第4

项、第 5 项规定而解散的，应当在解散事由出现之日起 15 日内成立清算组，开始清算。逾期不成立清算组进行清算的，债权人可以申请人民法院指定有关人员组成清算组进行清算。人民法院应当受理该申请，并及时组织清算组进行清算。可见，人民法院在公司的债权人提出清算申请时在公司清算程序中扮演着更加活跃的角色。其中，"15 日"的时间起算点为"解散事由出现之日起"，进而明确了成立清算组的时限。

公司清算组应当自成立之日起 10 日内将清算组成员、清算组负责人名单向公司登记机关备案（《公司登记管理条例》第 42 条）。

三、清算组的组成

《公司法》第 184 条区分有限责任公司与股份有限公司两种情况，分别确定了清算组的组成人员：（1）有限责任公司解散的，清算组由股东组成。换言之，立法者将有限责任公司股东视为法定的清算组成员。（2）股份有限公司解散的，清算组由董事或者股东大会确定的人员组成。倘若股份有限公司的股东大会迟迟不能召开，因而确定不了"清算人员"，则公司董事作为当然的清算组成员。

可见，清算组组成人员的范围主要包括以下人士：（1）有限责任公司股东和股份有限公司的董事（当然清算人）；（2）公司章程预先确定或股东会选定的清算人（章定清算人）；（3）人民法院根据利害关系人申请指定的清算人（指定清算人）。

清算组由数人组成时，可以相互推选一名或者多名清算组成员代表公司；未选定时，所有清算组成员均可代表公司。公司对于清算组成员的代表权限制，原则上不能对抗善意第三人。清算组就清算事务作出决策时，应当采取类似于董事会的议事规则包括一人一票、少数服从多数的规则。

四、清算组的主要职权

《公司法》第 185 条将清算组在清算期间行使的职权概括为七个方面：（1）清理公司财产，分别编制资产负债表和财产清单；（2）通知、公告债权人；（3）了结现务，处理与清算有关的公司未了结的业务；（4）清缴所欠税款以及清算过程中产生的税款；（5）清理债权、债务（包括收取债权和清偿债务）；（6）处理公司清偿债务后的剩余财产；（7）代表公司参与民事诉讼活动。此处所说的"参与民事诉讼活动"应当作广义解释，既包括参与民事诉讼活动，也包括参与行政诉讼活动、行政复议活动和仲裁活动。

清算组的职权既是权力，也是义务。新《公司法》第 185 条列举的前六项职权既是清算组的职权，也是清算程序中的重要内容。清算组成员应当根据决策合法、程序严谨的精神，严格执行清算程序。虽然清算组成立后董事会处于冻结状态，清算组履行职权时要接受公司章程与股东会决议的约束。

五、清算程序

（一）通知公告程序

通知、公告债权人的程序是清算程序的重中之重。清算组应当自成立之日起 10 日内通知债权人，并于 60 日内在报纸上公告。《公司法》允许清算组在法定期限内只公告一次。这就要求债权人格外留意债务人公司的清算信息（《公司法》第 186 条）。通知债权人的程序与公告债权人的程序是并行不悖的。既不能以通知程序代替公告程序，也不能以公告程序取代通知程序。

（二）申报债权

债权人应当自接到通知书之日起 30 日内，未接到通知书的自公告之日起 45 日内，向清算组申报其债权。债权人申报债权，应当说明债权的有关事项，并提供证明材料。清算组应当对债权进行登记。在申报债权期间，清算组不得对债权人进行清偿（《公司法》第 186 条）。之所以如此规定，是为了确保债权人之间的公平受偿。

（三）制定清算方案

清算组在清理公司财产、编制资产负债表和财产清单后，应当制定清算方案，并报股东会、股东大会或者人民法院确认（《公司法》第 187 条第 1 款）。值得注意的是，此处的"人民法院确认"仅适用于该法第 184 条规定的情形，即公司逾期不成立清算组进行清算，债权人可以申请人民法院指定有关人员组成清算组进行清算的情形。

（四）分配剩余财产

根据《公司法》第 187 条第 2 款，分配公司剩余财产的顺序是：（1）支付清算费用；（2）支付职工的工资、社会保险费用和法定补偿金；（3）缴纳所欠税款；（4）清偿公司债务；（5）向股东分配剩余财产。其中，有限责任公司按照股东的出资比例分配，股份有限公司按照股东持有的股份比例分配。但在清偿公司债务之前，清算组不得将公司财产分配给股东。

（五）报请股东会或人民法院确认清算报告

公司清算结束后，清算组应当制作清算报告，报请股东会或人民法院确认（《公司法》第 189 条）。股东会或人民法院确认清算报告后，视为清算组成员对公司的责任已经解除，但清算组成员实施违法行为的不在此限。

（六）办理注销登记手续

剩余财产分配之后，清算程序的最后环节是办理公司注销登记手续。公司清算结束后，清算组应当制作清算报告，报股东会、股东大会或者人民法院确认，并报送公司登记机关，申请注销公司登记，公告公司终止。具体说来，公司清算组应当自公司清算结束之日起 30 日内，向原公司登记机关申请注销登记（《公司法》第 189 条、《公司登记管理条例》第 43 条）。

公司申请注销登记，应当提交下列文件：（1）公司清算组负责人签署的注销登记申请书；（2）人民法院的破产裁定、解散裁判文书，公司依照《公司法》作出的决议或者决定，行政机关责令关闭或者公司被撤销的文件；（3）股东会、股东大会、一人有限责任公司的股东、外商投资的公司董事会或者人民法院、公司批准机关备案、确认的清算报告；（4）《企业法人营业执照》；（5）法律、行政法规规定应当提交的其他文件。国有独资公司申请注销登记，还应当提交国有资产监督管理机构的决定，其中，国务院确定的重要的国有独资公司，还应当提交本级人民政府的批准文件（《公司登记管理条例》第 44 条）。

（七）普通清算程序与破产清算程序的衔接

在多种情况下，清算组能够按照既定清算程序，圆满履行自己的职权，最终顺利办理公司注销登记手续。但在某些情况下，倘若清算组在清理公司财产、编制资产负债表和财产清单后，发现公司财产不足清偿债务，应当向人民法院申请宣告破产。公司经人民法院裁定宣告破产后，清算组应当将清算事务移交给人民法院（《公司法》第 188 条）。公司被依法宣告破产的，依照有关企业破产的法律实施破产清算（《公司法》第 191 条）。实现非破产清算程序向破产清算程序的转化旨在通过强化法院与债权人对清算程序的干预力度，进而在了断清算公司的全部债权债务关系时体现债权人公平受偿原则。相比之下，在普通清算程序中，清算公司及其董事、股东往往在清算过程中处于主导地位，而法院与债权人往往处于从属的、消极监督地位。而在破产清算程序中，法院与债权人可以积极地干预清算事务的执行，甚至于行使必要的决策权（如债权人会议与债权人委员会制度）。

六、清算组成员的诚信义务

清算组成员（清算人）如同公司的董事、监事和高管，其与公司之间存在有偿的委托合同关系。从信托法角度看，清算组成员与公司债权人之间也存在着信托关系。其中，清算组成员为受托人，公司立于委托人地位，公司债权人则立于受益人地位。在公司进入普通清算程序的情况下，倘若公司资产足以清偿债权人，则享受信托受益权的当事人不仅包括债权人，还包括公司及其背后的全体股东。

清算组成员与公司之间的权利义务关系类似于董事与公司之间的权利义务关系。因此，新《公司法》第 190 条第 1 款明文要求，"清算组成员应当忠于职守，依法履行清算义务"。此即清算组成员的信托义务。信托义务又包含忠实义务与勤勉义务。其中，忠实义务强调清算组成员的行为（包括作为与不作为）不得违背公司及其全体股东的利益。该条第 2 款明文禁止清算组成员利用职权收受贿赂或者其他非法收入，不得侵占公司财产。

与忠诚义务相对的是勤勉义务。勤勉义务要求清算组成员不仅品德端正，而且工作水平精湛，乐于勤勤恳恳、兢兢业业地提供高效服务，进而最大限度地增进公司及其债权人的福祉。

《公司法》第 190 条第 3 款规定了失信清算组成员对公司或公司的债权人的民事赔偿责任："清算组成员因故意或者重大过失给公司或者债权人造成损失的，应当承担赔偿责任。"

倘若公司拒绝或者怠于对失信清算组成员提起诉讼，则股东有权对其提起股东代表诉讼。倘若公司债权人认为自己利益受到了对失信清算组成员的损害，也可对其提起民事诉讼。但债权人只能对清算组成员提起诉讼，而不能对清算组成员所在单位提起民事诉讼，这是由于，清算组成员以自己的名义、专业能力和信誉开展清算活动，而非以自己所在单位的名义开展清算活动。

失信的清算组成员既承担民事责任，也承担相应的行政处罚。例如，根据《公司登记管理条例》第 75 条第 2 款的规定，"清算组成员利用职权徇私舞弊、谋取非法收入或者侵占公司财产的，由公司登记机关责令退还公司财产，没收违法所得，并可以处以违法所得 1 倍以上 5 倍以下的罚款"。

第五节　清算义务人的义务与责任

一、清算义务人的义务

根据新《公司法》第 184 条规定，有限责任公司的清算组由股东组成，股份有限公司的清算组由董事或者股东大会确定的人员组成。逾期不成立清算组进行清算的，债权人可以申请人民法院指定有关人员组成清算组进行清算。

人民法院应当受理该申请，并及时组织清算组进行清算。

清算义务人的清算义务主要表现为组织清算组，担任清算组成员，启动清算程序，并竭尽全力对清算组的清算工作履行必要的协助义务（如提供财务会计报告和会计账簿、原始凭证、公司财产清单等）。建议将公司的清算义务人统一确定为公司的董事，而不宜将有限责任公司的股东作为清算义务人。从法理上说，股东仅对公司负有及时足额出资的义务，而不对公司负有清算义务。

当公司出现解散事由时，清算义务人应当及时组成清算组织对公司进行清算，以了结法人既存的债权债务关系。当清算义务人未及时组成清算组织进行清算时，债权人既有权申请人民法院指定有关人员组成清算组进行清算，也有权向该公司住所地人民法院提起要求清算义务人进行清算的诉讼，人民法院应予受理，并判令清算义务人依法启动清算程序。清算义务人应当组成清算组织，并在判决确定的期限内完成清算程序。如因特殊情况不能在判决确定期限内完成清算程序，清算义务人可以申请人民法院延长清算期限，人民法院可以酌情确定是否延长期限、以及延长期限长短。

二、清算义务人的责任

清算义务人倘若在法定期限内没有履行或者没有适当履行清算义务给债权人造成损失的，应当依法对债权人承担赔偿责任。例如，倘若清算义务人迟迟不启动公司清算程序，致使该公司的对外债权因罹于诉讼时效而转化为自然债务，该公司的债权人就有权请求股东承担违反清算义务的赔偿责任。

清算义务人违反清算义务的赔偿责任并不等于股东对债权人的无限连带清偿责任。此种赔偿责任仅限于由于清算义务人未在法定期限内及时履行清算义务而给债权人造成的损失，而与清算义务人是否存在瑕疵出资或者抽逃出资行为无涉。根据公司法的一般原理，倘若清算义务人在法定期限内未依法履行清算义务，造成公司财产贬值、流失、灭失等实际损失的，清算义务人仅在损失范围内对公司的债务承担赔偿责任。

倘若清算义务人既不履行清算义务，又存在着瑕疵出资或者抽逃出资的行为，则债权人有权在追究清算义务人违反清算义务的赔偿责任的同时，有权要求瑕疵出资或者抽逃出资股东以其瑕疵出资或者抽逃出资的金额为限对公司的债务承担补充清偿责任。

倘若作为清算义务人的股东滥用公司人格，致使股东与公司在财产、财务、业务、机构和人员等诸方面混淆不分，严重侵害了债权人的利益，债权人有权援引《公司法》第20条第3款规定，请求人民法院责令该股东对公司债务承担连带责任。

第六节　公司的司法解散

一、公司司法解散的概念及其重要意义

公司司法解散是指在公司陷入僵局、且无法通过其他途径打破时，适格股东有权请求法院或仲裁机构予以解散。由于公司股权结构、控制权结构乃至股东会或董事会议事方式与表决程序设计的诸多原因，公司陷入僵局的现象并不罕见。为了遏制和减少公司僵局给公司乃至股东们造成不必要的巨大财产损失，许多立法例纷纷确认了司法解散制度。其共同点在于，借助司法权的力量，在法定的特定例外情形下应股东、债权人或公权力的请求，强制解散公司。

1993年《公司法》并未规定司法解散制度。借鉴国际先进立法经验，为打破公司僵局和股东枷锁，新《公司法》第183条确认了出现公司僵局时股东享有解散公司诉权："公司经营管理发生严重困难，继续存续会使股东利益受到重大损失，通过其他途径不能解决的，持有公司全部股东表决权10%以上的股东，可以请求人民法院解散公司。"

公司僵局发生时，公司对内决策和经营系统彻底陷入瘫痪，公司对外业务无法开展，业务量和现金流日渐枯竭，公司办公用房租金、设备维护费用和人员开支等各种费用开支日积月累。在这种情况下，解散公司无疑是公司止损的明智选择。

解散公司虽有前述之功效，但毕竟是公司在例外情形下无可奈何的问题解决方案。解散公司也存在负面作用。从救济小股东的角度看，在启动解散公司之诉前，小股东应当尝试查账权、股利分配请求权、请求大股东收购自己的股份、请求公司回购股权。只有当前述较为缓和的救济途径于事无补时，才宜适用这一救济途径。

二、解散公司的法律构成要件

为全面贯彻公司维持原则，充分尊重并增进公司背后的股东、高管、债权人、劳动者和其他利益相关者的福祉，股东和人民法院在运用新《公司法》第183条解散公司时应当慎之又慎。人民法院对于股东提起的解散公司之诉应

当谨慎裁判，严格把握公司司法解散的法律构成要件。

为避免股东滥诉，彰显法律对公司生命的尊重，新《公司法》第 183 条严格限定了解散公司的法律构成要件。

（一）公司经营管理发生了严重困难

所谓"公司经营管理发生严重困难"就是本节前述的公司僵局。毋庸置疑，"公司经营管理发生严重困难"是一个不确定法律概念，为杜绝争议，最高人民法院《关于适用〈中华人民共和国公司法〉若干问题的规定（二）》专门对此做了解释，包括如下四种情形：（1）公司持续 2 年以上无法召开股东会或者股东大会，公司经营管理发生严重困难的；（2）股东表决时无法达到法定或者公司章程规定的比例，持续 2 年以上不能作出有效的股东会或者股东大会决议，公司经营管理发生严重困难的；（3）公司董事长期冲突，且无法通过股东会或者股东大会解决，公司经营管理发生严重困难的；（4）经营管理发生其他严重困难，公司继续存续会使股东利益受到重大损失的情形。

（二）继续存续会使股东利益受到重大损失

这是人民法院解散公司的第二个必要条件。倘若公司僵局的持续时间很短；或者虽然公司僵局的持续时间较长，但对股东利益并未造成重大损失，人民法院仍然不能解散公司。此处的"重大损失"相对于轻微损失、一般损失而言。之所以将公司僵局的继续存续导致股东利益受到重大损失作为解散公司的必要条件，乃昭示了立法者对公司解散的慎重之情以及妥善平衡公司利益与股东利益的良苦用心。

（三）通过其他途径不能解决

不是所有的公司僵局都不可逆转。不是所有的公司僵局都不能化解。人民法院在考虑运用解散公司手段救济小股东的时候，应当穷尽对公司、股东和其他利益相关者最为和缓的救济手段。倘若能够在股东查账、股东转股和股东退股的诸种方案中找到其他和缓、有效的救济途径，就应回避解散公司之路。人民法院应当通过释明权之行使，告知遭受损失的原告股东提出解散公司之外的其他替代性补救措施。

三、原告股东的资格

解散公司不仅仅关系到股东自身的财产利益，更关乎整个公司的生死存亡。为了预防控制权较少的小股东随意提起解散公司之诉，立法者必须锁定请求法院解散公司的原告股东范围。根据《公司法》第 183 条的规定，可请求人民法院解散公司的股东必须是持有公司全部股东表决权 10% 以上的股东。

因此，并非任何股东均可向法院提起解散公司之诉。

四、上市公司股东的解散公司诉权

新《公司法》第 183 条并未将股东的解散公司之诉的对象限制为有限责任公司。从理论上说，无论是有限责任公司，还是股份有限公司（包括上市公司）都在司法解散之列。

鉴于上市公司的开放性和股份的流通性，鉴于公司解散关系到成千上万股东的合法权益，应从严适用解散公司制度。必要时，人民法院可引入临时管理人制度，指定专业人士负责公司僵局期间的公司经营管理工作。